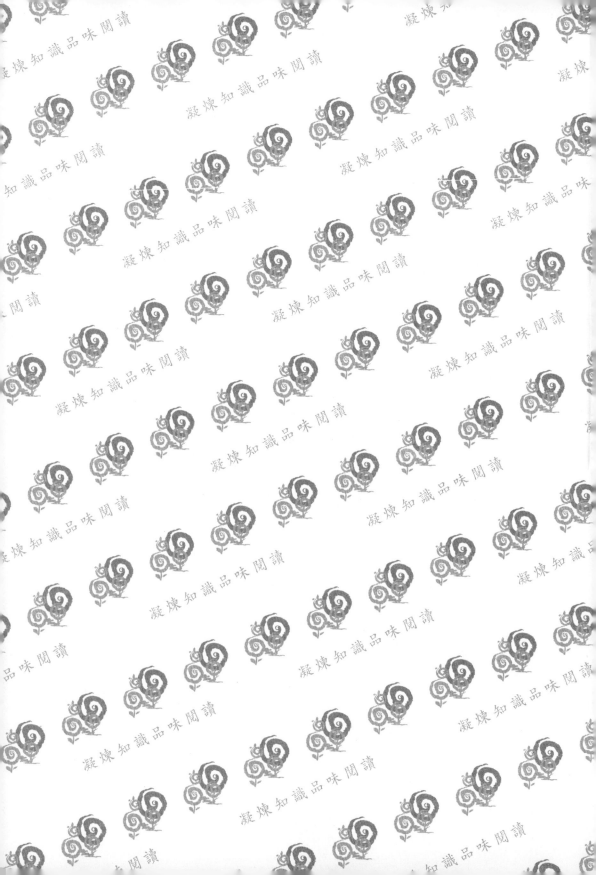

高瞻課程
理論與實踐

盧美貴　總主編

郭李宗文　主編

郭李宗文　吳茉莉　合著

五南圖書出版公司 印行

總主編序

　　「五南」文化事業機構創立於民國57年（1968），歷經風華絕代的半個世紀，以出版人文、社會、學術著作和大專教材為主體，是全方位的卓越出版機構，堅持傳播文化和弘揚學術為其宗旨。楊榮川董事長和楊士清總經理更於民國106年（2017）時成立經典永恆、名著常在的「經典名著文庫」，我不禁被這對父子及團隊勇於梳理與出版經典名著的「智慧」與「理想」所震懾，在平面媒體出版逐漸式微的年代，他們成為「中流砥柱」的王者先鋒，與出版界的風骨典範。

　　「幼兒教育」總扮演著叫好不叫座的角色，楊秀麗總編輯和黃文瓊副總編輯邀約我擔任教保系列專書的「總主編」，於是抱持著一生懸命的幼教專業與熱忱，邀約臺灣幼教與幼保界理論與實務俱佳的重磅泰斗名師，他們在日理萬機之餘，願意沉澱與精鍊他們在幼教殿堂耕耘多年的心血結晶，將其公諸於世分享給幼教界的夥伴。除了感謝五南圖書出版公司全力的支持外，近20位菁英學者專家們，不遺餘力的從爽快答應到孜孜矻矻埋首專書的撰寫，很感謝這些夥伴們協助我完成「專業」到「志業」的幼教大夢，特別在此聊表我的敬意與謝忱：

◎幼兒園課程設計

盧美貴（亞洲大學榮譽講座教授、人文社會學院前院長兼系主任）

黃月美（臺北城市科技大學通識中心助理教授）

黃秋華（屏東大學幼教系副教授）

◎高瞻課程──理論與實踐

郭李宗文（臺東大學幼教系教授）

吳茉莉（臺東高瞻及多多璐幼兒園園長）

◎幼兒認知與學習──歷程導向的幼兒課程與教學

　　黃秋華（屏東大學幼教系副教授）

◎幼托專業倫理

　　沈繻淯（台南應用科技大學幼保系副教授兼系主任）

　　高家斌（南臺科大幼保系教授）

　　林以凱（朝陽科大師培中心助理教授）

◎幼兒教育──政策與課程革新

　　陳伯璋（花蓮師範學院前校長、臺南大學教育系講座教授）

　　盧美貴（亞洲大學幼教系榮譽講座教授、人文社會學院前院長）

　　孫良誠（清華大學幼教系副教授兼系主任）

　　黃月美（臺北城市科技大學通識中心助理教授）

◎幼兒語言發展

　　卓美秀（亞洲大學幼教系副教授）

◎幼兒園行政

　　蕭美華（臺北市立大學幼教系副教授）

◎幼兒園融合教育──課程調整與實踐

　　宣崇慧（嘉義大學幼教系教授兼系主任）

◎幼兒園教材教法

　　陳昇飛（亞洲大學幼教系副教授兼系主任）

◎教育哲學──幼兒園教室理論與實踐

　　郭木山（臺中教育大學、暨大及亞大等兼任助理教授）

◎兒童氣質發展

　　王珮玲（臺北市立大學幼教系教授兼進修推廣處處長）

◎幼兒園課室經營

　　蔡佳燕（東華大學幼教系副教授）

　　潘瑩芳（花蓮大進國小附幼教師兼主任）

　　陳淑美（花蓮明恥國小附幼教師）

　　臺灣的幼兒教育多年來一直存在著「多個」一元共存，而非真正立基於幼兒園本位課程的「多元」。期待這套教保系列專書的出版，引領臺灣幼保夥伴們的思想模式不再是被「綁架」的「獨白」，而是在深度「理解」課程意義的蘊涵後，回歸教育本質──練就「自慢」絕活的功夫，成就一名海闊天空的專業「創客」……

盧美貴

亞洲大學人文社會學院

幼兒教育學系

主編序

　　幼兒教育，在此領域一晃眼30多年了。仍記得2003年遇到從美國學成回國的幼教朋友，都和我提及HighScope課程，也讓我對此課程越來越好奇。陸陸續續閱讀相關的文獻後，覺得此課程理念與教學是我理想中的課程，因此在隔年與楊淑朱教授共同前往HighScope基金會的總部受訓。因臺灣對國外課程開放的接受態度，多種幼兒教育課程模式得以在此深耕。HighScope課程的華語名稱經與淑朱討論，覺得採用高瞻課程較能符合此課程精神，就以此名，共同於臺灣發展此課程。

　　茉莉園長對於高瞻課程的執行相當投入，從自行摸索學習到後來有緣一起共同將高瞻課程於臺灣本土化，也受到對岸幼兒園的邀請及分享，一路行來，都是對專業的堅持。多多璐幼兒園和高瞻幼兒園，是高瞻課程在臺東的實踐基地，此次參與課程編輯的佩靜、佳芬、聖芝、純伶、玉鈴、中苓、雅馨、嘉欣、芮雅，更是將課程實踐過程轉換成圖文呈現在書中的重要夥伴。感謝他們及茉莉常常遷就我的時間，一起多次來來回回的反覆討論，才有機會將此實踐內容集結成書。

　　美貴教授更是本書幕後最大的推手，若非她的邀請，出版書籍對我來說，只能是退休後才可能想像的事。在已經非常忙碌的工作時段中，找出可以安靜寫作的時間，常都是接到美貴教授Line的提醒與鼓勵後，重新調挪出來的。

　　高瞻課程長期研究發現，其對低社經家庭幼兒的影響可支持到成人階段，這是此課程最吸引我的地方。目前高瞻課程已是針對所有幼兒全面發

展的開放架構式的課程，我更期待能將此課程帶給更多的幼兒園，尤其是相信幼兒教育對幼兒長期發展有正面影響的教保服務人員。讓此書，陪伴想在臺灣進行高瞻課程的幼教夥伴。

郭李宗文
2021年8月30日
於　砂城

作者序

　　每個人的生命都是由許多的人、事、物環環相扣所組成，在每次的選擇間皆影響接下來的故事發展。猶記得5年前，亦師亦友的盧美貴教授邀約我到廣東東莞和河南鄭州進行高瞻實作課程的專題分享，那次的中國行讓我在多年後再次感受到向前一試的感覺，從學員的臉上看到給自己最具體的肯定。原以為是個句點，沒想到美貴教授「不放過我」，要我再次挑戰：「茉莉呀！一起把多年高瞻課程實作集結出版吧！」因此答應了她，將高瞻課程模式以文字傳承，於是句點變成逗點，懷著對美貴教授的敬意與感謝，用心地書寫成集。

　　幼兒園是孩童第一次踏入團體生活的環境，孩子們心中的遊戲園地要如何呈現？如何幫助幼兒發展主動學習的能力？如何培訓一群渴望不斷充實和精進自我的幼教教師？幼教教師如何自我肯定？如何運用主動學習來支持家庭教育的參與？雖然從事幼教工作多年，我仍時常反問自己對於這些問題是否有更好的答案？因為對我來說，實踐高瞻課程模式理念是沒有停歇的一天。

　　一直以來，我都以高瞻課程創始者——大衛・威克特（David P. Weikart, 1995）說過的這段話作為奉行的圭臬：「我們認為每個孩子都具有學習的潛力，因此特別著重主動的學習方式。在主動學習中，成人所扮演的是協助與引導的角色，教師與幼兒同時掌握著學習的主導權，這也是高瞻幼教模式深具成效的主要因素。」所以高瞻課程中的精髓「計畫－工作－回顧」，我認為不能只是運用於課堂，更要落實在孩子的生活之中，因此，我們運用教學觀摩日與家庭學習單的方式讓家長也參與了解「計畫－工

作－回顧」的流程，當家長也有了相同的理念，學校和家庭之間的溝通就無礙了。

決定專書出版後，我開始積極地整理過去高瞻教學課程檔案，以及蒐集幼兒學習成果紀錄。本書從高瞻課程理論與課程發展談起，到高瞻課程與家庭教育合作，接續提到本園如何結合本土核心價值來實踐高瞻課程，藉由繪本融入高瞻教學作為當今多元化的幼兒課程發展的新時代。我們希望把過去的經驗軌跡留下作為紀錄，將課程中主動學習的精神延續到幼兒的家庭中，增進親子間正向的互動，甚至影響社區的共育、共勉合作，形成一個「家長－家庭－幼兒園－社區」相互支援的回饋系統。

執筆「回顧」此書的過程困難重重，但是在團隊合作與堅持下，最終完成了此項任務。我們從「計畫」開始，園內行政組的夥伴被賦予重任，訂出每個項目的進程，接著和各班的教師進行「工作」。從一小段到一整篇，從幼班到大班，再細論繪本主題融入課程實踐，大家不厭其煩一遍又一遍討論修正，從課程開展：「預備期、探索期、聚焦發展期、統整期」，將各式主題融入高瞻課程的例行活動，有系統、有層次且有脈絡的進行，此刻回顧品味，剎那間有了教學相長的悸動，一條嶄新的學習軌道與教學領悟隨即又在眼前。

希望這本書的出版，能夠給予願意嘗試發展高瞻課程模式的幼教師們有所啟發，並期許閱讀本書的教育先進能從中得到解惑並取得新創意與發想，那麼對我或是對高瞻課程而言就是最大的支持與鼓勵。

另外，必須感謝陪伴著本園教學團隊，一起實驗與創新，有系統的整理幼教相關資訊，以及不吝傳授課程經驗給我們的——國立臺東大學幼兒教育系的郭李宗文教授，有她的指引，讓我們不孤立、不疏遠，宗文老師，感謝有您。

最後，特別感謝兒童繪本作家賴馬老師、童書作家嚴淑女老師、新生國中黃華梨老師，以及20年來參與多多璐高瞻幼兒園的團隊，尤其是兩位主任蔡佩靜、石佳芬及組長翁聖芝，和大班教師衣純伶、張玉鈴，中班教師林中苓、陳雅馨，小班教師古嘉欣、朱芮雅，幼班教師林巧珍、顏幼貴，本書中所有家長、小朋友……，以及協助此書出版的所有人。

吳茉莉
2021年仲夏於臺東
多多璐

目錄 Contents

高瞻課程的發展

CHAPTER 1

第一節　高瞻教育研究基金會的建立與發展

　　高瞻教育研究基金會（HighScope Educational Research Funda-tion，簡稱高瞻基金會）是由大衛‧威克特博士（David P. Weikart, 1931-2003）於 1970 年所創設及領導。高瞻基金會的主要願景和任務定在「透過教育提升生命」（Lifting lives through education）。筆者依據高瞻教育研究基金會（HighScope Educational Research Founda-tion, 2010）網站資料的高瞻基金會發展的歷史，分為：1970 年之前、1971-1979 年、1980-2000 年及 2001 年之後四個時期。

　　1960 年代初期，威克特博士服務於美國密西根州伊普西蘭蒂市（Ypsilanti City）的公立學校中，發現該市低收入家庭的高中生有相當高的退學率，且智力測驗和學科測驗的成績都很低。經過探索及研究後，威克特博士認為這些來自低收入戶的學生本身智商沒有問題，而是在幼兒時期缺乏接受學前教育的機會。1962 年，威克特博士與小學教育領導人委員會合作，在密西根州成立第一個由政府贊助的幼兒園教育方案，即「高瞻佩瑞幼兒園方案」（HighScope Perry Preschool Project，簡稱為佩瑞幼兒園方案）（Hohmann & Weikart, 1995），主要針對貧困社區及學習低落的幼兒所設立，不過目前已改為對廣泛的學前幼兒而規劃的課程方案（Epstein & Hohmann, 2012）。

　　1963 年，威克特博士開設「HighScope Institute for IDEAS」，這是一個以主動性青少年發展方法為基礎的青少年夏令營，目前被稱為「威克特中心」，該中心運用 IDEAS 研究所得到的學習經驗，提升青少年的課後學習課程品質（The Forum for Youth Investment, 2021）。1967 年，威克特博士和他的團隊啟動了高瞻學前課程比較研究，以測試兒童發展和在不同學習理論下的效能。此研究透過高瞻課程、直接教學法及傳統托育課程三種課程模式，追蹤這群孩子到 15 歲（Schweinhart, Weikart, & Larner, 1986），仍可發現高瞻課程對兒少學習的正面影響。1970 年威克特博士成立高瞻基金會，並

將其作為一個獨立的非營利組織，以繼續 Perry Preschool Project（現在稱為 Perry Preschool Study）的工作並開發高瞻課程。

1971 年，高瞻基金會出版《認知取向課程：給學前教師的課程綱要》（*The cognitively oriented curriculum: A framework for preschool educators*）一書，介紹以皮亞傑認知理論為基礎的課程，這是第一本高瞻學前課程手冊，當時的課程重點在於認知能力的發展（楊衛衛、蔣雅俊，2005）。同年亦成立「高瞻示範幼兒園」，該園招收伊普西蘭蒂（Ypsilanti）社區 3 到 4 歲的幼兒。目前，示範幼兒園為 3 到 5 歲的幼兒提供全日制課程。同時，高瞻基金會購買位於密西根州伊普西蘭蒂市著名且歷史悠久的「哈欽森之家」（Hutchinson House）作為主要辦事處。1973 年，高瞻基金會在密西根州伊普西蘭蒂市舉行第一次的國際會議。1975 年，威克特博士的妻子 Phyllis Weikart 制定「動作教育計畫」，將動作和音樂成為高瞻基金會中的一個部門，並融入在高瞻課程中。1978 年，高瞻基金會啟動「家長對家長傳播計畫」（Parent-To-Parent Dissemination Project），運用家長引導家長的方法提供嬰幼兒照護教育。該計畫開啟高瞻課程的嬰幼兒課程。1979 年，高瞻基金會出版《行動中的幼兒》（*Young Children In Action*），這是高瞻學前課程的第二本手冊。書中提出以主動學習為高瞻課程中知識建構的主要精神，課程不僅著重認知能力發展，同時重視幼兒社會情緒的發展。

1981 年，高瞻基金會發行第一卷教育工作者雜誌《*ReSource*》。1984 年，高瞻基金會主導國際教育成就評量協會的學前教育計畫（Preprimary Project Of The IEA）。這是一項涉及 17 個國家的三階段研究，以確定學前教育於特定方面是否會在各國產生類似的長期成果。1985 年，高瞻基金會開始對幼兒保育和教育領域的領導者進行大規模培訓課程，並以高瞻課程取向培訓行政人員、課程專家、教師和保育員。在過去的 35 年中，高瞻基金會在美國的每一州和 20 多個國家進行培訓課程。1988 年，高瞻基金會在倫敦推出首個國際機構，稱為「HighScope 英國研究所」。目前，全球已有 10 個附屬組織。

1992 年，高瞻基金會發布第一版「幼兒觀察紀錄」（Child Observation Record，簡稱 COR），這是一種以研究為支持、基於軼事觀察的評估工具，適用於學齡前幼兒。1993 年，高瞻基金會發布佩瑞學前教育研究到 27 歲的研究結果，讓大家更認識高瞻學前教育課程的長期效益。同年出版《品質培訓：透過系統化在職培訓改進幼兒教育課程》（*Training for Quality: Improving Early Childhood Programs Through Systematic Inservice Training*），其中介紹一項研究的結果，該研究著眼於訓練者培訓計畫（Training of Trainer）的效果。

1995 年，高瞻基金會成為密西根州的「大起步準備計畫」（Great Start Readiness Program，簡稱 GSRP）的評估員，GSRP 是密西根州為 4 歲幼兒提供的州資助學前教育計畫，著眼於降低使幼兒面臨教育失敗的風險。高瞻基金會持續擔任該項目的評鑑人員，並於同年出版《幼兒教育：幼兒園和托兒所的主動學習實踐》（*Educating Young Children: Active Learning Practices for Preschool and Child Care Programs*），這是一份全面更新的高瞻學前課程指南。1996 年，高瞻基金會出版《平衡的生活：高瞻佩瑞幼兒園的 27 歲收益－成本分析》（*Lives in the Balance: Age-27 Benefit-Cost Analysis of the HighScope Perry Preschool Program*），這是佩瑞幼兒園課程的第一個收益及成本分析研究。1997 年，高瞻基金會出版《最後的差異：23 歲之前的高瞻學前課程比較研究》（*Lasting Differences: The HighScope Preschool Curriculum Comparison Study Through Age 23*），指出學前幼兒園課程比較研究的長期研究結果，也呈現了幼兒自主學習的價值。1998 年，高瞻基金會推出「學前課程品質評估」工具（The Preschool Program Quality Assessment，簡稱 PQA），這是評估幼兒教育課程，並確定員工培訓需求的等級評定工具。

2000 年，高瞻基金會出版《溫柔照顧和早期學習：給托兒所的嬰兒及學步兒》（*Tender Care and Early Learning: Supporting Infants and Toddlers in Child Care Settings*），這是有關高瞻理念實踐於嬰幼兒時期的課程內涵。同年出版《進入成年期：啟蒙計畫效應研究》（*A*

Study of the Effects of Head Start），其中描述了啟蒙計畫的長期益處（LTBHS）研究。2005 年，高瞻基金會出版《終生效應：到 40 歲的佩瑞學前教育研究》（*Lifetime Effects: The HighScope Perry Preschool Study through Age 40*）。同年，出版《成長中讀者的早期讀寫課程》（*Growing Readers Early Literacy Curriculum*），這是一項針對 3 到 5 歲幼兒以科學為基礎且符合適性發展的早期讀寫教學課程。2008 年，高瞻基金會發布線上版的 COR（OnlineCOR.net），讓教保人員可以在線上使用 COR，且可以自動計分。2009 年，高瞻基金會發布「數加幼兒園數學課程」（Numbers Plus Preschool Mathematics Curriculum），這是一套針對小組活動和團體活動的數學活動設計，其中包含在一天流程中擴展數學學習的想法。2011 年，高瞻基金會發布線上版的 PQA（OnlinePQA.net），教保人員可在線上進行評估，且系統會自動予以計分。同年出版《溫柔照顧和早期學習：給托兒所的嬰兒及學步兒》的更新版。2012 年，高瞻基金會出版第四版《高瞻學前課程》，該書包括其內容的更新及擴展，並符合各州和國家幼兒學習的標準。2015 年，高瞻基金會發布 COR 進階版（後簡稱 COR-A），這是原始的 COR 更新和擴展且有線上版本。2016 年，高瞻基金會將其國際會議移至密西根州底特律。同年，獲得「投資創新」（Investing In Innovation）補助金，美國教育部提供 300 萬美元的投資創新獎助金，用於提升底特律幼兒園幼兒的自我調節技能。此外，高瞻基金會為幼兒教育工作者發行《主動學習者》（*The Active Learner*）第一期期刊。2018 年，示範幼兒園擴展為為 3 至 5 歲幼兒提供全日制的課程服務。同年，高瞻基金會發布將家庭參與增加到 COR-A，此新版本中包括促進家庭參與的工具。2019 年，高瞻基金會發布「學前課程質量評估修訂版」（簡稱 PQA-R），此修訂版本為反映新的學習科技，並增加新的觀察項目和檢核表。PQA-R 是一種評估工具，可評估任何學前教育課程的基本品質，並可用於大多數的課程模式。

從上述高瞻基金會各階段的簡介，可以得知高瞻基金會以幼兒園

課程相關研發及訓練為主，年齡向上到青少年的課後課程，向下到嬰幼兒階段的課程；除美國境內也推展到 20 多國甚至設立分支機構。全美各地同時關注到高瞻課程在於 1990 年，啟蒙方案（Head Start Program）25 週年年會上，高瞻課程提出追蹤其研究對象至 27 歲的長期研究報告，亦即佩瑞幼兒園方案。該研究在貧困社區中，將研究對象分為有就讀幼兒園經驗的和沒有就讀經驗的兩組，發現貧困幼兒就讀幼兒園，有助於政府節省許多後續的相關支出，例如：補救教育、社會福利、司法監獄、醫療等方面。也就是說，早期在幼兒教育上所花費的經費，其實在幼兒的成長過程中可以減少更多因沒有實施幼兒教育而多出來的支出（Schweinhart, 1991; Schweinhart, Barnes, & Weikart, 1993），讓政府及社會大眾看到幼兒教育是一項非常值得投資的事業。後續，此研究更延伸到研究對象 40 歲，仍然發現卓越的成效，也就讓更多的國家都紛紛關注此幼教課程模式的運作。目前設置高瞻教育研究基金會並提供師資培訓的國家包括加拿大、英國、愛爾蘭、韓國、墨西哥、新加坡、荷蘭等。高瞻課程模式的基本教材和評估工具也被翻譯為中文、阿拉伯語、法語、土耳其語、葡萄牙語、西班牙語等多種語言。高瞻課程模式的內涵已被越來越多的國家和地區廣泛使用，並且對幼兒教育產生影響（霍力岩、郭珺譯，2012）。

 ## 第二節　課程理念的發展與轉變

壹、課程理念的發展

　　高瞻課程初期以佩瑞幼兒園為課程發展的基地，此方案以皮亞傑學說的理論為基礎，並將課程發展的資料，於 1971 年集結成書，名為《認知發展取向課程：給學前教師的課程綱要》。佩瑞幼兒園方案的研究與教師團隊，將皮亞傑認知學派的理論與書籍中的實驗內容，逐字解釋與應用於該幼兒園中。當時高瞻課程中的數學與邏輯概念是課程發展的重點，例如：數量、序列、分類等，重視幼兒的表徵行為、

內容和系列性的目標。

在 1960 年代，許多創新課程多少都受到進步主義的影響，例如：河濱街課程、方案教學取向、全語言教學取向等。杜威（Dewey）的進步主義教育哲學，相當強調兒童的自主學習，鼓勵學生自行選取有興趣的主題進行探索與學習，且認爲教育應經由解決真實情境的問題而非課本中的假議題，以此促進學生與社會環境和其他人群產生互動關係，將這些互動的學習經驗視爲社會化的過程，也是發展上的成長（Hohmann & Weikart, 1995）。高瞻課程從皮亞傑的理論中發展，他們也認同幼兒都有內在自主自發的主動學習動力，且幼兒的學習是透過與環境的人、事、物互動，不斷地與其舊經驗連結、修正及創造的結果（Schweinhart, Barnes, & Weikart, 1993）。

《行動中的幼兒》一書於 1979 年出版（Hohmann, 1979），主動學習的理念正式被提出，且成爲高瞻課程中關鍵經驗（key experiences）之首，10 項關鍵經驗，其中有 5 項關鍵經驗：數、分類、序列、時間、空間等，皆是皮亞傑認知理論研究中重要的內涵。主動學習是指幼兒自身發起的學習，自主性地與環境中的人、事、物互動，而主動建構知識的過程。因幼兒仍處於皮亞傑認知發展理論中的運思前期，對於數學邏輯概念的發展，仍須透過動手操作的方式，而非教師直接的教導。因此，在幼兒學習環境中布置豐富的教材教具，鼓勵幼兒操作、把玩、組合、建構這些教材教具，或運用這些教材教具進行表徵行爲，是其學習的重點。

後來認知學派的研究經過不斷的更新與發展，運用幼兒的近側發展區、透過社會文化及鷹架學習等，源自於俄國學者維高斯基（L. S. Vygotsky）的認知發展概念，也融入高瞻課程中。高瞻課程的目標也不再僅止於認知發展，也同時關注幼兒的社會情緒發展。高瞻基金會所推廣的幼兒園服務對象也開放爲全體幼兒，而不僅止於貧困幼兒（Hohmann & Weikart, 1995）。

在高瞻課程的實務應用上，因兒童自主學習的概念上與皮亞傑的認知發展概念相似，所以同樣在計畫－工作－回顧的過程中運用此概

念。此外，在學習環境的規劃上，更強調運用幼兒日常生活中常見的器材來作為教具，讓幼兒在較為真實的情境中與人互動，並解決真實遇到的問題及認知衝突。

貳、課程理念的轉變

《幼兒教育》一書於 1995 年出版（Hohmann & Weikart, 1995），高瞻課程學前教育的學習之輪更明確的被呈現出來，主動學習為高瞻課程的核心，在此課程核心中包括自發性和關鍵經驗。主動學習成為課程滾動時的軸心，其他課程面向，例如：學習環境、成人與幼兒間的互動、日常作息、評量等，均繞著此一理念來運作。也可以說終極目標是培養幼兒成為主動學習者。當高瞻課程將主動學習作為課程核心的同時，也意味著當其評量幼兒發展時，已不再以認知發展為主要的方向，而是將重點放在幼兒的興趣、態度、社會性及主動性上，且逐漸擺脫僅以認知為主的課程取向（徐小龍，2001）。

高瞻課程認為教師扮演著引導者和促進者的角色，而非僅止於皮亞傑學派的支持和等待者。在與幼兒互動時，不僅幼兒扮演著主動與環境和人們互動的角色；教師也同樣扮演著重要的主動角色。教師經由幼兒的觀察及互動，規劃適合幼兒的學習環境、設計符合幼兒重要發展指標（早期為關鍵經驗）的活動，在活動過程中，適時地與幼兒互動並提供支持和提出符合幼兒近側發展區的問題，以此方式，促進幼兒的發展（Hohmann & Weikart, 1995）。高瞻課程期待教師多聽少說，注意觀察幼兒的意圖和想要發起的活動（徐小龍，2001）。教師對於課程的重點從關注自己要發展的課程，逐漸轉變成注意幼兒想要的課程方向，讓幼兒也成為課程中的主角，和教師共享主動發起活動的權力。

因此，楊淑朱（1995）對高瞻課程的觀點為：此課程幼兒是主動學習者，最有效的學習是幼兒透過計畫、工作，以及回顧的過程中習得。幼兒的知識來自於與同伴間的互動，以及與材料的直接經驗作邏

輯思考的應用。教師的角色則是安排一個能引發幼兒主動學習的環境，規劃學習區吸引幼兒的注意力及興趣，此外，還要仔細觀察幼兒的關鍵經驗、給予支持，適當的擴充幼兒的遊戲內容，活動時加入他們的行列，藉著發問問題來擴大幼兒的原始計畫，以及協助他們運用思考。

參、課程內涵的轉變

高瞻課程因早期為以認知取向為主的課程，其關注的幼兒發展大多以認知領域為主。直到關鍵經驗的概念被提出，高瞻課程慢慢將重心從幼兒發展上的不足轉向幼兒能做的和正在發展的面向。教師要提供幼兒更多活動使其正在發展階段能有更豐富的經驗，提供更多挑戰於其近側發展區內，經由教師和同儕的引導和鷹架來跨越發展。

早期的關鍵經驗以對幼兒認知、社會性及身體發展的一系列描述為主。關鍵經驗來自高瞻課程的研究者和實踐的教師們長期和幼兒互動的經驗和觀察所得，成為幼兒發展上不可或缺的內容。在高瞻課程向外推廣時，研究者逐漸發現原有的關鍵經驗未能涵蓋幼兒各方面的發展。此外，高瞻課程也受到迦德納（H. Gardner）多元智力論（The Theory of Multiple Intelligences）的影響，逐漸發展出我們認識的十大關鍵經驗，其細項從原有的 49 項，發展成為 58 項（Hohmann, 1979；徐小龍，2001）。

2012 年，高瞻基金會出版一系列 9 本的《HighScope 學前課程》，其中第一本說明高瞻課程學前學習之輪內容的更新及擴展，並提出新的八大內容領域及 58 項關鍵發展指標（HighScope Key Developmentally Indicators）（Epstein & Hohmann, 2012）。其餘的 8 本書則以八大發展領域，一一說明其中各關鍵發展指標在課程中的運用，以及教師如何觀察、引導及鷹架幼兒關鍵發展指標的發展（Epstein, 2012a-h）。此八大發展面向主要呈現高瞻課程是涵蓋幼兒全面發展的課程取向，且和主要幼兒發展標準相契合，例如：全美幼兒教育協會（NAEYC）和國家教育部幼兒專家協會（NAECS）及符合其他各

州的幼兒學習標準。幼兒教師可以此 58 項關鍵發展指標作為支持幼兒活動的架構，也可以此作為觀察及描述幼兒發展的工具。筆者嘗試將十大關鍵經驗和八大發展領域的內容，盡可能地做成相關對照的表格。因某些面向在概念上的差距頗大（例如：數學、科學）或為新增面向（社會研究），在內容上已有相當大的差異性，可能無法完全對應或呈現出關係，但仍可發現其間的差異性，所以呈現如下表 1-1 至 1-6：

表 1-1　關鍵發展指標 A、B 及相關關鍵經驗

KDIs（關鍵發展指標）	關鍵經驗（key experiences）
A. 學習方法 （Approaches to Learning）	**自發性和社會關係** （Initiative and Social Relations）
1　自發性：當幼兒探索世界時，他們展現出自發性	✽ 擬定並表達出自己的選擇、計畫和決定
2　計畫：幼兒訂定計畫並貫徹他們的意圖	✽ 解決在遊戲中的問題
3　參與：幼兒專注在引起他們興趣的活動	✽ 能顧慮自己的需求
4　問題解決：幼兒解決遊戲中遇到的問題	✽ 用口語表達自己的感覺
5　資源利用：幼兒蒐集與他們所在環境相關的資訊並建構想法	✽ 參與團體的日常作息
6　省思：幼兒省思他們的舊經驗	✽ 能敏銳地覺察到他人的感覺、興趣、需求
B. 社會與情緒發展 （Social and Emotional Development）	✽ 能與其他的幼兒和成人建立關係
7　自我認同：幼兒有正向的自我認同	✽ 發起和參與合作性遊戲
8　勝任感：幼兒感覺自身很有能力	✽ 以建設性的方式處理人際紛爭
9　情緒：幼兒覺知、辨識和調節自身情感	

	KDIs（關鍵發展指標）	關鍵經驗（key experiences）
10	同理：幼兒表現出對他人的同理	
11	社群：幼兒參與班級裡的社群	
12	建立關係：幼兒與其他幼兒和成人建立關係	
13	合作遊戲：幼兒參與合作遊戲	
14	道德發展：幼兒發展內在辨別對錯的感覺	
15	解決衝突：幼兒解決社會衝突	

表 1-2　關鍵發展指標 C 及相關關鍵經驗

	KDIs（關鍵發展指標）	關鍵經驗（key experiences）	
	C. 身體發展與健康 （Physical Development and Health）	動作 （Movement）	
16	大肌肉動作技能：幼兒在使用他們的大肌肉時表現出力量、靈活、平衡和持久性	✽ 穩定性動作：彎、旋、擺、揮動手臂	
17	小肌肉動作技能：幼兒使用小肌肉表現出靈巧和手眼協調	✽ 移動性動作：跑、跳躍、單腳跳、蹦蹦跳跳、走、爬	
18	身體覺察：幼兒知道關於他們的身體及如何在空間中將身體定位	✽ 操作性動作（帶物品做動作）	
19	個人照顧：幼兒進行例行性的自我照顧	✽ 創意性動作	
20	健康行為：幼兒參與健康的練習	✽ 解說所做的動作	
		✽ 遵循指示來做動作	
		✽ 感覺並表現出有規律的節拍	
		✽ 隨著一般的節拍做動作	

表 1-3　關鍵發展指標 D 及相關關鍵經驗

KDIs（關鍵發展指標）	關鍵經驗（key experiences）
D. 語言、讀寫與溝通 （Language, Literacy, and Communication）	**語言和讀寫能力** （Language and Literacy）
21　理解：幼兒理解語言	✽ 和他人談論有關自己的親身經驗
22　說話：幼兒使用語言表達自己	✽ 描述事、物及它們之間的關係
23　詞彙：幼兒理解和使用字詞和片語	✽ 有趣地運用語言、聽故事和詩歌、自編故事和押韻的兒歌
24　語音覺知：幼兒在說話時識別不同的聲音	✽ 以多種的方式寫：畫圖、塗鴉、仿寫、自創拼字和說話的形式
25　字母知識：幼兒識別字母的名稱和它們的聲音	✽ 以多種的方式讀：閱讀故事書、招牌、符號、印刷品、自己所寫的創作
26　閱讀：幼兒因樂趣和信息而閱讀	✽ 聽寫故事
27　關於文字的概念：幼兒展現在環境中文字的知識	
28　書的知識：幼兒展現對於書的知識	
29　寫：幼兒因不同的目的而寫	
30　習得雙語：（如果適用）幼兒使用英語及其母語（包括手語）	

表 1-4　關鍵發展指標 E 和 G 及相關關鍵經驗

KDIs（關鍵發展指標）	關鍵經驗（key experiences）
E. 數學（Mathematics）	**數**（Number）
31　數字和符號：幼兒識別和使用數字和符號	✽ 比較兩組物品並決定哪一組多、少或等量
32　計數：幼兒計數物品	✽ 將兩組物品做一對一的對應排列
33　部分和整體的關係：幼兒合成與分解物體的數量	✽ 數數量

KDIs（關鍵發展指標）	關鍵經驗（key experiences）
34	形狀：幼兒辨識、命名和描述形狀	**空間（Space）**
35	空間意識：幼兒認識到人與物之間的空間關係	✽ 將空的容器裝滿物品後，再把它倒光
36	測量：幼兒描述、比較和排序測量到的物品	✽ 將物品組合起來再拆開
37	單位：幼兒理解並使用單位的概念	✽ 改變或重新組合物品的形貌（包裝、扭曲、拉長、堆高）
38	型式：幼兒識別、描述、複製、完成和創造型式	✽ 由不同的角度觀察人、物或位置
39	資料分析：幼兒使用關於數量的信息來得出結論、做出決定及解決問題	✽ 從各種不同的位置、方向及距離來親身體驗園所的遊戲區、園內的建築物或者是自己住家附近的一些地方，並且能將這些經驗描述出來
G. 科學與科技（Science and Technology）	✽ 用繪圖、圖表或照片等方式來解說不同空間的關係
45	觀察：幼兒觀察環境中的材料及過程	**序列（Seriation）**
46	分類：幼兒將材料、行為、人與事件進行分類	✽ 比較物品的特性（長一些／短一些；比較大／比較小）
47	實驗：幼兒以實驗來測試他們的想法	✽ 將幾項物品依照他們的連續性或模式一個接一個的排列出來並且描述其間的關係（大的／比較大的／最大的；紅／藍／紅／藍）
48	預測：幼兒預測他們期望會發生什麼	✽ 經由不斷嘗試，而將兩組不同的物品搭配起來（小杯配小碟／中杯配中碟／大杯配大碟）
49	得出結論：幼兒基於他們的經驗和觀察得出結論	**分類（Classification）**
50	溝通想法：幼兒溝通他們對事物特徵的想法及事物如何運作	✽ 探索並描述物體的特徵，和其間的相似、相異點

KDIs（關鍵發展指標）	關鍵經驗（key experiences）
51 自然和物理世界：幼兒蒐集關於自然和物理世界的知識	✱ 將不同的形狀分辨出來並加以描述
52 工具和技術：幼兒探索和使用工具及技術	✱ 將物品分類後再配對
	✱ 描述某樣物品之多種用途及其不同的面向
	✱ 能夠一次記住兩項或兩項以上的事物
	✱ 分辨「一些」和「全部」的概念
	✱ 可以列舉一件物品所不具備的特性或屬性
	時間（Time）
	✱ 用信號來表示開始或停止一個動作
	✱ 經驗並描述移動的速度
	✱ 經驗並比較不同的時間間隔
	✱ 預料、回憶及描述一連串的事件

表 1-5　關鍵發展指標 F 及相關關鍵經驗

KDIs（關鍵發展指標）	關鍵經驗（key experiences）
F. 創造性藝術 （Creative Arts）	**創造性表徵** （Creative Representation）
40 藝術：幼兒透過二維及三維藝術的表現來表達他們的觀察、思考、想像和感覺	✱ 經由視、聽、觸、味、嗅覺來辨認物體
41 音樂：幼兒透過音樂表達和表徵任何他們的觀察、思考、想像和感覺	✱ 模仿動作和聲音
42 動作：幼兒透過動作表達和表徵任何他們的觀察、思考、想像和感覺	✱ 將圖片、照片或模型的形象與真實的地方和事物連結起來

KDIs（關鍵發展指標）	關鍵經驗（key experiences）
43	扮演遊戲：幼兒透過扮演遊戲表達和表徵任何他們的觀察、思考、想像和感覺	❀ 假扮和角色扮演
44	欣賞藝術：幼兒欣賞創意藝術	❀ 以木塊、黏土或其他建構性的材料來建造模型 ❀ 繪畫

表 1-6　關鍵發展指標 H 及相關關鍵經驗

KDIs（關鍵發展指標）	關鍵經驗（key experiences）
H. 社會研究（Social Study）	
53	多元：幼兒理解人們有不同的特徵，興趣和能力	
54	社區角色：幼兒理解到人們在社區裡有不同的角色和功能	
55	做決策：幼兒參與製定班級的決策	
56	地理：幼兒識別和解釋其環境中的特徵和位置	
57	歷史：幼兒了解過去、現在和未來	
58	生態：幼兒了解照顧環境的重要性	

　　隨著關鍵經驗修改為關鍵發展指標，原來作為幼兒學習評量工具的 COR 內容（1992），在 2015 年做修正。舊版的 COR 有六大領域 30 個項目，每一個項目有 5 個發展層級（1-5）；新版則和關鍵發展指標關聯性密切，有八大領域 36 項評量指標，每一個項目有 8 個發展層級（0-7）。筆者依據 2015 年的 COR 與 1992 年版本做出相關對照表，如下：

表 1-7　新 COR 評量指標及舊 COR 評量項目

新 COR 評量指標	舊 COR 評量項目
I. 學習方法 （Approaches to learning）	**自發性**
A　學習主動性與做計畫	A　表達選擇
B　解決問題能力	B　解決問題「解決幼兒自身的問題」
C　回顧能力	C　參與複雜活動
	D　課程流程中的合作性
II. 社會與情緒發展 （Social and emotional develop- ment）	**社會關係**
D　情緒管理	E　和成人互動的關係
E　與成人建立社交關係	F　和其他幼兒互動的關係
F　與其他的幼兒建立社交關係	G　和其他幼兒做朋友
G　社群	H　參與解決社會性問題
H　解決衝突	I　了解和表達感情
III. 身體發展與健康 （Physical development and health）	**音樂和動作**
I　大肌肉動作	M　展現肢體的協調性
J　小肌肉動作	N　展現手的協調性
K　生活自理和健康習慣	P　跟隨口令及動作的指示
IV. 語言、讀寫與溝通 （Language, literacy, and communica- tion）	**語言和讀寫**
L　語言表達能力	Q　了解別人的話
M　傾聽和理解能力	R　說話
N　語音覺知	S　顯現對閱讀活動的興趣

新 COR 評量指標		舊 COR 評量項目	
O	字母知識	T	證明其對書本的知識
P	閱讀能力	U	開始閱讀並證明對字的知識
Q	對圖書的熱愛和知識	V	開始寫
R	書寫能力		
V. 數學（Mathematics）		**數學和邏輯**	
S	數字與數數	W	蒐集及分類
T	幾何：形狀及空間意識	X	使用「沒有、一些、全部」等字
U	測量	Y	根據物體特性以逐次的方式排列物體（排序）
V	型式	Z	使用比較性的字眼
W	數據分析	AA	比較物體的數量多寡
		BB	數實物
		CC	描述空間關係
		DD	描述過去及時間
VI. 創造性藝術（Creative arts）		**創造性表徵**	
X	藝術	J	建構和建造
Y	音樂	K	繪畫
Z	律動	L	扮演
AA	角色扮演	**音樂和動作**	
		O	以固定節奏模仿動作（以音樂為主）
VII. 科學與科技（Science and technology）			
BB	觀察與分類		
CC	實驗、預測並得出結論		

新 COR 評量指標	舊 COR 評量項目
DD　自然和物理世界	
EE　工具與技術	
VIII. 社會研究（Social study）	
FF　對自己及他人的認識	
GG　地理	
HH　歷史	
IX. 英語學習（English language learning, ELL）	
II　傾聽並理解	
JJ　口語表達能力	

肆、幼兒園與家庭的關係轉變

　　高瞻課程因參與啟蒙方案（Head Start Program），受到啟蒙方案之父 Bronfenbrenner（1917-2005）所提出的人類發展生態系統論的影響，很早就開始以幼兒園為中心與家庭進行溝通和合作。高瞻課程要求教師要進行家庭訪問、發園訊，並邀請家長入園參觀及觀察正在進行活動的幼兒，也鼓勵家長擔任志工，讓家長參與園內的活動。經過多年與家長互動的經驗，高瞻課程的研究人員深深的體會到，家長是幼兒發展上最關鍵的人，家庭環境和生活習慣對幼兒有相當深遠的影響（徐小龍，2001）。也因此，高瞻課程要求教師要對每一位幼兒的家庭文化、興趣、習慣、信仰等都要有所了解，並在幼兒園內提供其家庭文化相關的事物，以保持文化的多樣性在教育的領域中。

　　早期高瞻基金會對家庭的支持方案計有：

1. 嬰兒教育方案（1968-1971），以每週一次家庭訪視的方式，協助家長成為教育嬰兒的第一位教師。

2. 高瞻嬰兒錄影帶方案（1971-1973），此方案是上一個方案的

延續，以影像記錄家訪員和家長及嬰兒之間的互動，製作成一系列相關影片。

3. 家長對家長之家庭訪視方案（1975-1978），此方案主要是培訓社區中的家長成為助理家訪員，建構社區內的支持網路。

4. 家長對家長之擴展方案：社區運用（1978-1981），此為上一方案的擴展方案，將社區支持網絡擴展到較為特別的家庭，例如：小爸媽家庭、有特殊嬰兒的家庭、經濟困頓家庭、兒虐家庭等高風險家庭，也從高瞻基金會附近的社區擴展到位於都市及偏鄉的社區。高瞻基金會也協助連結一些社會福利資源及設計適合服務對象的計畫給有需要的家庭和社區。

5. 家長對家長之擴展方案第二期：社區訓練和擴展中心（1981-1984），主要在於培訓當地人員成為儲備幹部及工作人員，期待社區能自行運作相關方案計畫（郭李宗文，2019）。

家園合作是高瞻基金會運作幼兒園的基本信念，且認為此非教師個人的任務，而是幼兒園應主動提供的相關服務，以利幼兒全面性的發展。高瞻幼兒園越來越關注如何讓家長可參與教學的部分，為此發展出兩個策略：

1. 和家長溝通在課程中如何促進幼兒發展的訊息，讓家長了解主動學習對幼兒發展的重要性。教師須將自己的專業以一般的語言向家長說明為何要如此準備學習環境、與幼兒互動、課程規劃及評量幼兒。也需要提供幼兒學習表現，要對家長說明並讓家長更理解，教師如何運用主動學習的五大要素，引發幼兒各方面的發展。

2. 分享在家中如何擴展幼兒學習的建議。高瞻基金會認為家長需要許多具體的建議及作法，以供他們選擇及運用在家中。幼兒園除提供資訊外，也需要鼓勵家長和教師多溝通討論這些具體作法對幼兒學習上的改變及困難。期待培養家長成為具有能力的教育家，持續陪同孩子成長（Epstein, 2014）。

高瞻基金會出版《家庭訪視活動──家園夥伴》（*Activities for*

Home Visits: Partnering with Preschool Families）一書（Gainsley & Hoelscher, 2010），家庭訪視通常開始於開學初新入園幼兒的家庭，書中提醒教師注意家中慣用語言，以免因語言的因素降低家長的參與，且希望教師能和家長約定定期到家訪視的時間。家訪後，教師也必須記錄之後將特別關注的幼兒及家長的相關議題。書中依據高瞻課程關鍵發展指標的八大內容領域，每個領域提供到家訪視時可以進行的相關活動，共計 40 項活動。每一個活動都包括：

1. 活動名稱及內容領域的圖案標示，方便教師依據圖示了解此活動的主要概念。
2. 內容領域，以及關鍵發展指標八大內容領域中的一個領域。
3. 家庭訊息，讓教師用簡單的詞彙向家長說明本活動內容和幼兒學習的關係。
4. 教材教具，提供幼兒園教室中經常使用的教材教具，或者幼兒家中已有的可替代物品。
5. 活動流程的開始、中間、結束及家中的延伸活動。此外，提出讓家長模仿教師與幼兒互動的策略，例如：和幼兒坐在同一個高度、模仿幼兒正在做的遊戲、觀察並說出幼兒正在進行的遊戲、小心翼翼的詢問開放性的問句（不要一直問問題而干擾幼兒的遊戲）、依循幼兒遊戲的速度和興趣。

之後高瞻基金會又發展出一系列家長入園參加的工作坊，稱為「帶主動學習到家中──幼兒家長工作坊」（Bringing Active Learning Home–Workshops for Preschool Parents）（Gainsley, 2014），很清楚地闡明主動學習的重要性及提供在家中如何讓幼兒主動學習的相關策略。書中依據高瞻課程關鍵發展指標的八大領域，每個領域提供相關工作坊，共計 25 個工作坊。每一個工作坊都包括：

1. 教材教具，除具體的教具及文具外，還有講義和帶回家的學習單（書中的光碟有所有工作坊的講義和學習單）。
2. 關鍵發展指標及內容領域，幫助參與人員理解此工作坊與高瞻課程間的關聯性。

3.歡迎活動，活動一開始要歡迎及鼓勵來參與的家庭成員，並說明高瞻工作坊的主要內容。

4.目標，說明此次工作坊的目標及內容，此次的目標與教育幼兒間的關係。

5.開場活動，目的在於讓參與者談談他們的孩子在此議題的狀況，帶領人也會挑戰參與者對於該次工作坊目標的觀點，並給新的視角來觀察幼兒的行為及檢視自己的觀點。

6.主要概念，針對該次工作坊的主題，帶領人會讓參與的家長先分享他們的孩子在相關主題的經驗，帶領人則會分享在高瞻課程中幼兒在此主題中的經驗。再透過工作坊的講義進行小組或團體討論，幫助參與的家長更了解自己的孩子，以及在此主題下，在家中及幼兒園的多種學習方法。

7.應用活動，鼓勵家長應用高瞻課程的教學方法於家中。嘗試練習或腦力激盪在幼兒園中進行的活動，在相同的概念下，如何運用在家中。

8.在家中的主動學習，協助參與的家長將此次所學的內容，訂定在家中可執行的活動計畫。

 ## 第三節 高瞻課程相關研究

　　高瞻課程基金會在建立初期，就開始進行課程研究資料的蒐集，並陸續發表相關的研究。目前國內外都有相當多高瞻課程的研究成果，簡要結果為：高瞻課程的教師使用較多的互動、支持、合作技巧，青少年因此而得到更多的自主權，提升自我尊重感（self-esteem）；高瞻課程是適性課程，對於幼兒的成長有持續性的正向影響，可以預防高危險群兒童的中輟率（Frede & Barnett, 1992; Luster & McAdoo, 1995; Rojas-Drummond, Mercer, & Dabrowski, 2001; Stellar, 2002;

Sylva, 1992; Veen, Roeleveld, Leseman, 2000; Zill, Resnick, Kim, O'Donnell, & Sorongon, 2003）。本節以說明高瞻課程的比較研究與追蹤研究及臺灣目前的相關研究為主。

壹、高瞻課程的比較研究及追蹤研究

高瞻課程比較研究（HighScope Preschool Curriculum Comparison Study），是為了檢驗幼兒園對低收入家庭幼兒的長期影響。在 1967-1970 年間，該研究隨機抽取 68 位來自不同課程模式的幼兒，第一組參與高瞻學前教育課程，此為以師生共同承擔責任、分享學習經驗的教學模式。第二組接受西方傳統的學前課程（Sears & Dowley, 1963），此種課程模式關注的是幼兒的社會性發展，幼兒自己決定他們的學習內容和學習的方法。第三組則是直接教學課程（Bereiter & Engelmann, 1966），在此課程模式中，學習是在成人的指導下按照學科教材教法進行的。將這三組幼兒到 23 歲為止的研究數據進行分析發現，兒童在語言、讀寫或是學科成績尚沒有顯著差異。但是，參加直接教學的兒童在成人以後有持續較高的犯罪率，其終身被逮捕的比率是其他兩種課程的 2 倍以上（Schweinhart & Weikart, 1997）。

高瞻佩瑞幼兒園研究（HighScope Perry Preschool Study），主要是檢驗學前課程對於貧困幼兒的持續性影響。此項研究對 123 名幼兒進行隨機分配，使之分別成為實驗組或對照組成員。迄今為止，研究的後續研究包括了這些幼兒在 5、14、15、19、27 及 40 歲的相關研究。筆者依據 Schweinhart（2000, p.140）對高瞻佩瑞幼兒園的長期研究主要的發現整理，再加入追蹤到 40 歲的研究（Schweinhart, Montie, Xiang, Barnett, Belfield, & Nores, 2005）及其他相關研究結果（Epstein & Hohmann, 2012），呈現如下表：

表 1-8 高瞻佩瑞幼兒園直到 40 歲的研究主要發現

研究結果	測驗時年齡	高瞻課程組	非高瞻課程組
教育表現			
史丹佛——比奈智力測驗	5	95	84
智力測驗分數 90 以上	5	67%	28%
學校成就測驗通過率	14	49%	15%
讀寫能力（通過題項）	19	62	55
就學狀況			
曾評為智力受損（有紀錄）	19	15%	35%
受特殊教育的年資（有紀錄）	19	16%	28%
就學意願			
認為就學是有意義的 （28 題的測驗超過 23 題者）	15	75%	62%
完成學業			
高中畢業或同等學歷	40	77%	60%
高中畢業或同等學歷	27	71%	54%
青年期社會經濟成功			
每月收入超過 2000 美元	40	60%	40%
每月收入超過 2000 美元	27	29%	7%
擁有自己的房子	40	37%	28%
擁有自己的房子	27	27%	5%
擁有第二輛車子	27	30%	13%
至今自己（非父母）收受社會服務	40	71%	68%
前 10 年自己（非父母）收受社會服務	27	59%	80%
就業率	40	76%	62%
就業率	27	69%	56%

研究結果	測驗時年齡	高瞻課程組	非高瞻課程組
社會責任			
被捕 5 次以上（有紀錄）	40	36%	55%
被捕 5 次以上（有紀錄）	27	7%	35%
平均被捕次數（有紀錄）	19	1.3 次	2.3 次
曾因販賣毒品被捕（有紀錄）	27	7%	25%
未婚懷孕比例	27	57%	83%
健康、家庭與孩子			
男性撫養自己的孩子	40	57%	30%
男性再婚率	40	29%	8%
和家人關係良好	40	75%	64%

　　追蹤研究結果發現，政府若在貧困幼兒的學前教育上進行投資，每投資 1 美元，在 27 歲時可回收 7.16 美元；在 40 歲時，則可回收 12.9 美元（Schweinhart, Montie, Xiang, Barnett, Belfield, & Nores, 2005）。

貳、臺灣高瞻課程的研究

　　臺灣最早的高瞻課程實踐，為 1994 年楊教授引進高瞻基金會訓練人員到嘉義一所新成立的幼兒園進行師資訓練。楊教授與筆者輪流擔任師訓時的口譯人員，該次訓練約維持數個月，該年暑假楊教授與筆者共赴高瞻基金會總部接受訓練者訓練。在實際課程的執行上，教師和訓練者之間經常對話，並且訓練者會在各班教室內觀察教師們的執行狀態，並於教學討論中提出議題與教師們討論。當時在高瞻課程於班級中的實踐上，進行得相當順利，也讓參與者都覺得此課程在臺灣有相當的可行性。教師們運用高瞻 COR 中的六大領域表來記錄教

師與幼兒間的互動情形及幼兒行為觀察。同時，用課程實施概要評量以評估課程實施的概況。楊淑朱（1995）將此過程記錄並分析，其研究指出，高瞻課程之教學模式的實施，從教師、幼兒及家長的適應上面，都證實了實施的可行性。但實踐的過程中，仍有許多的議題產生，例如：家長對幼兒的學習仍偏重學業取向，對學習區活動及從遊戲中學習的觀念尚未建立；行政人員對高瞻課程缺乏認識，常在與家長溝通時，與教師說法不一，導致家長產生困惑，並和教師間產生嫌隙，進而阻礙高瞻課程的推展。

李宗文與楊淑朱（1998）進行高瞻課程之 COR 實踐之探究，發現此 45 位暑期在職進修的幼兒教師，會遇到技巧不純熟、花費太多時間的困難；園方則面臨課程型態不合、缺乏有效諮詢人員及教師意見無法統整等問題；但是教師認為透過這項研究可增進其專業能力，而幼兒更能被傾聽與被公平地關注；教師間的互動更為頻繁，教師對家長的溝通品質也相對提升。

李宗文與吳茉莉（2003）於多多璐幼兒園，透過行動研究發現高瞻課程可以提升幼兒教師的專業、職業的自尊以及全園教師的凝聚力。郭李宗文（2005）更將多多璐幼兒園實施高瞻課程的歷程分為四個時期：

1. 高瞻課程的認識及認同時期（1995 年 2 月～ 1997 年 8 月），茉莉園長到日本參訪，開啟對開放教育的追尋。後來經由楊淑朱教授的演講及高雄資和托兒所的參訪，認識高瞻課程並以自修的方式蒐集相關資料，再於多多璐幼兒園中實施。當時每週一至三實施高瞻的「計畫－工作－回顧」；每週四至六仍然採單元教學，並使用部分坊間的教材。是高瞻課程的實施僅具簡單雛形的時期。

2. 高瞻課程的試行時期（1997 年 9 月～ 2000 年 8 月），此時期主要針對學習區有更清楚的規劃及教材教具的豐富。日常作息時間除計畫－工作－回顧外，還有團體及小組活動的加入。教師開始以軼事紀錄進行觀察，嘗試歸入 COR 的層級內。使用

坊間主題教材結合高瞻重要經驗進行活動。

3. 高瞻課程的師資訓練及實作時期（2000 年 9 月～ 2003 年 6
月），在職訓練中強化教師們對於高瞻課程的認識及實踐，持
續落實高瞻課程的教學方法。落實每班有 5 個基本學習區，計
畫、回顧及小組活動時，落實一位教師帶領一組。因著高瞻課
程的落實，主題活動時間顯得很倉促，因此將一學期 4 個主題
活動改為 2 個主題活動。

4. 高瞻課程與園所需求的協調及改變（2003 年 7 月～ 2005 年 2
月），將課程的重點從教師轉向幼兒。在學習區中請教師依據
幼兒的需求來更換教材教具。不再使用坊間主題教材，改以主
題繪本發展主題活動內容，由教師依據高瞻課程的重要經驗，
設計主題活動。將 COR 的紀錄方式與檔案評量融合，呈現幼
兒作品、照片、軼事紀錄、學習單等的幼兒學習評量。

2011 年後，因應幼兒園教保活動課程暫行大綱（後簡稱新課綱）
的發布及高瞻課程的重要經驗轉換成關鍵發展指標，還有 COR 評量
指標改變，多多璐幼兒園也持續提供教師的在職進修，並於本書中呈
現高瞻課程實踐的成果。

謝佩芳（2009）以個案研究的方式，探討高瞻課程幼兒園推動
以 COR 為基底的幼兒學習檔案，對幼兒教師專業發展有正面的影響，
因透過幼兒觀察紀錄及發展能力上的分析，尤其是在教學能力、班級
經營及親師溝通上最能感受到。

郭李宗文（2013）在原住民地區以高瞻課程及在地文化進行準實
驗研究，發現高瞻課程能提升原住民幼兒的數學能力，對語言的影響
則並沒有因為融入在地文化課程或進行「計畫－工作－回顧」的學習
區活動而有所削弱。

黃惠芳（2015）以行動研究法，分析園長及教學者在幼兒園進行
學習區活動時使用計畫－工作－回顧流程中的困難與可行策略，發
現高瞻課程中的計畫－工作－回顧流程的推動有助於教師的專業發
展，其中以有系統的幼兒紀錄是最為困難之處，需要輔導人員與園

長共同協助教師，並以溝通、鼓勵及教師增能的策略，來提升教師的專業知能。

　　江春嬌（2017）探討高瞻課程對幼兒自我效能之影響，以準實驗研究法輔以質性訪談及資料蒐集，透過 8 週的高瞻課程，發現幼兒可照顧自己且有問題解決能力，在面對困難時，會不斷嘗試以不同的方法解決問題，並靠著自己的能力及同儕的協助完成任務。

　　張慈凌（2018）以高瞻課程中的計畫－工作－回顧作為行動研究策略，探討 5 歲幼兒在行動研究前後的語言能力差異性，其研究發現在計畫－工作－回顧的前後期比較，不論是質性資料或量化資料，皆顯示出經過一學期計畫－工作－回顧的活動流程，幼兒的詞彙理解與口語表達能力皆有相當的進步，且語言能力不因幼兒的性別及家庭社經地位而有顯著差異性。

　　從上述相關研究中可見，各研究對於高瞻課程的實踐均給予正向的回饋，尤其在教師專業發展的面向和幼兒某些發展的面向。可見高瞻課程有在臺灣實踐的可行性，並能對教師及幼兒有所幫助。

第四節　高瞻課程在臺灣本土化課程的實踐

　　高瞻課程是一個在美國文化下發展出來的課程模式，在美國幼兒園實施的高瞻課程移轉到臺灣實施時，如何適應臺灣本土幼兒教育現場的文化進而做改變，是需要說明的。本節中的資料，部分改寫自 2005 年郭李宗文於嘉義吳鳳技術學院舉辦的「全球化與本土化 ── 臺灣幼兒教保課程模式在地化建構學術研討會」中所發表的「美國高瞻課程在臺灣實施過程的回顧：高瞻課程的特色及本土發展實例分享」，呈現高瞻課程與臺灣幼兒教育現況的差異。

一、高瞻課程重視孩子認知及思考的部分

　　高瞻課程重視孩子認知及思考的部分，與臺灣多數家長重視智育的教育，看似相同卻不盡相同。高瞻課程重視幼兒邏輯思考能力的培

養，但並非知識堆疊，與臺灣部分家長強調讓幼兒背誦知識或經典的取向並不相同。

　　本書中的多多璐幼兒園是私立幼兒園，當然也承受家長對於認知思考上需求的壓力。該園透過多元的親師互動及親子活動，逐漸讓家長了解培養幼兒邏輯思考能力的重要性，而不強調記憶性的背誦。

二、高瞻課程強調教室內的兩位教保人員須相互協同教學

　　高瞻課程強調教室內的兩位教保人員須相互協同教學，並於課程設計時分配兩位教保人員的主要工作，在課程訓練中也會特別對於成人和成人間的互動策略有所著墨。不過，同樣是一個班級設有兩位教保人員，在臺灣卻成為幼教現場上難解的問題。在政策的規定下，如何讓兩位教保人員不會因為過分的合作而成為輪流的狀況；或是因為過分的不合作而各做各的。在高瞻課程中，教保人員的協同教學是訓練的單元之一，每位教保人員在教學活動中各司其職，有分工（小組活動、計畫、回顧）也有合作（團體活動、軼事紀錄、戶外活動），且在分工的部分真的可以做到降低師生比例的情況（1：15，而非2：30），所以高瞻課程中的兩位教保人員皆可發揮最大的功能，為幼兒提供最好的教保服務。

　　因幼教大環境的改變，多多璐幼兒園的教師經常流動到公立幼兒園擔任教師或教保員，所以新進人員的培訓就變得非常重要。目前園方會給新進人員一套須閱讀的書籍、文獻資料及影片，會有資深人員定期陪同討論，並經常辦理高瞻課程的研習，讓教保人員可以詢問課程與教學上的相關問題。

三、高瞻課程中對於幼兒發展的重視，可以平衡目前臺灣幼教人員重視課程中心的觀點

　　2017 年新課綱正式發表前，臺灣有許多的課程取向都很強調所謂的「單元」、「主題」、「方案」，教保人員依據主題的方向和幼兒們做討論、尋找資源、布置環境、進行活動，而呈現出來的學習結

果大多是非常壯觀的美勞成品。但身為教育者必須問自己幾個問題：「是不是經過不同主題學習的幼兒，他們所學習到的內涵是不同的？有沒有共通性？」「我們的課程是為課程的主題來設計的，還是為幼兒設計的？」若問得更具體一點：「我們的課程走向是以主題為主還是幼兒為主？課程和幼兒誰為主？誰為輔？當我們將焦點都放在課程上的時候，我們是否考慮過幼兒的發展？不同主題下的幼兒他們的發展上是否有被看見？」NAEYC 提出的適性發展實務（Developmentally Appropriate Practice，簡稱 DAP）理念中，強調適性課程是要發展出適合發展的課程，其中包括適合幼兒的年齡、個別差異及家庭文化（Bredekamp & Copple, 1997）。基於這個理念，課程設計的重點在於「幼兒發展」，可以將幼兒發展當經線、課程發展當緯線，但重點在於教保人員規劃課程時是否有考慮到「幼兒發展」。

在高瞻課課程中相當強調幼兒發展的重要性，高瞻課程的關鍵經驗已修改為 KDIs，是根據研究結果與發展理論所設計出來的，並且強調 KDIs 才是幼教課程的重點。關鍵經驗的功能在於：(1) 幫助成人在觀察與詮釋幼兒行為時集中焦點；(2) 可當作觀察與詮釋幼兒行為時的一項跨文化參考；(3) 能幫助成人維持對幼兒合理的期待；(4) 幫助成人解答有關幼兒遊戲之合理性的問題；(5) 引導成人做出有關教材教具與每日例行性活動的決定；(6) 讓成人體認並支持幼兒逐漸產生的能力；(7) 當成評估幼兒可用教材教具的基礎；(8) 協助成人組織與詮釋對幼兒的觀察紀錄（楊淑朱，1995）。高瞻課程依據 KDIs 的內容，後來經過轉換成為 COR 幼兒觀察紀錄的內容，如此方能將課程的目標（即幼兒的發展）、課程的內容（即教師依據 KDIs 所設計規劃的課程）及課程評量（即幼兒發展的評量），三者可以緊緊相扣，循環不息。

KDIs 發表後，筆者就開始閱讀相關文獻，並將其整理作為多多璐幼兒園教保人員在職進修資料。茉莉園長也藉由到大陸宣講高瞻課程的機會，了解大陸實施高瞻課程的過程與該園的教師分享。

四、高瞻課程中對於教學活動的概念，可以刺激目前臺灣幼教實務上，偏重教師教學而忽略幼兒學習的現象

在高瞻的課程中，團體活動及小組活動是由教保人員設計活動的，小組活動的設計方式與臺灣多數小組活動設計的方式相近，但是團體活動卻有很大的差別。就楊淑朱（2000）對於高瞻課程中團體活動的說明是：「這段時間是整班幼兒與教師一起做遊戲、唱歌、玩手指遊戲、做基本的韻律活動、玩樂器或玩扮演角色的遊戲，這個時段提供每一個幼兒機會去參與在大團體中，並分享彼此的快樂及互相學習。」但是臺灣目前的團體活動型態還是以「像上課一樣的討論或教學」居多，這和高瞻課程的理念是相距頗大的。

筆者認為造成差距的主要原因在於，高瞻課程將團體活動時間視為幼兒發展社會性互動的時段；而臺灣的教保人員大多將團體活動視為幼兒認知教學活動的時段。前面提到高瞻課程也是注重認知的，但是高瞻課程會將成人主導較多的學習時段放在小組活動時間中，因為小組活動中師生比較低，教保人員可以充分地和每一位幼兒互動，且可以針對這一組幼兒的需求來設計課程。

目前多多璐幼兒園相當重視教師在幼兒於學習區中操作的時間，進行幼兒軼事觀察記錄，因為那才是幼兒真正的發展狀態，再依此紀錄設計符合幼兒發展的課程內容。在教學會議中，也經常提醒教保人員，團體活動的時間不要太長，尤其是年齡層較小的幼兒更要縮短時間，將需要教師引導的學習，儘量安排在小組活動時間中。

五、高瞻課程強調幼兒自主性的方案形成，而非教師設定或與大部分幼兒討論出來的方案為方案的主題

高瞻課程及方案課程的理念都源自於皮亞傑的認知建構理論，因此許多的教師會問這兩個課程到底有何不同？基於筆者對這兩個教學模式的認知及臺灣目前方案課程的呈現方式，最大的不同點在於，高瞻課程的方案比較是針對幼兒個別的方案；而臺灣目前一般學校的進

行方案通常還是會有一至數個方案在同一個班級內進行。在高瞻課程的計畫－工作－回顧時間，相當於是幼兒在構思自己的方案，幼兒可以主動找同儕進行同一個方案，這個方案可以進行許多天，可以擴展或深入，更可以隨時喊停。尤其是大班的幼兒，經常一到學校後就開始和同學討論等一下工作時間有沒有志同道合的同學，要和他進行哪個方案，或者繼續前幾天的方案計畫。教保人員在計畫－工作－回顧的各個時段都可以促進幼兒的方案，並了解幼兒的興趣及所需。高瞻課程不強調主題的教學，也不強調方案的名稱，因為每一位幼兒都可以依據自己的發展及興趣，進行他所想要進行的方案。

有些園所在團體討論的時間用來討論方案或主題的進行，教保人員以問問題的方式來讓幼兒們多思考他們的方案或者主題的進行中，是否可以再加深加廣。在高瞻課程中我們將這個部分放在計畫及回顧的兩個活動中進行，而且也是以小組的方式，一位教保人員固定帶領同一組幼兒進行計畫及回顧。

雖然高瞻課程中的方案是個人或小組的方案，較不做團體性的方案，多多璐的課程仍選擇高瞻與主題並行的方式進行，主要原因有二：首先，教保人員的流動率使所有人員對於高瞻課程的熟悉度不一致，若在教保人員尚未準備好的狀態下完全進行高瞻課程並與幼兒互動，反而會犧牲幼兒學習的機會，因此這些年來，臺灣仍處於主題和高瞻並存的課程模式；二來因新課綱中相當強調在地文化的課程取材，主題活動的內容可多引導幼兒在社區中觀察了解在地文化內涵，因此延續運用主題課程。

六、高瞻課程相當強調教師需要了解幼兒的家庭文化並進行家庭訪視

臺灣的幼兒教育較著重於幼兒園內的課程，對於幼兒從家庭帶來的文化經常予以忽視。以往臺灣的幼兒教師在培訓的課程中不太強調幼兒園與家庭合作的重要性，直到《幼兒教育及照顧法》中第 11 條提出「教保服務之實施，應與家庭及社區密切配合」，以達成 9 項教

育目標。在新課綱的實施通則中也明列「建立幼兒園、家庭與社區的網絡，經營三者間的夥伴關係。透過教保活動課程，培養幼兒對文化的投入與認同。面對多元文化的社會，培養幼兒面對、接納和欣賞不同文化的態度。」然而，在實際的幼教現場，幼兒園只是增加辦理親職教育活動，但還是站在以專業者的角度對家長施予正確的教養概念；若非必要，教師幾乎不會到幼兒家中去看看家裡的幼兒及他的生活環境，更少有教師會積極地與家長互動並了解幼兒的家庭文化。臺灣的教師去進行家庭訪問，有部分是因為招生的關係，或者幼兒發生特別的狀況，才會讓教師需要到家裡去和家長談談幼兒的特別狀況。臺灣的幼兒園教師，較希望家長來幼兒園參與活動，基本理念上就是希望家長能配合幼兒園的教育理念。

　　臺灣地區進行高瞻課程模式的經驗，較明顯的有三所園所。其一為楊淑朱指導於嘉義市成立的城堡幼兒園（化名）；其二為高雄市的資和托兒所，於 1992 年成立後在鄭秀容所長的領導下持續進行高瞻課程；其三是臺東市的多多璐幼兒園以及成立於 2007 年的高瞻幼兒園。其他則在臺東縣偏遠地區的國幼班有些幼兒園採用高瞻課程中的計畫－工作－回顧作為幼兒學習區的方式，其他課程仍保有其主題課程型態。高雄市資和托兒所相關資料可在鄭秀容（2003）的書籍中取得，嘉義市城堡幼兒園實踐高瞻的過程可於楊淑朱（1995）的研究中取得，而臺東市多多璐及高瞻幼兒園詳細的實踐過程請閱本書第 4 章。

　　高瞻課程的長期追蹤研究，以及其對於低收入家庭幼兒有長期正向的影響，使得各界人士對於幼兒教育的投資成效有更樂觀的期待。此外，高瞻課程與臺灣幼教環境有很高的相似處，例如：高瞻課程強調兩位教師協同教學，符合《幼兒教育及照顧法》中一個班兩位教保服務人員的法規；高瞻課程的關鍵發展指標與臺灣新課綱均強調全方位的發展；關鍵發展指標中有許多臺灣家長重視的認知領域的學習；高瞻課程屬於開放結構式的課程，強調能力的習得；高瞻課程沒有制式的課程內容或是一定要搭配購買的教具；高瞻課程重視和家長建立夥伴關係，更重視學習環境與家庭和社區環境的相容性，與《幼兒教

育及照顧法》的教育宗旨相符。但對於高瞻課程在臺灣的相關研究，則相對較少且為點狀性的。筆者們在本書向讀者介紹高瞻課程在臺灣實踐的成果，希望能拋磚引玉，讓更多教保服務人員能運用高瞻課程模式於教學中。

高瞻課程的架構與內涵
CHAPTER 2

　　本章是以高瞻課程學前階段的學習之輪（圖2-1）為架構，以「主動學習」為課程的中心軸，外圍繞著「成人與幼兒之互動」、「學習環境」、「日常作息」、「評量」四大面向（Epstein & Hohmann, 2012；李宗文，1995）。以下作者參考《The HighScope Preschool Curriculum》（Epstein & Hohmann, 2012）、《理想的教學點子 V ── 充分利用計畫－工作－回顧》（楊淑朱、翁慧雯，2009）、《幼兒教育課程模式》（簡楚瑛，2016）、《幼教課程模式》（郭李宗文，2019）、《高瞻幼兒教育》（倪用直等人譯，2004）等書籍資料，整理出高瞻課程的內涵，於本章中呈現。

圖 2-1　高瞻課程學前階段學習之輪

第一節　主動學習

　　高瞻課程以主動參與學習強調幼兒自主參與其中學習並建構自身的知識,在提供適性發展的環境中,最能顯現出主動學習的成效並充分開發人類發展的潛能(Epstein & Hohmann, 2012)。此理念源自於皮亞傑的認知發展理論,皮亞傑認為幼兒需要有具體且主動的經驗,提供適當的新挑戰和解決問題的機會,可以支持幼兒學習的廣度。艾瑞克森(Erikson, E.)的心理社會論,提出自發性是學前幼兒重要的發展任務。維高斯基(Vygotsky, L.)的理論在高瞻課程的運用上,是在讓幼兒自己發現和引導他們的學習過程之間取得平衡,而不是放任幼兒自己學習或單純的聽從指令。因此,教師要支持幼兒現階段的發展,並在幼兒邁向下個發展階段時慢慢地提供擴展的鷹架。

壹、主動學習的五項要素

　　主動學習就是由學習者自己發起的學習,幼兒透過與人、事、物和環境的互動,主動建構知識的過程。高瞻課程認為主動學習有五項要素,分別說明如下(HighScope, 1994; Hohmann & Weikart, 1995; Epstein & Hohmann, 2012; Wiltshire, 2019；楊淑朱,1995):

一、選擇

　　幼兒選擇他們想做的事,源於個人興趣和意圖發起活動;學習的結果也來自於幼兒有意圖地追尋個人興趣和目標,並有機會選擇想要參與的活動、教材教具,並決定如何使用之。

二、教材教具

　　學習源自於幼兒對教材教具的直接操作,教師為幼兒提供豐富且適合不同發展需求的教材教具,以及足夠的空間和時間讓幼兒能以多種方式操作它們。

三、操作

　　幼兒主動以各種感官來探索教材教具，透過直接的經驗來發現物體間的關係。幼兒有機會以自己的方式探索、操作、組合及轉換自身所選的教材教具，並以符合其年齡的方式使用教材教具。

四、幼兒的語言和想法

　　幼兒以語言和非語言的方式描述他們正在想及正在做的事情，從行動中反思，將新經驗融入現有知識，並同時修正自身的思維。

五、成人的鷹架

　　成人支持幼兒現階段的思考層級並以推理、問題解決及創造的方式，挑戰幼兒進階的發展能力。成人和幼兒形成夥伴關係，成人將自身放在和幼兒同樣的層級，跟隨幼兒的想法和興趣，以一種相互協商的方式來互動。成人要找出或詢問幼兒的意圖，鼓勵幼兒選擇和行動，觀察幼兒操作教材教具並學習幼兒的操作方式。在工作或遊戲中，成人要傾聽並鼓勵幼兒思考，和幼兒交談他們正在做和正在想的事情，聚焦在幼兒的行動和想法上。在幼兒主動提出的基礎上，做出重複和延伸的評論。經常停頓，讓幼兒有時間思考並將他們的想法梳理成語言字詞。成人要鼓勵幼兒將自己的想法實踐出來。當幼兒獨立操作時，要耐心的等待；對幼兒的閃失表現出理解，讓幼兒們參考彼此的想法、協助和對話，並鼓勵幼兒自問自答，接納幼兒的答案並加以解釋，即便是錯誤的答案。

　　以上主動學習的五項要素，可運用於學習之輪當中任一面向。主動參與學習是一段複雜的過程，在高瞻課程的模式中，學習過程就像是一段介於目標導向行為和環境現實中互動影響的行為。Epstein 與 Hohmann（2012）認為對幼兒而言主動參與學習有四個基本的標準：(1) 直接操作物體；(2) 對行動的反思；(3) 具內在動機、發明、創造力；(4) 具問題解決能力。

貳、高瞻學前課程的 KDIs

　　KDIs 提供成人觀察 3 至 5 歲（相當於臺灣幼兒園的小班至大班）的主動學習者發展進度的內容，關鍵是指對幼兒來說有意義且應該要學習的經驗，且教師一定要提供的學習方向。高瞻課程認爲學習是經由逐漸累積而成的，且是從簡單到複雜的發展過程；指標則是教師需要具體可觀察的幼兒發展證據，也可作爲了解課程成效的依據。

　　高瞻學前課程的 KDIs 共有八大內容領域，分別爲：A. 學習方法、B. 社會與情緒發展、C. 身體發展與健康、D. 語言、讀寫與溝通、E. 數學、F. 創造性藝術、G. 科學與科技、H. 社會研究，並依這些面向中主動學習者的行爲，形成對發展基本能力至關重要的 58 項 KDIs。這些指標並非學習目標，而是當成人提供相關機會和經驗時，幼兒自然而然會反複使用的基本概念和技能。KDIs 定義了幼兒在與人、物體、想法和事件互動時所獲得的知識類型。依據 KDIs 創造一個充滿機會的環境，加上適當的成人支持，是教育幼兒的關鍵要素。高瞻課程使用「鷹架」（scaffolding）一詞，來描述成人如何在幼兒當前的發展層級上支持他們，並在他們準備好時將他們的思維和推理輕輕地擴展到一個新的層級。本書第 1 章表 1-1 到表 1-7，呈現出高瞻課程目前的 KDIs 與以往的十大關鍵經驗（Graves, 1989）的對照表，從這些表格的內容，讀者可以比較早期的關鍵經驗與現在的 KDIs 之間的差異性。

　　Epstein（2012a-h）針對八大內容領域分別著書。每一內容面向會包括該面向的定義及教學策略，該面向中的各個 KDIs 的教學策略將幼兒的發展分爲早、中、晚三期，每一時期都提出幼兒自發性行爲、成人對幼兒現階段的支持、成人可以提供些微延伸的鷹架方式。以下對於八大內容面向下的 58 項 KDIs，分別做簡單說明。

表 2-1　高瞻學前課程的 KDIs 說明

A. 學習方法（Approaches to Learning，6 項）

1　**自發性**：當幼兒探索世界時，他們展現出自發性。幼兒渴望學習。當他們在學習關聯性、教材教具、行動和想法時，他們展現好奇、獨立和自我引導。

2　**計畫**：幼兒訂定計畫並貫徹他們的意圖。幼兒訂定計畫和決定，並根據他們的興趣表達選擇和意圖。他們在訂定計畫時增加了細節和複雜性。幼兒會依循他們的計畫。

3　**參與**：幼兒專注於引起他們興趣的活動。幼兒能保持參與和專注在他們的遊戲。他們能堅持、有動機、且能持續參與。

4　**問題解決**：幼兒解決遊戲中遇到的問題。幼兒在解決各種問題時，是具有創造性和彈性的。他們從嘗試錯誤到更有系統地解決問題中成長。

5　**資源利用**：幼兒蒐集與他們所在環境相關的資訊並建構想法。幼兒用他們所有的感官和多種的工具去探索並蒐集與他們所在環境相關的資訊。他們詢問問題並嘗試解釋有關他們遇到的事情之想法。

6　**省思**：幼兒省思他們的舊經驗。幼兒使用他們的經驗歸納出關於人、物、事件和想法的結論。他們將已知的事物和他們正在做和學習的事物間建立連結。

B. 人際關係與情緒發展（Social and Emotional Development，9 項）

7　**自我認同**：幼兒有正向的自我認同。幼兒注意到構成他們身分的特徵，例如：性別、種族、文化和能力。他們理解自己的獨特性並發展健康的自我形象。

8　**勝任感**：幼兒感覺自身很有能力。幼兒在發現和解決問題的時候對成功有所期待，他們相信可以獲得他們所需要的知識或技能。

9　**情緒**：幼兒覺知、辨識和調節自己的情感。幼兒識別並命名自己的情緒，且覺知到他人的感覺可能與自己的相同或不相同。他們調節自己對情感的表達。

B. 人際關係與情緒發展（Social and Emotional Development，9項）

10 **同理心**：幼兒表現出對他人的同理。幼兒透過他們自己相同情緒的經驗來理解他人的感受。幼兒藉由分享快樂及當他們看到其他人情緒低落或身體受傷時提供協助的方式，來表現其同理。

11 **社群**：幼兒參與班級裡的社群。幼兒透過參與日常活動，對合作的社會期待，和分擔維持教室的責任來作為班級社群的成員。

12 **建立關係**：幼兒與其他幼兒和成人建立關係。幼兒與班級裡的其他人產生關係。他們能指出教師和同學的名字。幼兒發展友誼、找別人以及參與人際互動。

13 **合作遊戲**：幼兒參與合作遊戲。幼兒加入成人和同伴的遊戲中。他們透過分享物品、空間、對話及想法來參與合作遊戲。

14 **道德發展**：幼兒發展內在的對與錯的感覺。幼兒發展道德行為。他們明白道德原則是不會因情境而改變的（例如：人不應該打其他人）。

15 **解決衝突**：幼兒解決社會衝突。幼兒參與解決衝突或解決社會問題，以解決人際差異。他們識別問題，提供和傾聽他人的想法，並選擇一個大家都同意的解決方案。

C. 身體發展與健康（Physical Development and Health，5項）

16 **粗動作技能**：幼兒在使用他們的大肌肉時表現出力量、靈活、平衡和持久性。幼兒使用穩定性動作（靜止）運動（例如：彎、扭、搖）和移動性動作（行走）運動（例如：走、爬、跑、跳、雙腳跳、滑、大步走、跳滑）。他們在進行投、接、踢、拍球和盪鞦韆時協調其大肌肉動作。

17 **精細動作技能**：幼兒使用小肌肉表現出靈巧和手眼協調。幼兒使用精細動作運動（例如：壓模、擠、戳、弄平、定位、寫、切）需要操作材料和工具。他們有手眼協調的能力（例如：堆疊積木、拼拼圖、串珠、倒果汁、敲釘子）。

18 **身體覺察**：幼兒知道關於他們的身體及如何在空間中將身體定位。幼兒認識身體部位和名稱。他們覺察自己的身體在周遭的人和物間的關係。幼兒感覺和移動他們的身體，以一種穩定的節奏。

C. 身體發展與健康（Physical Development and Health，5 項）

19　**個人照顧**：幼兒進行例行性的自我照顧。幼兒自己吃飯、穿衣、洗手、刷牙、使用面紙及上廁所。

20　**健康行為**：幼兒參與健康的練習。幼兒參與活動、身體遊戲。他們知道有些食物是比較健康的。幼兒執行一些健康的行為（例如：咳嗽在手肘中、上廁所後洗手、使用自己的叉子）和安全的行為（例如：戴自行車的安全帽、不會從鞦韆前面走過、繞過灑出來的東西）。

D. 語言、讀寫與溝通（Language, Literacy, and Communication，10 項）

21　**理解**：幼兒理解語言。幼兒了解（理解）對話、標示、故事、圖書、歌曲、詩和／或唸謠。他們聽、回應、將信息和自己的生活連接、預測接下來會發生什麼事情，並回想真實和虛構的人、材料、行動、事件和想法。

22　**說話**：幼兒使用語言表達自己。幼兒分享觀察、經驗、想法、解釋、感覺、喜好和需要。他們從做手勢到使用越來越長和複雜的句子。

23　**詞彙**：幼兒理解和使用各種字詞和片語。幼兒在談話、活動、書面材料和遊戲中學習和使用新的字詞和片語。他們詢問不熟悉的字詞的意思。幼兒使用多種的說話方式來描述、澄清和闡述他們的經驗和想法。

24　**語音覺知**：幼兒在說話時識別不同的聲音。幼兒識別字首和字尾的聲音，包括韻謠（相同的尾音）和頭韻（相同的起始音）。他們識別字詞（分割）的各個音節。

25　**字母知識**：幼兒識別字母的名稱和它們的聲音。幼兒知道字母是可以單獨命名的符號類別。幼兒唸出越來越多的字母，並將字母與聲音做連結（通常開始於他們的名字和／或其他熟悉的詞語）。

26　**閱讀**：幼兒因樂趣和信息而閱讀。幼兒因享受和知識而閱讀各種文書資料。他們要求成人讀書給他們聽，且他們為他人「讀」書。幼兒根據圖片說或重述故事。他們大聲朗讀一個字、片語或短句。

27　**關於文字的概念**：幼兒展現在環境中文字的知識。幼兒學習文字的功能。他們理解口語和書面文字間的關聯。他們認知到一個字是一個文字單位，字母組成字，字和字之間用空格分開。當他們經歷環境中各種形式的文字（例如：標誌、報紙和雜誌、列表、訊息、菜單、包裝）時，幼兒學習環境中文字的格式，例如：方向性（讀英語是從上到下和從左到右）。

43

D. 語言、讀寫與溝通（Language, Literacy, and Communication，10 項）

28	**書的知識**：幼兒展現對於書的知識。幼兒知道如何使用書，例如：他們正立且面朝前地拿一本書，從前面讀到後面；並且可區分文本和圖片。幼兒識別一本書的各個部分。
29	**寫**：幼兒因不同的目的而寫。幼兒用寫來表達自己的想法、在他們的遊戲中書寫及／或要求大人幫他們寫，並唸出他們和成人已經寫好的。他們使用書寫工具，例如：蠟筆、馬克筆、鉛筆和電腦。他們仿寫或寫字母，並從塗鴉進步到寫出可識別的字母。
30	**習得雙語**：（如果適用）幼兒使用英語及其母語（包括手語）。幼兒理解並使用英語和他們的母語。當他們跟人溝通的時候會因人而調整使用的語言。幼兒知道有不同的寫作系統（字母）。

E. 數學（Mathematics，9 項）

31	**數字和符號**：幼兒識別和使用數字和符號。幼兒在他們的環境中辨識和命名數字。他們了解基數（例如：一、二、三）是指數量，而序數（例如：第一、第二、最後）是指事物的順序。他們寫數字。
32	**計數**：幼兒計數東西。幼兒以一對一對應的方式計數（例如：觸摸一件物品並說出一個數字）。他們了解數到最後一個數字就是指「有多少」。幼兒比較並依量排序（例如：更多、較少／更少、相同）。他們了解添加和減少的概念。
33	**部分和整體的關係**：幼兒合成與分解物體的數量。他們使用部分組成整體（例如：合成兩塊積木和三塊積木就形成一組五塊的積木）。他們還將整體劃分為若干個部分（例如：將五塊積木分成一塊積木和四塊積木）。
34	**形狀**：幼兒辨識、命名和描述形狀。幼兒辨識、比較和蒐集二維和三維形狀（例如：三角形、長方形、圓形、錐體、立方體、球體）。他們了解形狀的組成（例如：所有三角形都有三條邊和三個點）。幼兒通過把東西放在一起並把它們分開來轉換（改變）形狀。
35	**空間意識**：幼兒們認識到人與物之間的空間關係。幼兒利用位置、方向和距離的詞彙來描述動作和對象在其環境中的位置。他們在遊戲中解決簡單的空間問題（例如：用木塊來建築、拼拼圖、包東西）。

E. 數學（Mathematics，9項）

36　**測量**：幼兒描述、比較和排序測量到的東西。幼兒使用測量的術語來描述屬性（即長度、體積、重量、溫度和時間）。他們比較數量（例如：相同／不同、更大／更小、更多／更少、更重／更輕）並且排序（例如：最短／中／最長）。他們估計相對的數量（例如：是否某些東西更多或更少）。

37　**單位**：幼兒理解並使用單位的概念。幼兒了解單位是標準（不變的）數量。他們使用非正式（例如：積木）和正式（例如：尺）的測量工具進行測量。他們使用正確的測量程序（例如：從基線開始，無間隙或重疊測量）。

38　**型式**：幼兒識別、描述、複製、完成和創造型式。幼兒透過使用簡單的交替型式（例如：ABABAB）進展到更複雜的型式（例如：AABAABAAB、ABCABCABC），型式為代數奠定基礎。他們識別重複序列（例如：日常作息、運動模式），並且開始識別和描述增加和減少的型式（例如：高度隨著年齡增長而增長）。

39　**數據分析**：幼兒使用關於數量的信息來得出結論、做出決定及解決問題。幼兒基於可測量的屬性蒐集、組織和比較信息。他們以簡單的方式（例如：標記、塊的堆疊、圖片、列表、圖表、圖形）來表示數據。他們解釋和應用信息在他們的工作和遊戲上（例如：如果兩個幼兒缺席需要多少杯子）。

F. 創造性藝術（Creative Arts，5項）

40　**藝術**：幼兒透過二維及三維藝術的表現來表達他們的觀察、思考、想像和感覺。幼兒探索及使用各種材料和工具來進行繪製和繪畫、模具和造型、建立和組裝。他們使用藝術材料的屬性（例如：形狀、顏色、紋理）來表達他們的想法。幼兒的表徵和設計從簡單到復雜，從偶然到有意義的發展。

41　**音樂**：幼兒透過音樂表達和表徵任何他們的觀察、思考、想像和感覺。幼兒透過唱歌、移動、傾聽和演奏樂器來探索和體驗聲音。他們實驗自己的聲音並編製歌曲和唸謠。幼兒探索和應應音樂的元素，例如：音高（高，低）、拍子（快，慢）、動態（大聲，柔和）和穩定節拍。

F. 創造性藝術（Creative Arts，5 項）

42 **動作**：幼兒透過動作表達和表徵任何他們的觀察、思考、想像和感覺。幼兒在有和沒有音樂的情境下，探索、移動他們的整個身體，或他們身體的一部分。他們透過動作對音樂的特質和情緒做出回應。

43 **扮演遊戲**：幼兒透過扮演遊戲表達和表徵任何他們的觀察、思考、想像和感覺。幼兒模仿動作、使用一個物品代替另一個物品，並且擔任自己有興趣和經驗的角色。在他們假扮的劇情中用圖像來表徵人物（例如：在一個熊熊「家」裡聊天）。他們遊戲的主題會隨著時間的推移而發展得更為詳細和複雜。

44 **藝術欣賞**：幼兒欣賞創意藝術。幼兒表達對藝術的意見和偏好。他們識別出某些作品（例如：一場繪畫或音樂選拔）及提出簡單的理由來說明為什麼他們喜歡或不喜歡的風格。幼兒們描述他們和其他藝術家談論藝術的詞彙並發展出一種創造的效果。

G. 科學與科技（Science and Technology，8 項）

45 **觀察**：幼兒觀察環境中的材料及過程。幼兒是好奇地並使用他們的感覺來學習更多關於自然和物理世界。他們通過觀察別人的工作和發現工具和材料如何工作來蒐集信息。

46 **分類**：幼兒將材料、行為、人與事件進行分類。幼兒將類似的東西聚集在一起。他們分辨事物與他們所屬類別之間的關係。幼兒尋找新的方式來組織他原擁有的知識以及如何將新發現融入熟悉的類別。

47 **實驗**：幼兒以實驗來測試他們的想法。幼兒以實驗來測試一個想法是否真的或是一個有效的解決方案。他們可能會遇到沒有辦法回答的材料問題。他們通過操作材料、錯誤中學習，然後在心裡找到一個可能可以解決問題的方案。

48 **預測**：幼兒預測他們期望會發生什麼。幼兒通過言語和 / 或行動來表明他們期望的結果是什麼。他們想到在類似的情況下發生了什麼，並預料會發生什麼。幼兒根據實驗做出預測。

49 **得出結論**：幼兒基於他們的經驗和觀察得出結論。幼兒試圖將他們的觀察和推理融入他們現有的知識和理解。他們以自己的方式構建知識，就如

G. 科學與科技（Science and Technology，8 項）

49　他們蒐集資料以幫助他們形成關於世界如何運作的理論（例如：這是夜晚，因為太陽去睡覺了）。

50　**溝通想法**：幼兒溝通他們對事物特徵的想法及事物如何運作。幼兒分享他們的疑問、觀察、調查、預測和結論。他們談論、示範和表徵任何他們的體驗和思考。他們表達對這個世界的興趣和想去。

51　**自然和物理世界**：幼兒蒐集關於自然和物理世界的知識。幼兒熟悉自然和物理世界的特徵和過程（例如：植物和動物的特徵、坡道和岩石、生長和死亡、冷凍和融化的過程）。他們探索變化、轉變和因果。他們意識到循環對他們是有意義的。

52　**工具和技術**：幼兒探索和使用工具及技術。幼兒在日常環境中熟悉工具和技術（例如：訂書機、鉗子、電腦）。他們了解設備的功能並安全謹慎地使用。他們運用工具和技術來支持他們的遊戲。

H. 社會研究（Social Study，6 項）

53　**多樣性**：幼兒理解人們有不同的特徵、興趣和能力。幼兒以自然正向的態度看待個人特質（包括性別、文化、年齡、宗教、家庭結構、能力水平和外貌）的相似和差異。他們對人們如何與自己和他的家人有著相同或不同的特質感興趣。

54　**社區角色**：幼兒理解到人們在社區裡有不同的角色和功能。幼兒知道他們所屬的社區中熟悉的角色（例如：家庭、學校、鄰居）。他們了解人們彼此依賴。幼兒知道人們需要錢來購買商品和服務。

55　**做決策**：幼兒參與製定班級的決策。幼兒了解每個人都有權分享想法和表達意見。他們練習當個領導者和跟隨者。在成人指導下他們加入班級討論，協助做出決定，並分享想法以解決團體問題。

56　**地理**：幼兒識別和解釋其環境中的特徵和位置。幼兒辨識熟悉的地標（例如：家、學校、公園）並在它們之間找出簡單的路線。他們會對應物體和事件與它們的位置（例如：剪刀／藝術區；戶外時間／操場），並且在他們的遊戲中表徵其物理特徵（例如：建築物、道路、橋梁）。幼兒使用簡單的地圖來描述和定位他們的環境中的東西（例如：教室區、遊戲場的特徵）。

H. 社會研究（Social Study，6 項）	
57	**歷史**：幼兒了解過去、現在和未來。幼兒談論過去發生的事（例如：昨天，當我還是一個嬰兒的時候……）和未來會發生什麼（例如：當我更大些，我會去我姐姐的學校）。他們描述了一系列事件（例如：我先畫了一幅畫，然後我蓋了一座塔）。
58	**生態**：幼兒能夠了解照顧環境的重要性。幼兒分擔照顧他們班級內外的環境（例如：撿垃圾、為植物澆水、將物品分類到回收箱中）的責任。他們了解自己的行為會影響環境的福祉。

參、幼兒園中如何產生主動學習

如何讓主動學習在幼兒園產生，幼教人員需要了解主動參與學習的環境中，幼兒的角色、成人的角色、幼兒與成人間如何互動及主動學習的成效。

一、在主動學習環境中，幼兒的角色

包括下列數項：

（一）幼兒依據和意圖產生自發性的活動

幼兒具備內在動機且有能力專注在自己發起的活動中，此內在動機包括活動中的愉悅感、可控性、有興趣、成功的可能性及感受到自信和自我能力等。因此，幼兒在主動學習環境中，會表現出有許多事情想要做，經常說出自己的工作意圖。

（二）幼兒自由選擇用具，並決定如何使用這些教材教具

在主動學習環境中，提供了許多教材教具且讓幼兒有充分的選擇權。教室中的許多設備對幼兒而言都非常新奇，且不知道它們原來的目的。幼兒會以他們自身的興趣和目的來使用這些教材教具。成人在此以支持幼兒的意圖為主但提供協助，尤其是由幼兒主動提出他所需要協助及維護安全性的協助。

（三）幼兒以所有的感官來探索環境中的事物

幼兒對物體的學習是透過他們與物體直接的經驗為主，幼兒會把玩、從各種角度觀看、聽它發出的聲音、握、摸、爬上、穿過、壓、聞、嚐等等方式與物體互動。透過這些探索，幼兒回應自己的問題並滿足自身的好奇心。

（四）幼兒從直接接觸的經驗中，發現物體間的關係

當幼兒越來越熟悉各種物體，他們就會開始發現物體間的關係及如何將它們一起運用。在主動學習的環境中，成人要提供充足的時間和空間，讓幼兒自由探索物體間的關係。

（五）幼兒轉換和結合教材教具

在主動學習的環境中，多提供開放性的教材教具，讓幼兒可以持續的改變教材教具的顏色、形狀、一致性等，並以各種方式加以轉換和結合運用。

（六）幼兒使用適合年齡發展的工具與設備

在主動學習的室內外環境中，有許多為特定目的所設計的工具和設備，來給幼兒們使用。當幼兒想要解決問題時，就可以運用大肌肉或小肌肉來操作這些工具和設備。

（七）幼兒有充足的時間從事大肌肉發展的活動

在學齡前階段，幼兒是很渴望能伸展他們的體力和能力。不僅僅是在戶外活動時間，幼兒可以在遊戲場上的追趕跑跳蹦，在適當的活動和空間中，教師也需要提供讓幼兒可以推、擲、舉、踢和搬運等運用大肌肉的機會。

（八）幼兒談論自身的經驗

在主動學習的環境中，幼兒整天都在敘說他們正在做、計畫要做

或已經做好的事情。當幼兒有機會可以自由地談談對他自身有意義的經驗，除了會思考該如何梳理自己的經驗成為語言外，也會認真聆聽其他人的想法。他們會想辦法使用他人能理解的語言和說出個人的想法以及如何解決問題的過程。

（九）幼兒以自身的詞彙來談論他們正在做的事情

當幼兒在主動學習的環境中回應他們自身的經驗時，他們所使用的語言邏輯可能有異於成人。成人應鼓勵幼兒以自身的語言來談論自身的經驗，因為這樣會讓幼兒有自信；且幼兒經過互動的模仿學習及個人語言發展上的成熟，慢慢就會精進與人溝通的方式。

二、在主動學習環境中成人的角色

包括下列數項：

（一）成人提供多種的教材教具讓幼兒使用

在主動學習的環境中，成人提供多種不同的教材教具讓幼兒能有充分的選擇是相當重要的要素。排除有明顯危險性或不適合幼兒年齡的物品；可以放許多幼兒熟悉或不熟悉的物品。例如：成人每天都會用到的物品、天然或蒐集來的物品及工具，可以是凌亂的、黏糊糊的、滑溜的、滴水的、溼軟的、笨重的或容易上手的教材教具。

（二）成人提供空間和時間給幼兒操作教材教具

成人在主動學習的環境中，有兩個基本的角色，一是規劃和布置學習區；另一則是規劃作息時間。除了一般基本的學習區外，成人也會依據班級內幼兒的興趣規劃出特別的學習區，並且提供適合幼兒年齡發展的各類教材教具。高瞻課程的日常作息時間規劃包括：計畫－工作－回顧時間、團體活動時間、小組活動時間及戶外活動時間。

（三）成人要尋求幼兒的意圖

在主動學習的環境中，成人了解幼兒的意圖並隨著幼兒思考是學習過程中最基本的要點。藉由尋求幼兒的意圖，成人會強化幼兒的自發性和自我控制感。

（四）成人聆聽並鼓勵幼兒思考

在學習過程中，幼兒對自身行動的反思是非常重要的。聆聽和鼓勵幼兒提出個別化的想法，都會強化幼兒思考的萌發及推理的能力。成人在幼兒工作和玩耍時聆聽他們的聲音，這樣成人就可以從幼兒的自發評論中了解他們是如何思考自己正在做的事情的。

（五）成人鼓勵幼兒做自己想做的事

成人應鼓勵孩子解決他們遇到的問題，為他們提供更多的學習機會；而不是幫幼兒做或試圖提供一個沒有問題的環境。在主動學習的環境中，成人對幼兒的閃失表示理解，因為他們將其視為幼兒獲得解決自己問題的機會，並知道幼兒會從中獲得滿足感。

三、在主動學習環境中幼兒與成人間可如何互動

包括下列數項：

（一）幼兒與成人處於相互主動的情境

幼兒在選擇教材教具、活動和玩伴上具有主動性；成人則主動的支持和參與由幼兒發起的學習體驗，以及在計畫時間上提供建議給幼兒。

（二）成人和幼兒形成夥伴關係

成人和幼兒要形成夥伴關係時，成人須將自身降低到幼兒同等的物理位置，跟隨著幼兒的想法和興趣，並以讓步的方式對話。在主動學習環境中，成人不論是參與幼兒的遊戲、與幼兒一起解決問題，還

是與幼兒談論他的經歷，成人都將幼兒視為合作夥伴，探尋幼兒的意圖並據此擴展幼兒所預期的活動。

（三）幼兒和成人發明及發現

主動學習是一個展開的過程，而不是一種要遵循規定的指令。在主動學習環境中，幼兒和成人會發明、探索並做出意想不到的發現。幼兒和成人分享教學和學習中的驚喜和樂趣。

四、主動學習的成效

包括下列數項：

（一）幼兒的選擇權提供了成人與幼兒衝突的替代方案

當幼兒可以自由地做出選擇和決定時，成人與幼兒之間潛在的衝突往往會被避免，並被合作學習經驗所取代。當成人了解幼兒需要積極主動時，他們就會參與、支持和擴展幼兒的自發活動，而非試圖控制幼兒的行為。

（二）幼兒和成人培養信心

幼兒在了解自己的世界時可以自由地犯錯誤；成人不會糾正幼兒的錯誤，但在適當的時候，他們會挑戰幼兒對他們正在做的事情的想法，這樣幼兒就可以開始構建更完整的現實圖像。在這種氛圍中，幼兒會發展出能力感，因為他們的行動、選擇、探索性行為以及萌發的想法和解釋受到了鼓勵和支持。成人也覺得自己更有能力，因為他們發現自己支持而不是和幼兒爭論他們的行為，而且他們每天都能從班上的幼兒身上學到新的事物。

（三）幼兒在後來的學校環境中吸取早期的主動學習經驗

很多成人會擔心在主動學習環境中成長的幼兒，無法適應小學時要長期坐在位子上學習的方式。然而，主動學習者通常適應得很好，

因為他們認定自己是有能力的人，所以他們會處理自己的需求並解決問題。況且主動學習者已發展出相當的自信，他們通常能將這樣的學習態度帶到後來的小學情境中。

 ## 第二節　成人與幼兒間的互動

支持性的人際氛圍對於主動學習至關重要，因為主動學習是一種社交、互動的過程。高瞻課程透過釐清人際關係的基石，檢視人際關係氛圍及其對幼兒的影響，並關注有助於形成支持性主動學習氛圍的成人支持要素，闡明成人支持在主動學習幼兒園的意涵。為了支持幼兒自我概念的萌發，成人需要知道並反思其與幼兒間互動的所有面向。在高瞻學習之輪中，成人與幼兒間的互動包括了互動技巧、鼓勵及解決衝突的方法。分別說明如下：

高瞻課程認為一般幼兒園的師生互動氛圍可分為三種型式，Epstein 與 Hohmann（2012, p. 66）將其描述如表 2-2。

表 2-2　不同氛圍下的幼兒

自由放任氛圍	支持氛圍	指導氛圍
幼兒掌控大部分時間，成人像旁觀者般監督著。	幼兒和成人分享掌控權。	成人全權掌控。
成人在幼兒求助、提供信息、維持秩序時，才介入幼兒的活動。	成人觀察幼兒的優勢、成為幼兒真實的夥伴，並支持幼兒有意圖的遊戲。	成人給予方向和訊息。
課程內容來自幼兒的遊戲。	課程內容為幼兒自發性活動；成人透過心中的 KDIs，有計畫地支持兒童學習的方法。	課程內容為成人的學習目標。

自由放任氛圍	支持氛圍	指導氛圍
成人重視幼兒的遊戲。	成人重視幼兒的主動學習。	成人重視幼兒的演練和練習。
成人用多種方式管理幼兒。	成人以問題解決方式處理社會衝突。	成人使用糾正和隔離作為幼兒管理的主要策略。

　　高瞻課程提供支持性和民主的氛圍，讓成人和幼兒一起共享學習過程的控制權。成人要平衡幼兒探索所需的自由與幼兒感到安全所需的限制。高瞻課程希望創造一種讓幼兒可以免於恐懼、焦慮和無聊的工作和遊戲環境。在高瞻課程中，持續著由成人依據 KDIs 所發起的活動和幼兒自發的活動，在支持性的互動氛圍中進行。高瞻課程的幼兒園中，人際關係是溫暖的、有回應的且為夥伴的，成人可以分享幼兒的興趣、樂趣和創造力。

　　高瞻課程創造支持氛圍的策略之六個關鍵要素敘述如下（Epstein & Hohmann, 2012; Wiltshire, 2019）：

一、成人和幼兒分享控制權

　　在支持性氛圍中分享控制權需要彼此互惠，也就是說幼兒和成人之間的相互讓步。成人需要跟隨幼兒的線索，在對話中讓幼兒有機會表達自己的想法。幼兒在一位細心且與其合作的成人夥伴的陪伴下貫徹這些想法。與其互動的成人可以幫助他們，而不是去控制他們的體驗或轉移他們的初衷。參與幼兒的活動時運用幼兒的詞彙。成人對於幼兒的意圖、感受和想法採開放的態度。為了捕捉和培養幼兒天生對學習的熱情，成人盡可能將自己交給幼兒。成人聽從幼兒指示，心甘情願地扮演幼兒分配給他們的角色。

　　在分享控制權的氛圍中，成人和幼兒均為學習者和教學者。成人可以向幼兒學習到他們的選擇、行為、反應、情緒和態度；幼兒可以教導成人許多人類基本的需求。成人有時要刻意地將控制權交到幼兒

的手中。在幼兒的眼中，成人是巨大且有權力的，當成人刻意地將控制權交給幼兒，能讓幼兒體驗他們自己的想法和直覺所帶來的影響力和效力。Bronfenbrenner（1979）認為兒童的學習和發展是透過在其發展中和該兒童有持續情感連結的人，與兒童共同參與逐漸複雜的互惠活動，且將權力平衡逐漸轉移給兒童。

二、專注在幼兒的優勢能力

　　許多的成人都會觀察到幼兒的弱點和缺乏之處，使其想要設計相關活動讓幼兒來參與，並要設法引起幼兒的學習動力。高瞻課程的成人與幼兒互動，強調成人要關注幼兒的優勢，因此成人不需要去引起幼兒的學習動機，幼兒本身就已經有自身的學習動力。成人要尋找幼兒的興趣，當成人找到幼兒的興趣並支持他，幼兒就會自在地跟隨活動流程，因為他的興趣早已給了他動力去探索此活動內涵。

　　高瞻課程也鼓勵成人要以幼兒的觀點來檢視情境。有時成人傾向於以複雜的情緒看待幼兒的優勢，因為幼兒的新熱情可能意味著成人需要進行額外的工作。這時就很需要提醒成人要從幼兒的觀點來看此情境。從長遠來看，幼兒嘗試一項新活動並獲得成就感，比成人的任何短期不便來得重要。

　　關注幼兒的優勢和興趣而不是他們的缺點，也要經由互動時分享給園內同事和幼兒的家長。成人若一昧地只注意到幼兒的不足，將引起家長的防衛；相反地，若成人將重點放在幼兒的優勢上，幼兒則會有成就感，且家長會將幼兒視為有能力的個體。由於幼兒的優勢和興趣是他們獨特性的有形表現，因此在高瞻課程中關注幼兒的優勢是個別化的關鍵。成人根據幼兒的興趣、個人能力和發展層級為他們的學習搭建鷹架。

三、和幼兒形成真實的關係

　　成人和幼兒一樣有其優勢和興趣。成人獨特的能力和熱情豐富也活躍了他們與幼兒的互動，為真實的關係奠定了基礎，從而實現了誠

實、有效的教學和學習。真實性包括對學習者的敏銳觀察、同理、聆聽、獎勵、關懷、信任和尊重，此時學習中確實存在一種自由的氛圍，刺激自我發起的學習和成長。教學和學習是一種社會互動的過程，因此成人必須分享他們最好的、最真實的自我，使他們對幼兒的影響是積極的和持續的。真實關係中建立的互惠和相互尊重的直接體驗，可以在成人與幼兒互動中形成支持、鼓勵、信任、自主、主動、同理心和自信。

　　成人十分注意幼兒的興趣所在，因為那是幼兒主動學習的關鍵。Curry 與 Johnson（1990）認為教保服務人員與幼兒互動時，應對幼兒給予真實性和特定性的回應，誠實的回饋比泛泛的回饋更有助於幼兒成長和改變。在真實性關係中，幼兒會提出心中真的有興趣的問題，成人也應該誠實地回應其問題。

四、承諾支持幼兒

　　由於幼兒透過遊戲來進行溝通，成人必須致力於學習複雜的遊戲語言。成人可以觀察到小小孩從事探索性遊戲，他們探索材料和工具的特性和功能，以簡單地重複遊戲體驗，不是有目的性的製作東西，而是為了把玩物品。遊戲型態逐漸發展出以建構和創造為主的建構式遊戲，還有以假扮生活情境的裝扮遊戲。再長大一點就會進入規則性遊戲，幼兒先以自己設定的遊戲規則來玩，之後才會依循明確的遊戲規則。為了有效地支持幼兒的遊戲而不干擾它，成人必須能夠區分並接受各種遊戲形式。

　　當幼兒在支持性情境下遊戲時，他們有很多機會了解他人、觀察和模仿他人、敢於冒險、專注於他們感興趣的事情、靠近並與他人一起工作、談論他們正在做的事情和感受。與孩子一起遊戲是成人在支持性主動學習氛圍中有意識地、尊重地、認真而又輕鬆地做的事情，並且自身也會感到非常滿足。

五、以鼓勵代替讚美

高瞻課程很早就提出要以鼓勵代替讚美，許多研究皆指出讚美屬於外在獎勵，它會降低幼兒的內在動機（Filcheck, McNeil, Greco & Bernard, 2004; Kohn, 2001）。當成人使用讚美時，幼兒就學會了依靠成人來判斷對錯，而不是自己培養這種能力。幼兒可能會害怕嘗試新事物，因為害怕他們不會被讚美或會因為做錯事而受到批評。

加入幼兒的遊戲其實就是一種鼓勵，因為成人的加入讓幼兒覺得自己的活動和想法是有意義且重要的。此外，成人鼓勵幼兒描述他們的努力、想法和作品，他們做了什麼及如何做到的種種描述，都讓幼兒肯認自己正在做的事情。專注在幼兒的行為而非結果，以及重複或重述幼兒說的話，讓幼兒覺得你有積極聆聽他們說的話，且可以創造介紹新詞彙、改換詞彙或模擬字詞發音的機會。

六、對社會衝突採取問題解決取向

對於社會衝突採取問題解決的方法，是成人面對幼兒至往後發展中會長期使用的。在支持的氛圍下，幼兒們因欲求而產生衝突是在所難免的。成人可以著重在問題發生時，幼兒可藉此學習社會互動技巧而非以處罰的方式處理。高瞻課程提供六個步驟來解決：

1. 冷靜地接近，停止任何傷害性的行為。
2. 確認幼兒的感受。
3. 蒐集訊息。
4. 重述問題。
5. 詢問解決問題的想法，並從中一起做出選擇。
6. 準備好對後續情況的支持。

對還在以自我為中心的幼兒而言，找到替代傷害行為的方法、說出他們的感受、想出解決的方法，都不是件容易的事。幼兒需要經驗過許多次和同儕衝突及成人支持的狀況下，去學習更多解決問題的方法。提供這樣的經驗，會讓幼兒相信自己是個有能力解決問題的人，

也相信在他需要幫助時成人會協助他，會發展出同理心和願意幫助他人，並相信自己有能力和他們建立好的社會關係。

 # 第三節　學習環境

高瞻課程規劃學習環境的宗旨，在於有效地運用空間讓幼兒能獨立、自發地做出教材教具的選擇，幼兒能輕易地找到他們想要使用的教材教具並且自行歸放回原位（Wiltshire, 2019）。高瞻課程對主動學習環境中空間與教材教具的規劃，有幾點一般性的指引。

一、設置歡迎幼兒的空間

在室內設置地毯、地墊、抱枕、休閒椅、懶骨頭、窗簾等，製造溫暖且舒適的空間。在室外空間可以有草坪、沙、水、花、樹木、吊床等讓幼兒覺得舒適感的規劃。教室內家具以圓角為主，避免尖銳物品。室內物品的顏色與質地要選擇較為柔和討喜的。自然材質的運用，例如：臺灣幼兒園很喜歡使用木質地板、溫暖色澤的燈光，讓幼兒園更像是幼兒的另一個家。有意圖地播放背景音樂，例如：成人有意識地規劃各類型的音樂讓幼兒在固定時間欣賞，但在幼兒遊戲時間儘量減少播放音樂以免影響幼兒專注度。

二、明確規劃和標記出各學習區，以鼓勵不同類型的遊戲

高瞻課程在學習區規劃時以支持各種遊戲型態的主動學習為主，並以幼兒理解的名稱來加以命名，例如：積木區、玩具區、扮演區、美勞區、書寫區、木工區等。每一區都有簡單且圖文並陳的標示牌。沒有嚴格規範每一區的參與人數。依據每一個學習區的特性放置教材教具及設置空間大小。規劃明確的學習區有助於幼兒的自發性、主動性和社會關係的建立。

三、教室規劃要包括團體活動、餐點、午睡和幼兒個人置物櫃的空間

　　規劃空間時，須注意到課程中一天的作息時間中，要使用到的空間範圍及所需的設施設備。例如：幼兒的個人置物櫃最好放在門口附近，以方便幼兒入班及離開時使用。用餐時，幼兒及成人桌椅和位置的安排，則要兼具衛生安全和像家一樣的氛圍。午睡時間，幼兒睡眠的空間距離至少要符合法規，室內燈光及通風也需要做些調整。

四、學習區的規劃要注意能見度和區域間移動的動線

　　學習區的能見度規劃，是指當幼兒站起來的時候，可以看到其他區的幼兒正在進行的活動；成人也較能觀察到每一位幼兒的行動。低矮的層櫃適合作為區隔學習區的設備。儘量使用開放式空間規劃方式，讓空間因應需求可以有所變化。學習區間的動線也要加以規劃，讓此動線清楚可見，可減少幼兒間的摩擦。幼兒可自由地在學習區間移動，而不受人數限制。

五、學習區要足夠靈活，以適應幼兒不斷變化的興趣

　　成人在全年度都可能因不同因素而調整學習區的空間規劃。在調整空間時，建議可邀請幼兒一同參與，這樣可讓幼兒對活動有掌控感。將空間調整、教材教具或設施設備的更換當作一個問題解決的議題，邀請幼兒參與可減少幼兒的不安感。此外，氣候因素也是空間變換的另一個可能因素。例如：在雨天時，成人可能需要以室內空間來和幼兒一起進行大肌肉相關活動。靈活運用不僅限於空間上，也適用於設施設備，例如：桌椅可以是學習區活動的設備，也可以是食用餐點的設備。

六、豐富且開放性的教材教具以支持廣泛的遊戲經驗

　　教材教具的豐富度是指在同一個時間中，每一個學習區都有足夠的教材教具提供給幼兒操作。開放性教材教具則是指有多種的方式可

59

以運用，而非僅有固定玩法的教材教具，例如：紙張、盒子、積木、黏土、鬆散素材。因開放性教材教具其如何被使用是操之在幼兒的手上，讓幼兒較有掌控感也較能實踐自我的創意發想。高瞻課程學習環境中的教材教具需要支持各類型的遊戲行為，除一般遊戲發展的行為外，也建議成人可以參考 KDIs 的內容，放置可啟發幼兒相關發展的教材教具。

七、教材教具能反映幼兒的家庭生活

幼兒很多的想像都來自於他的家庭生活，因此在教室內要提供能反映幼兒家庭生活的教材教具，對幼兒自我概念的發展是相當重要的。有些教材教具可以用家庭中實際使用的物品而非玩具，例如：家中使用鍋子、餐具等。高瞻課程相當強調幼兒園與家庭間的合作，因為親師合作對幼兒各方面發展均有益處。

八、教材教具的儲存和標籤促進了「找－用－歸位」的循環

高瞻課程中幼兒會依據自身的意圖，將各學習區的教材教具混用。因此教材教具的歸放，要讓幼兒容易找到、方便使用並能清楚地將其歸位就相當重要。每一個學習區內，都將相似的教材教具放在附近，以便幼兒可以思考教材教具間彼此取代的可行性。使用幼兒可看透及易於拿取的容器來放教材教具，且這些教材教具要放在低矮、沒有門的層櫃中。以幼兒看得懂的方式來製作歸位卡，例如：實際的物品、照片、描邊圖片等。

 ## 第四節　日常作息

高瞻課程的日常作息（Daily Routine）透過提供孩子可以依賴和理解的一致事件時間表，來幫助他們回答這些類型的問題，還可以幫助成人安排與孩子相處的時間，以提供積極的活動。高瞻課程提供創

建社區的社會框架,並為發展的社會關係奠定基礎。反之,社交互動會影響學習體驗的展開方式。日常作息鼓勵形成一個支持性社區,其中成人和兒童之間的關係受共享控制原則的支配。日常作息所創造的一致社會框架為孩子們提供了一個心理安全和有目的的環境。

在高瞻課程中,日常作息是剛性結構及隨機活動的適當替代方案,它既不是成人做出所有決定的一成不變的事件序列,也不是一系列隨機演變的日常活動,日常作息使成人能夠將高瞻課程價值觀和教育理念付諸實踐。

日常生活提供一個支持性的教育和社會框架,在這個框架中,孩子們可以安全地發起、反思、修改、重複和擴展主動學習經驗,前提是有成人的充分關注並得到安全社交網絡的支持。日常作息是一個操作框架,用於定義和支持幼兒環境中的日常活動。這個框架是一個規律的事件序列,它粗略地定義空間的使用以及成人和兒童在一起時如何互動。內容和過程同等重要,反映一種重視主動學習、兒童和成人共同控制,以及成人對兒童構建知識的支持的教育理念。

壹、安排日常作息的一般準則

一、各種主動學習階段為幼兒提供一系列的體驗和互動

包括:計畫－工作－回顧時間、小組時間、團體時間、戶外時間、餐點時間、轉銜時間及午休時間。這些時段的安排多可依據各幼兒園的狀態有所調整;唯獨計畫－工作－回顧需要是一連貫的安排。

計畫時間通常是 10-15 分鐘,以小組的方式進行,每位幼兒會基於他們的年齡和表達能力,使用行動、手勢或是語言來表達他們的計畫。不必等到所有幼兒都完成計畫,幼兒在小組中提出自己的計畫後,即可離開前往他想要進行工作的學習區。工作時間通常需要 45-55 分鐘,甚至更長的時間。工作期間幼兒依據自己的計畫進行,自由地與計畫相關的人事物互動,最後要進行收拾。回顧時間

約 10-15 分鐘，幼兒回到他計畫時的小組，與該組的成人和幼兒進行工作時間回顧，並能與他原來的計畫相互對應。回顧可以幫助幼兒反思、理解和鞏固他們的行動。

小組活動時間約 15-20 分鐘，幼兒為特定的目的來操作教材教具及解決問題。幼兒的小組與計畫和回顧時的小組是同一組，這樣成人就可以為這一組幼兒的需求設計小組活動。團體活動時間約 10-15 分鐘，讓幼兒建立社群感。這段時間大多是讓幼兒及成人聚在一起進行唱歌、律動、音樂活動、說故事，以及對已熟悉的故事和有意義的事件的重演。

戶外活動時間每天至少一到兩次，每次最少要 30-40 分鐘以上。這段時間幼兒可以進行劇烈的、嘈雜的、大肢體動作的遊戲。轉換時間是幼兒從一個活動移動至另一個活動間的時段。轉換時間很重要，因為它們為後續經驗創造了氛圍。因此，成人的目標是讓這些潛藏介入性的變化對幼兒來說盡可能平和有趣。至於餐點及午休時間，這些家庭生活相關的活動是幼兒學習環境中必不可缺的活動，幼兒及其家庭圍繞這些活動建立了特定的習慣、習俗和偏好。雖然我們要理解並尊重家庭習慣，但教保服務人員此時的目標是確保幼兒盡可能地多體驗正向的用餐及午休的方法。此外，藉此機會建立幼兒對班級的歸屬感。

二、主動學習以合理的、可預測的順序排列，以滿足環境的特定需求

幼兒園的課程時間是直接影響日常作息安排的主因。因半日班和全日班的課程幼兒的需求會有所不同，例如：餐點的供應和午休的安排等。另外，有少部分的幼兒因家庭的關係，早上較晚到校，可能就會參與不到所有的課程內容，轉換時間的安排就變得相當重要，以便幼兒可以在入園後，順利加入正在進行的活動。幼兒園的位置、大

小、氣候也會影響作息時間的安排，尤其是戶外活動空間是和社區公園共用的幼兒園，就需要考量適合戶外活動的時間，而其他時段必須要遷就此安排。然而，無論幼兒園根據何種特定情況設置了作息時間的順序，一旦建立了適合日常作息時間表，就要盡量保持它的穩定性是很重要的。

三、學習活動須配合適當的硬體環境

　　不同的學習活動需要不同的硬體設備，例如：進行計畫－工作－回顧，各種學習區的設置是一定要有的環境；團體活動可能會因為活動內容的不同而調整到不同的環境空間進行；小組活動時間則需要可以容納一整組幼兒的空間且最好在固定的地點；幼兒用餐點需要桌椅設備；戶外活動時間則需要戶外空間等。

四、每個時段都讓幼兒在支持性氛圍中融入主動學習經驗

　　不論哪一個作息時段，高瞻課程的主動學習五大要素均是成人要銘記於心且加以運用的。也就是說不論是小組或團體活動、室內或戶外活動、安靜或吵雜的活動，主動學習中的教材教具、操作、選擇、幼兒的語言和想法及成人的鷹架都是活動的重點。成人的角色轉換從督導、教學、準備下一個時段、恢復秩序、放鬆、再次教學。情緒的支持在每一個時段都是重要的。

五、日常作息提供了一系列的學習經驗

　　除了各種的活動型態外，高瞻課程的活動也提供不同室內外學習環境的經驗，幼兒可依自身的興趣進行不同的遊戲類型，重點是成人與幼兒在這些活動中彼此來回分享活動的控制權。

六、日常作息從一個有趣的經驗平穩地轉向下一個

　　平穩地從一天的一個時段轉換到下一個時段也是很重要的。這樣幼兒既不會匆忙，也不會因等待和無意義的重複而感到無聊。當書面

上的日常作息表在幼兒環境中變爲現實時，成人要思考如何讓不同的
幼兒可在不同的時間完成他們正在做的事情。

貳、計畫－工作－回顧

　　計畫－工作－回顧是高瞻主動學習課程中最核心的部分，它是一
天作息中時段最長的部分，大約需要 1 至 1.5 小時，且它包含了主動
學習中所有要素的充分運作。在此段課程中，幼兒學會表達他們的意
圖並反思他們的行爲。他們也開始意識到自己是稱職的思想家、決策
者和問題解決者。他們將把自信和獨立帶入隨後的學校階段，並在他
們的一生中繼續受益於這些特質。

一、計畫

　　在高瞻幼兒園中幼兒每天都在做計畫，不僅是在計畫時間，幼兒
也計畫他整天想要做的事情。計畫是一個思考過程，在這個過程中，
內在目標塑造了預期的行動。高瞻課程基於許多的理論和觀察，將計
畫視爲幼兒學習中主動學習實踐的重要過程。美國的啟蒙方案表現標
準（Head Start Performance Standards）將計畫視爲最佳的教學實務
活動並加以提倡（Epstein & Hohmann, 2012）。近年來，研究人員
相當重視的「執行功能」（Executive Function），在幼兒階段是指
幼兒可以成功地完成任務和解決問題（Rothbart et al., 2007）。這和
幼兒在計畫的能力相似，幼兒預期他們要做的事情及如何完成，並且
幼兒持續在自訂的目標上工作。執行控制結構是一種內部心理藍圖，
它代表了限制特定問題情況的習慣方式，以及處理它的習慣程序。在
計畫中，也有益於幼兒情緒的自我調節，幼兒以有計畫的方式行事以
控制自己大部分行爲的能力（Bodrova & Leong, 2007）。

　　計畫的過程，首先要設定目標或問題。幼兒會以自身的興趣來決
定他們將要做什麼。在計畫的過程中，成人將會協助幼兒有意識地
提出他們的想法、確認問題、想像結果和決定完成計畫的方法。在計

畫時，幼兒會先有想像並發現他所想要完成的事務需要透過自身的行動才能完成，因此會規劃和預期他將採取的行動。幼兒個人的意圖在計畫中是相當重要的。當成人承認並支持幼兒的意圖而不是試圖扼殺或轉移他們的意圖時，幼兒會最積極地參與學習經驗。當幼兒在計畫時，他會在衝動和行動之間停下來將意圖形塑成有目的的行動。幼兒起初的想法只關心如何完成他的意圖，但經過多次的計畫過程，幼兒學會反思之前的工作經驗並深思熟慮，逐漸學會以較為有效率的方法來完成他們的想法。計畫是一段在工作前及工作中具彈性的過程，因為幼兒會在工作中出現新的想法來面對工作中的問題。

　　計畫時間幼兒在發展表達自己意圖的能力時，通常會先通過手勢、動作和言語表達他們的意圖；接著會制定模糊的、例行性的、詳細的計畫；再隨著時間的推移，幼兒學會制定各種計畫；之後甚至會在家裡制定計畫，為他們預計當天或第二天在幼兒園可以做什麼。成人支持幼兒計畫的方法，分別說明如下：

（一）首先成人在親密的環境中與幼兒一起計畫

　　計畫可以在親密的對話中產生。當成人與幼兒的比例過高時，幼兒較難非常仔細的說明自己的計畫，因此師生比儘量低，幼兒較能產生有品質的計畫內容。計畫時間幼兒會在固定的小組內，與固定的成人一起做計畫，這樣才有固定的成人可以和幼兒一起追尋他的計畫過程，並與其共同回顧。隨著時間，也有成人能理解幼兒計畫改變的原因和流程。計畫的地點是在人員可看見教材教具的地方。幼兒會選擇他看得到的教材教具來做選擇。成人可以透過不時更改規劃設置以及讓幼兒在製定計畫之前就能看過這些區域，來克服教材教具可見度有限的問題。

（二）成人提供小遊戲來維持幼兒在計畫時間的興趣

　　當幼兒可以運用有趣的遊戲或材料時，他們不介意等待輪流計畫。一旦幼兒參與進來，成人就不會感到壓力，並且願意花時間與每

位幼兒交談。活動依靠趣味性和新穎性來防止計畫成為例行公事，並且成人可挑戰幼兒讓其盡可能完整地描述他們的預期行為。當幼兒越來越熟悉計畫的方式，成人可以讓幼兒擔任計畫的帶領人，因此可以讓幼兒自行做計畫（例如：畫計畫圖）、幼兒成對做計畫、幼兒分小組做計畫等。

（三）成人與個別幼兒討論他們的計畫

在遊戲的情境中，成人專注於與每位幼兒進行一對一的計畫對話。在這些親密的談話中，成人會引出幼兒的計畫，專心傾聽，與以非語言和語言的計畫者進行敏覺的交談，鼓勵同儕一起計畫，重視幼兒的計畫，並注意幼兒的計畫和行動之間的關聯性。成人要描述幼兒的姿勢和動作並請幼兒確認。以開放性的問題來問幼兒的計畫，例如：「你今天想要做什麼？」並給每位幼兒足夠的時間做出反應。當幼兒沒有回應時，成人可以提供其他替代性的答案，例如：等幼兒想好時再跟成人說他的計畫、提醒他前幾天幼兒的計畫和工作內容、請幼兒指出他想去的學習區。當成人清楚 KDIs 的內容時，將對每位幼兒的計畫增加另一個向度的理解。KDIs 將闡明幼兒如何選擇活動，以及他們思考計畫的特定方式與他們正在發展的關鍵能力有關。

當幼兒已經簡要說出他的計畫時，成人可和幼兒討論他計畫中將運用的空間和教材教具、討論細節、討論工作的順序、提醒他此次的計畫與之前工作間的關係。成人也可以鼓勵幼兒找玩伴一起進行計畫、畫下（有成人協助文字描述）他們的計畫。

（四）隨著時間的推移，成人預計幼兒的計畫會發生變化

盡量從簡單的計畫開始，讓幼兒覺得做計畫沒有困難。隨著幼兒越來越熟悉計畫的方式，就可以請幼兒對其計畫做更多的描述。當幼兒完成計畫，離開小組進行工作時，成人要注意幼兒的行動與計畫間的關聯性，或者幼兒在開始工作時需要一些協助；有些年齡較小的幼兒還不太清楚計畫和工作間的連結性，成人就需要提醒幼兒他剛剛做

的計畫，或者幼兒又有新的想法，想要更改計畫。

二、工作時間

在工作時間，幼兒會執行他們在計畫時間考量和描述的一系列有計畫的行動，同時也會貫徹他們遊戲時出現的新想法和計畫。當他們獨立工作並與其他幼兒和成人一起工作時，幼兒會帶著目的和專注地遊戲，解決他們遇到的問題，並反映高瞻課程的 KDIs。成人在工作時間觀察、學習和支持幼兒的遊戲。

幼兒發起、工作、修改、完成和改變他們的計畫。每位幼兒會花費不同的時間來執行他們最初的計畫，從幾分鐘、一整個工作時間、或幾次的工作時間。有些幼兒完成第一個計畫後，再進行的工作與原來的非常不同。仔細的觀察幼兒可以看到個體內在的邏輯，以完成其個人的目的。在工作時間，幼兒可以各種不同的遊戲型態來進行，可以是獨自、平行、聯合、合作等社會遊戲；或探索、建構、裝扮、規則性遊戲。幼兒會有許多的自語或對話。成人支持幼兒工作的方法，分別說明如下：

（一）掃描學習區以了解幼兒在做什麼

成人可以觀察在你計畫小組內的每位幼兒，他的工作狀態與計畫間的關聯性；幼兒個人和社會性互動的狀態；幼兒獨特的遊戲型態；幼兒工作和 KDIs 間的關係。

（二）選擇幼兒觀察，獲取幼兒的觀點，形成現場互動計畫

成人可以自己的目的來選定某些幼兒進行觀察。透過觀察成人可以更理解個別幼兒的觀點。互動計畫包括期望的目標或結果（例如：發現幼兒的行為和思考、稍微鷹架幼兒的技巧），以及實現它的可能步驟。

（三）為幼兒提供舒適和接觸

有時，幼兒需要立即得到成人的肯定，並認可他們的感受或努力。辨識和回應幼兒所有類型的安慰和接觸的請求是很重要的，即使成人有時不願意這樣做，是因為害怕「寵壞」幼兒，「拒絕」他們對注意力的需求，或阻礙他們學習「自己做」的機會。事實上，透過滿足幼兒的情感需求，成人可以讓幼兒克服令他們不安的事情，並繼續進行有目的的遊戲。每位幼兒對於身體接觸式的獲得溫暖的需求不同，對幼兒提供令人放心的身體接觸是緩和幼兒情緒的方式之一。有些幼兒僅需要成人提供簡單的確認。

（四）參與幼兒遊戲

參與幼兒遊戲是成人證明他們重視和支持幼兒的興趣和意圖的一種方式。成人可在遊戲一開始就自然地去參一腳，當幼兒的玩伴，並以幼兒的高度共同遊戲。有時，為了不打擾正在進行探索遊戲的幼兒，成人可以在幼兒的旁邊，運用和幼兒相似的教材教具並模仿幼兒的動作，來進行平行遊戲。這些幼兒經常自己玩耍，但也樂於接受他人的支持。在遊戲中，成人要扮演夥伴或跟隨者的角色，而不是遊戲的領導者。在可能的情況下，成人可將一位幼兒推薦給另一位幼兒，讓遊戲得到支持和擴展，這可使幼兒能夠認識到彼此的長處，將彼此視為寶貴的資源，發揮自己的能力為他人謀取利益，並合作遊戲。當成人在參與扮演遊戲中，想要提供擴展遊戲的建議時，要以幼兒目前的遊戲議題為主，對角色而非幼兒做建議，並尊重幼兒對你提出的意見的反應，即便幼兒忽視你的建議。

（五）與幼兒交談

以不干擾幼兒的方式，尋找自然交談機會。在建構遊戲時，當幼兒停下來看看他們到目前為止做了什麼或考慮一個問題時，此刻會是與幼兒交談的好時機。但不建議成人在幼兒正完全投入製作某項工

作時突然提出問題。成人要學習回應幼兒主動的對話，而非引導幼兒對話內容，並以幼兒玩伴的角色與幼兒對話。成人須謹慎地向幼兒提問，要問和幼兒正在做的事情直接相關的問題，並且詢問幼兒思考過程的問題。

（六）鼓勵幼兒解決問題

高瞻課程中的成人並不期待維持一個完全沒有衝突的學習情境；反而是在衝突發生時，鼓勵幼兒自行解決問題。因為它們相信透過解決問題的過程，可以讓幼兒有第一手的經驗，並且看到其他人對此問題的多元觀點，進而發展自信。當幼兒發現問題時，成人需要關注幼兒如何處理並提供適時的協助。在衝突中，和幼兒一起互動而非管理幼兒的行為。成人可以幾個步驟來協助幼兒尚未能解決的問題：(1) 保持冷靜；(2) 說出幼兒的感受；(3) 蒐集訊息；(4) 重新確認問題；(5) 詢問可能的解決方法並一起決定要選哪一種方法；(6) 提供後續的支持。

（七）結束工作時間

在工作時間將結束前提醒幼兒，讓幼兒可以較自然的結束工作而非戛然中斷其工作。成人鼓勵幼兒共同收拾教材教具，例如：關注幼兒在收拾時的解決問題能力、保持冷靜與樂觀和幼兒一起收拾。收拾得差不多的時候，就開始回顧時間，而不要延長收拾時間。

三、回顧時間

回顧的目的在於幫助幼兒思考他們剛剛進行的工作、互動的人事物，並反思自己的想法如何成為經驗的過程。讓幼兒能感受到計畫及工作時間的經驗與其自身的關係，也更加有意識地理解，計畫－工作－回顧過程中，對自身行動的掌控。對於幼兒來說，回顧的過程涉及的不僅僅是直接檢索儲存在大腦中的事實和圖像，更讓他們參與一個主動的、敘事形成的過程。當幼兒選擇並參與要談論的事件，說明

事情發生的過程時，他們對自己的經歷有了更好的理解。在說明的方式上，可以畫畫、手舞足蹈、唱歌、與友伴扮演或相互補充說明等多元的方式。

和多人一起進行回顧，可以讓幼兒在公共場域有效地進行個人經驗的敘說，並與其他人相互討論。幼兒有能力對過去的事實和未來的想像，在腦海中描繪出來。這種使用心智圖像和符號的能力使他們能夠使用語言和動作，以其他人可以理解的方式對人、事、物進行回顧、想像、談論和描述，也就是表徵經驗的能力。幼兒從細數其經歷的事件中，精進其表徵能力。幼兒從工作的經驗中，選擇對自己有意義的部分進行回顧。幼兒對他們剛剛所做的事情建立自己的理解，並以多元的方式回顧自身經驗。成人支持幼兒回顧的方法，分別說明如下：

（一）在平靜、舒適的環境中與幼兒一起回顧

回顧時間，幼兒要回到和計畫時間相同的小組。因對幼兒來說，要以他人能理解的方法，有意識的來表達自身的經驗，若能和知道自己計畫和工作的成人在同一小組，他會比較放心。

（二）提供小遊戲，以保持幼兒在回顧時間的興趣

和計畫時間相同，成人提供有趣的遊戲或材料時，幼兒們會比較有耐心等待和輪流做回顧。

（三）與幼兒談論他們工作時間的經歷

回顧時間不要太匆促，有些幼兒已經在工作時間完成其計畫，成人可以在工作時間和幼兒進行回顧，也可以讓幼兒兩兩一組或分成數個小組來進行回顧。以開放性問題來詢問幼兒的工作經驗，在幼兒回顧時，成人可提供自己在工作時間觀察到的幼兒行動，最好讓幼兒主動回顧，並審慎地提出問題。成人可鼓勵幼兒共同敘說並讓幼兒們看到不同的觀點，並提供機會讓幼兒將計畫和回顧連結起來。

（四）隨著時間的推移，預測幼兒回顧方式的變化

幼兒越來越能夠為他們的回顧經驗添加細節，例如：他們使用什麼材料、如何工作或遊戲、他們和誰一起玩……。敘說更多的經驗，例如：「我們剛開始玩……，然後玩……。」將自己的朋友放在回顧的敘說中，意識到在工作時間所做的工作內容與其他人做的有相似之處。在回顧圖畫中，畫出更多的工作細節，並從今天的工作狀況，推論到明後天可以繼續做的工作內容。

參、團體活動時間及小組活動時間

除了計畫－工作－回顧外，高瞻課程的日常作息中還包括了團體活動時間、小組活動時間、戶外活動時間及轉換時間。其中團體活動時間和小組活動時間都是成人發起的活動，藉此呈現多元的概念、教材教具、活動及各發展領域的經驗給幼兒。即便是成人發起的活動，仍然要整合主動學習的五大要素。

在團體活動及小組活動時間，成人要鷹架幼兒的知能。在高瞻課程中所謂的鷹架行為是指支持幼兒現在的發展程度和能力，以及當幼兒邁向下個層級時，輕微地延展幼兒的學習。幼兒經由連續的過程中，在現有知識和技能的基礎上，獲得新的概念和能力。一般幼兒園中，由成人設計的活動過程通常都很僵化，沒有任何彈性；但高瞻課程則並非如此。高瞻課程的團體或小組活動中，雖然幼兒都參與同一個活動，但主動學習的要素是開放式的，以適應各種發展和能力水平。也就是說，在活動中，允許幼兒根據他們當前的知識和技能來操作教材教具和提供想法，並使成人能提供個別化的鷹架策略。高瞻課程以四個步驟來鷹架幼兒的學習：

步驟一：確定要使用的學習領域和教材教具。想想要聚焦的學習內容屬哪個領域？幼兒較有興趣使用哪些教材教具？

步驟二：考慮前、中、後三個廣泛的幼兒發展範圍，觀察每個範圍內的幼兒對學習內容和教材教具的反應為何？

步驟三：支持每位幼兒目前的發展程度。成人模仿幼兒的動作並標記幼兒的行為。運用新增的詞彙來描述幼兒在做什麼並請幼兒描述自身的動作。成人要停下來看看幼兒對你說的話有什麼反應，作為成人是否繼續步驟四的線索。

步驟四：提供輕微的延展。解說另一位幼兒正在做什麼，並請幼兒說說他對那位幼兒做法的觀點。輕微地介紹一個新的想法或材料給幼兒並對他提出新的挑戰。仔細觀察幼兒對你的延展有何反應。在幼兒準備好之前推動他們前進會使他們失去興趣，阻礙他們的主動性，並削弱幼兒對成人支持他們努力的信任。

一、小組活動時間

小組活動中的成人和幼兒，持續一個學期或半個學期，都是同一批人員。小組成員每天都在同一個地點聚集，即便當天的活動要換場地，也先在定點集合後，再一起過去新的場地。小組活動聚集的地方，成人要貼出小組中幼兒的名字或標示（字母、數字或圖案）。以班級中成人的人數為依據，將幼兒分組。儘量平衡每一組的性別、年齡、發展程度，並將常一起玩的幼兒放在同一組。

在小組活動，一開始成人介紹教材教具後，就讓幼兒依據其意圖、興趣和想法，自由地選擇、操作、與其他幼兒討論，並得到成人的支持。小組活動雖然是成人發起的活動，但其想法來源很多是來自工作時間對幼兒的觀察，延伸幼兒的學習經驗到小組活動中，並更為聚焦。小組活動的內容及進行方式，說明如下：

1. 成人依據該組幼兒的需求設計活動。每一組的小組活動不盡相同。活動設計內容包括：想法來源、教材教具、可運用的KDIs、開始、中間、結束、延伸活動。

2. 在活動開始前，準備好成人和幼兒要使用的教材教具。將教材教具依據個人的分量分裝好，但成人也要準備好備用的教材教具，即更多量的教材教具及擴展小組活動內容的教材教具。

3. 活動開始時，成人簡單的介紹教材教具。並將此教材教具與幼兒的興趣連結，甚至可以編成小故事，讓幼兒聚焦在活動的 KDIs。

4. 活動中間，成人以幼兒的高度與其互動。觀察幼兒使用教材教具的方法，傾聽幼兒的語言以了解幼兒的想法。成人在幼兒間穿梭，讓每一位幼兒都獲得關注。成人模仿幼兒操作教材教具的動作，跟隨著幼兒的主題與幼兒對話，鼓勵幼兒做他們想要做的事。將另一位幼兒的想法給某一幼兒參考並提供協助。謹慎地問問題，以免干擾幼兒自身的想法。

5. 活動結束時，成人要理解幼兒結束活動的時間並不相同。因此在結束前要提醒幼兒。活動完成時，幼兒常會想要分享自己的工作結果，成人應給予支持。告訴幼兒這些教材教具會放在某個學習區中，幼兒若有興趣，可在工作時間再去使用，並請幼兒將教材教具歸位，這也是成人請幼兒轉換到下一個作息時間中的活動的方法。

二、團體活動時間

　　團體活動是讓大家輕鬆聚在一起活動的時段。此段活動為所有幼兒提供共同的經驗，鼓勵所有幼兒成為團體的成員，以建立班級的社群感。團體活動也可為幼兒提供擔任團體領導角色的機會，讓幼兒的想法可在團體中實踐出來。它雖然是成人發起的活動，卻是基於幼兒的發展和興趣來設計的內容。活動通常包括：唱歌、唸手指謠、說故事，唸韻文、肢體活動、律動、合作性遊戲等。

　　進行團體活動時有幾項技巧，可更貼近幼兒：

1. 分開動作和說明，避免一邊說一邊示範動作。因為年齡較小的幼兒無法同時注意兩個重點，在介紹手指謠時，可以說明動作，再加上歌謠的內容。

2. 簡化字詞和動作，使用幼兒可以理解的字詞及幼兒做得到的動作。先分別分段說明，再慢慢連結在一起。

3. 成人可請幼兒輪流帶領動作，讓其他人模仿此幼兒的動作。
團體活動的內容及進行方式，說明如下：

1. 檢視計畫。預測幼兒在活動中的反應，並按照幼兒的興趣所在的任何方向進行，讓活動保有彈性。

2. 提前練習。教學團隊的成員一起練習，例如：唱遊，每一位參與的成人都知道歌曲中的歌詞、曲調和動作。說故事前，要熟悉故事內容並加以練習。團隊成員要知道彼此的活動中的工作分配。

3. 事先準備好教材教具。以唱遊為例，要準備好歌曲的曲目和每位參與者要使用的道具。另外要準備好備用的教材教具如樂器。將教材教具放在團體活動時易於取得的地方。

4. 活動開始時，當幼兒開始聚集且多數都到了就開始活動，不需要等每一位幼兒都到了才開始。

5. 當所有的幼兒都到了，成人簡單地做個開場，來吸引幼兒們的注意力，並將道具傳送給在場的每個人。成人以幼兒的高度參與活動，觀察和傾聽幼兒如何解釋現在進行的活動。模仿某位幼兒的動作，並嘗試其他幼兒給的想法或建議，讓幼兒成為活動的引導者。

6. 依據活動的長度，進行數次活動內容。

7. 活動結束前要提醒幼兒，並請幼兒們將教材教具放在某處，設計轉換活動，讓幼兒順利轉換到下一個活動。

肆、戶外活動時間及轉換活動

一、戶外活動時間

在戶外，幼兒可以進行許多耗費精力的大肌肉活動；可以呼吸新鮮空氣；從陽光中吸收維生素；鍛鍊他們的心臟、肺和肌肉，並看到更廣闊的視野。然而，戶外活動時間不僅僅是大肌肉活動，幼兒可在

更廣闊的環境中繼續他們的室內遊戲，探索自然環境以了解他們附近的環境，並體驗天氣和季節的變化。幼兒也可以在戶外進行各種型態的遊戲。戶外活動更可以反映 KDIs 的內容，並進行相關的學習。戶外活動時間，成人支持幼兒的方法如下：

1. 除了固定的戶外遊具外，幼兒平時喜歡在戶外使用的教材教具，例如：三輪車、手推車、各種球、呼拉圈、木塊、棧板、輪胎等，成人也可以適時提供。

2. 值早班成人可以先放置一些鬆散素材，給早到的幼兒和家長在戶外使用。這些鬆散素材可以放在方便提取的容器中，使其可輕易地提放在室內外。

3. 在戶外放置一些可上鎖的儲藏空間，分門別類存放戶外可移動的教材教具，例如：球類和呼拉圈放在一起、各種車子放在一起、可自由創造遊戲的大型器具放在一起。在戶外活動開始前將鎖打開，方便成人和幼兒取用。

4. 以成人支持幼兒工作的方法，運用在戶外活動中。

5. 戶外活動結束前 5 分鐘要提醒幼兒，並與幼兒共同將教材教具歸位，然後轉換到下一個活動。

二、轉換時間

　　隨著日常作息時間的推進，會有許多轉換時間出現。在這些時候，幼兒會經歷一種或多種變化，例如：活動、地點、照顧者或玩伴的改變。成人可能認為這些轉換時間是日常作息中的附帶片段，但對幼兒來說是至關重要的事件，且會做出強烈的反應。在轉換時間，成人支持幼兒的方法如下：

1. 配合幼兒的發展，成人調節轉換時間。首先要建立持續穩定的日常作息時間，讓幼兒熟悉且有預期活動間的轉換，可避免幼兒有活動被中斷的情緒反應。

2. 盡量降低轉換的次數或轉換的內容，例如：大部分室內的活動都告一段落，才到戶外活動。

3. 不用等所有人到齊才開始下一個活動，以減少準時到的幼兒的等待時間。

4. 若等待是不可避免的，要設計讓幼兒保有活動興趣的方法，例如：讓早到的幼兒先唱唱歌並等其他幼兒的到來。

5. 設計比較有趣的方法讓幼兒從一個地點轉換到另一個地點，例如：讓小兔班的幼兒變成小兔子慢慢跳到走廊穿鞋子。

6. 教學團隊要規劃轉換時每位成人的位置，以照顧幼兒的需求。

7. 為某些須關注的幼兒提供適切的選擇，例如：「等等戶外活動結束，你想要幫忙收拾呼拉圈還是收拾車子？」也是一種個別提醒的做法。

8. 上一個活動結束前，提醒幼兒下一個將進行的活動，讓幼兒可以控制自己的活動時間及內容。

 ## 第五節　評　量

　　高瞻課程學習之輪中評量的區塊，包括：協同教學、日常軼事紀錄、日常計畫、幼兒評量、課程評量等五大項。其中，日常軼事紀錄、日常計畫、幼兒評量三項內容是相關的。成人對幼兒進行軼事觀察記錄，並以此紀錄作為幼兒評量的依據，以及回饋幼兒行為和 KDIs 的關係，來作為後續課程規劃的重點。高瞻課程有兩個綜合評估工具來執行系統化的評量和改進過程。COR 進階版（HighScope, 2014）評估幼兒跨領域的學習情況。根據成人的觀察及每天撰寫軼事紀錄，客觀地描述孩子的行為，用這些軼事紀錄來評量幼兒的發展，然後設計活動，幫助個別幼兒和小組獲得主動的學習體驗。PQA 是作為評估教師和幼兒園實施有效的教學和課程管理及實踐的狀態。高瞻基金會認為，COR 進階版反映了幼兒基本發展的原則和研究，且 PQA 與美國國家標準和最佳幼教實務一致，因此這兩種評估工具都適用於任何立基於幼兒發展的課程，而不僅僅是那些實施高瞻課程的幼兒園。本

節將以協同教學、COR 進階版及 PQA 爲主進行敘述。

壹、協同教學

　　高瞻課程認可的有效協同教學，是要爲成人創造一個支持性的氛圍，使他們之間感受到支持和信任，並將此氛圍瀰漫在成人與幼兒的互動中。滿足成人對歸屬感、成就感、認同度、課程理解的需求，就可讓他們和幼兒在一起的時候，可以全神貫注於幼兒的興趣和意圖。形成課程實施理念相同的工作成員，使所有與同一班幼兒一起工作的成人，能夠爲每個幼兒提供一致、適當的成人支持。

　　高瞻課程的教學團隊，會有固定的時間一起討論對幼兒的觀察，並形成之後的課程基準。高瞻課程提供形成協同教學的五大要素：

一、成人間建立支持性關係

　　開放性的溝通是建立關係的第一步。當團隊成員確認了問題並盡可能清楚和具體地描述他們如何解釋或處理這些問題時，就會發生開放性溝通。建議團隊成員要成爲「一致型」（leveling）的溝通姿態，也就是說要考慮自我、他人的情感和需求，也考慮當下的情境，對事件所做出來的反應（Satir, 1988）。尊重個別差異性也是建立支持性關係的重點，在支持性的團隊中，成員會將個別差異看作是資源或價值，使團隊可以對幼兒教育有不同的看法。對於團隊中的個別差異性，將選擇合作的方式或將其視爲團隊成長的機會。在協同教學過程中，針對具體的課程問題建立誠實的對話；一致性地與人互動；深入了解每位團隊成員；從彼此的長處和差異中學習，這些都需要時間和耐性。

二、準確地蒐集有關兒童的訊息

　　高瞻課程中，工作團隊每天一起工作，準確地蒐集有關幼兒的訊息，以簡要說明幼兒平日的互動和計畫。當團隊成員與幼兒互動時，他們會不斷觀察和蒐集有關幼兒真實的訊息，並且簡要記錄此觀察結果，以作為下一步該做什麼來支持幼兒的過程之基本參考資料。團隊成員從中立、實事求是的角度觀察和記錄幼兒的行為。不論採用何種記錄方法，每個團隊成員都必須蒐集個別幼兒的客觀觀察結果，以便之後與團隊的其他成員分享。

三、對幼兒做出集體決策：解釋觀察結果並做出進一步的計畫

　　一旦團隊成員蒐集了有關幼兒的訊息，接下來就必須決定「這些訊息意味著什麼？我們如何對其採取行動？」透過這些訊息，教學團隊可以對幼兒訂定發展的目標，並訂定適當工作策略，執行並持續地討論與修正。在整個過程中，暫緩判斷幼兒的狀態，會使成人對幼兒的行為更想要進行充分的探索，也可能找出另類的解釋，並產生各種相應的支持策略。

四、規劃課程：使用課程設計元素來規劃每日課程

　　高瞻課程期待教學團隊每天都可共同討論成人對幼兒的觀察，以及運用 KDIs 或 COR 進階版來回映他們的觀察；若有困難，至少一週要進行一次團隊討論。即便無法面對面討論，也要想想如何交換觀察到的訊息和對後續課程規劃的想法。以計畫－工作－回顧的策略來讓計畫更有效率，工作團隊可做：

　　1. 評估之前計畫中已完成和未完成的事。
　　2. 匯集當天的軼事觀察紀錄，讓每個團隊成員共享紀錄的內容。
　　3. 討論每個軼事紀錄中所觀察到的幼兒發展，並計畫近日如何根據這些資訊進行活動或與幼兒互動。成員間相互討論以就計畫達成共識。

4. 依據觀察、幼兒的興趣和發展程度以及 KDIs 和 COR 進階版
   中反映的課程學習內容，來計畫團體活動、小組活動及個別
   活動。

5 為每位團隊成員設定職責，並確保每位成員都對執行的計畫抱
   有相同的期望。

6. 根據每位幼兒的特殊興趣和發展為他們設定長期目標，並計畫
   讓他們參與的活動和互動的策略，以幫助幼兒實現目標。

7. 討論並解決任何團體或個人問題。努力在解決問題上達成共
   識。如果團隊成員不能就一個想法達成一致，他們可以嘗試替
   代性解決方案，在之後再檢視此方案，看看哪些是可行的，哪
   些是行不通的。

8. 偶爾檢視團隊計畫的過程，以確定優勢和需要改進的地方。

　　為了使計畫易於管理，團隊成員要將每項任務分解為更小的部
分，讓團隊成員輪流執行計畫的不同部分。分工使每位團隊成員都能
適應一天中的每個部分，這也降低了任何人覺得自己經常被分派到困
難或他不喜歡的任務。

五、做出關於協同教學的集體決策

　　團隊成員間日常的相互依賴與角色期望，是讓課程順利並和諧進
行的重點。團隊成員應該經常問自己：我們這個團隊做得怎麼樣？作
為團隊成員，我們對自己有什麼期望？誰該做什麼？什麼時候做？我
們是否公平地分擔團隊工作中的責任？當團隊成員考慮和實施課程想
法時，他們還解決了團隊中出現的任何問題。幼兒園每日課程計畫示
例如表 2-3（引自 Epstein & Hohmann, 2012, p.139）：

表 2-3　幼兒園每日課程計畫

教保服務人員：陳小明、王小美	日期：2013.10.04
入園時間 KDI/COR-A：KDIs, 11、24、25、26、27/ COR-A, E、F、O、P、Q **門口迎接**：黃小明；**說故事**：王小美 **幼兒訊息**：1. 輪到凱凱選歌本裡的歌 　　　　　　2. 玩具區有新樂高 　　　　　　3. 小修 4 歲生日 **轉換**：依幼兒的年齡	
（陳）**計畫時間** KDI/COR-A：KDIs, 1、2、56 / COR-A, I 在教室地圖上，幼兒將樂高車開到他要去工作的學習區	（王）**計畫時間** KDI/COR-A：KDIs, 1、2、35 / COR-A, A 幼兒用圍巾將他們要玩的教具包起來放在討論桌上
工作時間： 支持新樂高；在美勞區陪伴小安	
收拾： 按鈴提醒，撥放 5 分鐘以上的歌曲	
（陳）**回顧時間** KDI/COR-A：KDIs, 6、21、22 / COR-A, I 幼兒以電話遊戲和另一位幼兒談他們的工作	（王）**回顧時間** KDI/COR-A：KDIs, 6、21、22、25、29、39 / COR-A, O、R 幼兒將自己的座號寫在學習區表格下方
點心：牛奶、水、胡蘿蔔和沾醬；KDI/COR-A：KDIs, 19、20、21、22、26 / COR-A, E、F、L、Q	
團體時間：唱「我將頭放在地板上」，問幼兒想將身體的哪個部分放在地板上 **活動**：唱凱凱找出的歌曲 **活動**：給每位幼兒一條圍巾，隨著音樂快慢舞動 **團體時間** KDI/COR-A：KDIs, 16、41、42 / COR-A, Y、Z **轉換**：幼兒依據教保服務人員說的顏色，將圍巾放好，並移動到小組活動的地點	
（陳）**小組時間**： **教材教具**：藍色及黃色水彩、紙 **小組時間** KDI/COR-A：KDIs, 40、48 / COR-A, A、BB	（王）**小組時間**： **教材教具**：釘子和洞洞板 **小組時間** KDI/COR-A：KDIs, 31、32 / COR-A, S

早期	中期	晚期	早期	中期	晚期
幼兒用手畫畫，並說它變顏色了	幼兒用手畫畫，並說它變成綠色，然後解釋它們怎麼變成綠色的	幼兒先預測將發生什麼事，然後測試他的預測	幼兒隨便說一個數字	幼兒可以點數一到五	幼兒點數超過五，說出最後一個數字就是總數

戶外時間 KDI/COR-A：KDIs, 16 / COR-A, I、J
腳踏車、球、玩沙工具、泡泡水

注意事項：
今晚班親會

課程規劃：KDIs 領域 → 興趣 → 活動設計 → 發展範圍 → 支持策略

貳、COR 進階版

　　COR 進階版是一種基於觀察的評估工具，適用於從出生到幼兒園的嬰幼兒（本書只討論幼兒的部分）。它旨在評量嬰幼兒在所有嬰幼兒園中的進步（包括但不限於使用高瞻課程模式的幼兒）。它分為八大類：I. 學習方法（項目 A-C）；II. 社會與情緒發展（項目 D-H）；III. 身體發展與健康（項目 I-K）；IV. 語言、讀寫與溝通（項目 L-R）；V. 數學（項目 S-W）；VI. 創造性藝術（項目 X-AA）；VII. 科學與科技（項目 BB-EE）；VIII. 社會研究（項目 FF-HH）。如果有母語非英文的幼兒，還有一個 IX. 英語學習類（項目 II-JJ）。每大類別包含三到七個項目，每個項目有八個發展層級，範圍從 0（最簡單）到 7（最複雜）。成人從日常作息的觀察中撰寫並蒐集軼事紀錄，並完成 COR。因此評估過程直接與教學計畫相結合。COR 的評估結果提供了詳細的報告並可分析幼兒的進步情形，適合關心幼兒學習的人員在接受過相關研習後使用（Epstein & Marshall, 2014）。

　　為使讀者了解幼兒階段的 COR 進階版與 KDIs 項目間的關係，其對照表如表 2-4（引自高瞻基金會網站資料）：

81

表 2-4　COR 進階版與 KDIs 項目間的關係

COR 進階版	KDIs
I. 學習方法	
A. 學習主動性與做計畫	1. 自發性：當幼兒探索世界時，展現出自發性。
	2. 計畫：幼兒訂定計畫並貫徹他們的意圖。
	8. 勝任感：幼兒感覺自身很有能力。
B. 解決問題能力	3. 參與：幼兒專注在引起他們興趣的活動。
	4. 問題解決：幼兒解決遊戲中遇到的問題。
	5. 資源利用：蒐集與他們所在環境相關的資訊並建構想法。
C. 回顧能力	6. 省思：幼兒省思他們的舊經驗。
II. 社會與情緒發展	
D. 情緒管理	9. 情緒：幼兒覺知、辨識和調節自己的情感。
E. 與成人建立社交關係	12. 建立關係：幼兒與其他幼兒和成人建立關係。
F. 與其他幼兒建立社交關係	12. 建立關係：幼兒與其他幼兒和成人建立關係。
	13. 合作遊戲：幼兒參與合作遊戲。
G. 社群	11. 社群：幼兒參與班級裡的社群。
	14. 道德發展：幼兒發展內在的對與錯的感覺。
	55. 做決策：幼兒參與製定班級的決策。
	58. 生態：幼兒們能夠了解照顧環境的重要性。
H. 解決衝突	10. 同理：幼兒表現出對他人的同理。
	15. 解決衝突：幼兒解決社會衝突。
III. 身體發展與健康	
I. 大肌肉動作	16. 大肌肉動作技能：幼兒在使用他們的大肌肉時表現出力量、靈活、平衡和持久性。
	18. 身體覺察：幼兒知道關於他們的身體及如何在空間中將身體定位。

COR 進階版	KDIs
J. 小肌肉動作	17. 小肌肉動作技能：幼兒使用小肌肉表現出靈巧和手眼協調。
K. 生活自理和健康習慣	19. 個人照顧：幼兒進行例行性的自我照顧。
	20. 健康行為：幼兒參與健康的練習。
IV. 語言、讀寫與溝通	
L. 語言表達能力	22. 說話：幼兒使用語言表達自己。
	23. 詞彙：幼兒理解和使用各種字詞和片語。
M. 傾聽和理解能力	21. 理解：幼兒理解語言。
	23. 詞彙：幼兒理解和使用各種字詞和片語。
N. 語音覺知	24. 語音覺知：幼兒在說話時識別不同的聲音。
O. 字母知識	25. 字母知識：幼兒識別字母的名稱和他們的聲音。
P. 閱讀能力	26. 閱讀：幼兒因樂趣和信息而閱讀。
	27. 關於文字的概念：幼兒展現在環境中文字的知識。
Q. 對圖書的熱愛和知識	28. 書的知識：幼兒展現對於書的知識。
R. 書寫能力	29. 寫：幼兒因不同的目的而寫。
V. 數學	
S. 數字與數數	31. 數字和符號：幼兒識別和使用數字和符號。
	32. 計數：幼兒計數東西。
	33. 部分和整體的關係：幼兒合成與分解物體的數量。
T. 幾何：形狀及空間意識	34. 形狀：幼兒辨識、命名和描述形狀。
	35. 空間意識：幼兒們認識到人與物之間的空間關係。
U. 測量	36. 測量：幼兒描述、比較和排序測量到的東西。
	37. 單位：幼兒理解並使用單位的概念。
V. 型式	38. 型式：幼兒識別、描述、複製、完成和創造型式。

COR 進階版	KDIs
W. 數據分析	39. 資料分析：幼兒使用關於數量的信息來得出結論、做出決定及解決問題。
VI. 創造性藝術	
X. 藝術	40. 藝術：幼兒透過二維及三維藝術的表現來表達他們的觀察、思考、想像和感覺。
	44. 欣賞藝術：幼兒欣賞創意藝術。
Y. 音樂	41. 音樂：幼兒透過音樂表達和表徵任何他們的觀察、思考、想像和感覺。
	44. 欣賞藝術：幼兒欣賞創意藝術。
Z. 律動	42. 動作：幼兒透過動作表達和表徵任何他們的觀察、思考、想像和感覺。
	44. 欣賞藝術：幼兒欣賞創意藝術。
AA. 角色扮演	43. 假裝遊戲：幼兒透過假扮遊戲表達和表徵任何他們的觀察、思考、想像和感覺。
	44. 欣賞藝術：幼兒欣賞創意藝術。
VII. 科學與科技	
BB. 觀察與分類	45. 觀察：幼兒觀察環境中的材料及過程。
	46. 分類：幼兒將材料、行為、人與事件進行分類。
CC. 實驗、預測並得出結論	47. 實驗：幼兒以實驗來測試他們的想法。
	48. 預測：幼兒預測他們期望會發生什麼。
	49. 得出結論：幼兒基於他們的經驗和觀察得出結論。
	50. 溝通想法：幼兒溝通他們對事物特徵的想法及事物如何運作。
DD. 自然和物理世界	51. 自然和物理世界：幼兒蒐集關於自然和物理世界的知識。

COR 進階版	KDIs
EE. 工具與技術	52. 工具和技術：幼兒探索和使用工具及技術。
VIII. 社會研究	
FF. 對自己及他人的認識	7. 自我認同：幼兒有正向的自我認同。
	53. 多元：幼兒理解人們有不同的特徵、興趣和能力。
	54. 社區角色：幼兒理解到人們在社區裡有不同的角色和功能。
GG. 地理	56. 地理：幼兒識別和解釋其環境中的特徵和位置。
HH. 歷史	57. 歷史：幼兒了解過去、現在和未來。
IX. 英語學習	
II. 傾聽並理解	30. 習得雙語：（如果適用）幼兒使用英語及其母語（包括手語）。
JJ. 口語表達能力	

　　使用 COR 進階版是一個持續的過程，成人整年都在記錄有關幼兒的軼事，並將軼事紀錄定期對照 COR 進階版的內容，找出該紀錄中幼兒的行為屬與哪個大類、哪個評量項目，以及該項目中的哪個層級，最後生成 COR 進階版報告。成人要定期審查他們蒐集的軼事紀錄，以確保每位幼兒的行為都記錄在每個 COR 進階版的類別中。如果成人發現有些類別中沒有軼事紀錄，他們會在接下來的幾天裡特別注意那位幼兒和那個類別，以刻意記錄他們的觀察。

　　成人可以軼事觀察紀錄或其他資料（例如：幼兒的作品、影音資料），一年中整理二至四次 COR 進階版中的資料。COR 進階版有一整套的內容，其中包括 COR 進階版九大類及 36 個評量項目海報（成人可張貼在高處，以便於觀察時作為提醒）、軼事觀察紀錄表、幼兒觀察紀錄表、家長的報告表及使用手冊等。COR 的使用方法及注意事項簡單列點如下，相關示例請見第三章：

1. 與搭檔共同安排每天的目標幼兒，如此可確保班級中的每一位幼兒都會被觀察到。班級中的成人要共同觀察當日排定的目標幼兒，而不是各自觀察某些幼兒。

2. 每日先觀察少量幼兒，待熟悉觀察記錄的技巧後再增加觀察數量。

3. 軼事紀錄作為觀察記錄的方法，其內容須有日期、作息時段、地點、幼兒與人事物互動的客觀行為描述，讓人能了解幼兒當時的狀況；但須避免主觀的判斷。

4. 教學團隊成員每天找固定的時間討論幼兒的軼事紀錄，且這些觀察紀錄也會作為後續活動規劃的依據。

5. 一個觀察紀錄可能涵蓋數個類別的項目，但建議只選擇一到兩個較符合幼兒行為表現的項目。

6. 若觀察紀錄介於同一個項目的兩個層級之間，取較低的層級。因其表示幼兒的行為仍未達較高層級卻已達到較低層級的內涵。

7. 一個學年度中，進行二至四次的計分，即將觀察紀錄進行九大類 36 項八個層級的歸納。在某項目的某層級中，必須要有兩次以上的觀察紀錄，才算是穩定發展的層次，也才得以計分。

8. 教學團隊將已穩定發展層級的項目中，提供與該層級相符的軼事紀錄。

9. 期末依據 COR 進階版的結果，給家長文字敘述的報告書，並提供相對應的觀察紀錄內容，讓家長了解幼兒發展的狀態。

參、幼兒園課程品質評量

　　PQA（HighScope, 2003）是用來評估幼兒園課程品質及確認教職員的專業需求之評量工作。PQA 分屬七大類、共有 63 題項，每一題項的分數從 1（低分）到 5（高分）。此評量工具分為甲型和乙型，甲型為評量教室的 39 個項目，類別分別為：一、學習環境；二、日

常作息；三、成人與幼兒的互動；四、課程計畫和評量。乙型為評量
幼兒園的 24 個項目，類別分別為：五、家長參與和家庭服務；六、
員工素質和發展；七、幼兒園管理。其中類別一至三須透過在教室中
觀察才能完成，其他類別則可以訪談和資料參閱為主。幼兒園內的
教職員工或督導可自行運用 PQA 中的某些類別中的項目。若是經過
PQA 專業訓練課程的外部人員進行此評量，則需要半天的時間才可
能完成。2019 年高瞻基金會出版了 PQA-R 是 PQA 的修改版，其中
增加了教室硬體方面和學習機會等類別項目，並增修了成人與幼兒互
動類別中的項目。另外還增加了教材教具的檢核表，方便評量人員使
用。以下呈現 PQA 的第一個類別和項目說明，供作參考：

甲型

一、學習環境

A. 為幼兒提供安全健康的教室。

B. 空間劃分成數個學習區（例如：積木區、扮演區、美勞區、玩具區、圖書區和沙水區），能強化幼兒的遊戲和發展面向。

C. 學習區的位置經過精心規劃，每個區域有足夠的空間、相容的區要相鄰，區與區之間的動線要便捷。

D. 有戶外遊戲場（位於幼兒園內或鄰近）有適當的空間、器材和教材教具來支持多元的遊戲型態。

E. 有系統的規劃和標示教室內學習區的教材教具，並讓幼兒易於取得。

F. 教室內的教材教具是多樣的、可操作的、開放的、具真實性的，且可運用多種感官的（看、聽、觸、聞、嚐）。

G. 材料豐富。

H. 教材教具反映了族群的多樣性以及幼兒家庭和社區的正向文化。

I. 幼兒自發性工作（由幼兒設計和創造）的呈現。

園務及高瞻課程發展

CHAPTER 3

第一節　園長的高瞻課程理念

壹、採用高瞻教學的理由

　　1994 年省教育廳舉辦績優教育人員長青專案赴日本觀摩當地幼教體系，作者很榮幸的應邀參與學習，發現日本幼兒園教師熱情親切，幼兒快樂自信地操作，尤其是當地社區幼兒園無大馬路的喧囂紛擾，溫馨的氣氛讓我萌生了在臺東社區創園的想法，於是，放眼未來21 世紀的孩子要什麼？將來成長的學習目標是什麼？各種念頭在我內心慢慢發酵……。

　　1995 年著手建築一所適合孩童發展環境的幼兒園，呼應柏拉圖說：「最有效的教育就是讓孩子在美麗的事物中玩耍，帶著孩子接觸大自然，讓大自然啟發他。」於是建築物的外型決定以城堡的樣貌呈現，象徵每位幼兒享有自己的主導權，如同王國裡的主人快樂又自主，再加入花草、樹木、池水和沙坑，讓幼兒們能天真浪漫地自在學習、暢遊自然、展現熱情和開展興趣。接下來要尋找一個與內心想法適切的教學法：「學習是幼兒的親身體驗，學習內容須符合幼兒發展；學習是發自幼兒的內在需求，是自發性，也是主動性與有目的的。」於是不停的閱覽相關資料，蒐集開放式幼兒教學理念，從單元教學（主題教學）模式、方案教學模式、蒙特梭利教學模式到高瞻課程模式等，經過一一分析比較後，發現高瞻課程的核心——「主動學習」（Active Learning）是更接近我理想中幼兒的學習圖像。高瞻當時在美國已經是相當受矚目的課程之一，且有完整的培訓中心，對於教師（成人）角色的描述也有別於當時臺灣幼教刻板印象。我在閱讀《高瞻幼兒教育》（Mary Hohmann and David P. Weikart, 1999）及《幼教課程教學實務》（Mary Hohmann and David P. Weikart, 1999）後，決定試著將書中的理論實踐在課程教學上。

　　高瞻課程是建構主義的實際運用，其課程核心是以皮亞傑（Jean Piaget）的兒童發展理論為主，並且融合許多經驗豐富幼教師們的建議

設計而成，後來更加入了杜威（John Dewey）和愛利克・艾瑞克森（Erik Erikson）的發展理論；心理學家薩拉・斯米蘭斯基（Sara Smilansky）也擔任過 HighScope 的顧問，就是她促使課程開發人員將回顧的概念加入到計畫和工作時間之後，她認為兒童如果能夠反思他們的計畫和行動，他們會因此在反思過程中得到更多的知識和想法，指導者也能藉由此過程教學相長，形成善的循環。高瞻課程也受到維高斯基（Lev Semenovich Vygotsky）社會結構論的影響並結合了與布魯納、羅斯和吳德（Bruner, Ross, & Wood）的「鷹架支持」（scaffolding）理念，而之後在高瞻課程所開發的「關鍵發展指標」（指在「課程內容」中明確指出適合幼兒學習的知識和技能）中參考了霍華德・加德納（Howard Gardener, 1993）的多元智能。在這些兒童發展理論的相互影響之下，高瞻課程更加完整。高瞻課程的創始者維卡特（David Victor）在他的著作《高瞻的成長：回憶錄》（2004 年，第 67 頁）中指出：「高瞻課程是相關發展理論的混合體，這些理論在課堂和家訪中經歷了數十年的教學經驗而得到實際運用。當我看到我們的方法在全美和 20 多個國家被不同的種族、宗教和語言群體使用時，我認為它的廣泛可及性是對我決定認真傾聽教師的決定的最大支持。」

　　經由多次國外教育考察，相較國外探索式的學習，我感受到臺灣兒童長期在傳統教育體制下，缺乏自信和主動學習動機，這讓我對高瞻教育系統下的幼兒自己會「計畫－工作－回顧」而成為決定者充滿著信心，於是決定採用高瞻課程作為我幼兒園的課程主軸。接下來就是執行實施的問題：臺東的父母們可以接受「開放式」教學嗎？教師專業能力足夠嗎？教師是否願意嘗試新的教學方式？幼兒是否需要適應呢？面對這些問題，首要考慮的是師資培訓，剛好臺東大學郭李宗文教授曾於 1994 年到美國接受高瞻課程教育者的訓練，對高瞻課程有所研究。本園從 2000 年開始聘請郭李教授駐園，進行一系列教育訓練課程及指導現場觀摩教學等來提升教師能力，目前仍在進行中。然而如何培養幼兒主動學習態度及如何把主動學習延續到家庭，這些都是本園持續努力的目標，一步步往前邁進。

貳、關於多多璐與高瞻幼兒園

　　現址多多璐幼兒園建園於 2000 年。首先看到的是幼兒園的城堡門（圖 3-1），氣派莊嚴卻不失快樂活力的城門外表讓每位孩子迫不及待地進城。步入後，印入眼簾的就是繽紛花圃（圖 3-2），立即感受到校園裡花木扶疏、綠意盎然（圖 3-3）的生機，草地裡、樹蔭下、花叢間與花架一隅便是幼兒觀察小昆蟲足跡的最佳區塊。校園處處點綴幼兒們的作品，讓環境會說話，營造自然氛圍又溫馨滿分的園區。城堡中心懷抱著與走廊結合的舞台（圖 3-4），接著是班級教室、音樂教室和圖書室，可以看出活動空間是很寬敞、設備完善，戶外有腳踏車區（圖 3-5）、足球場（圖 3-6）、沙坑（圖 3-7）以及幼兒們共同命名的西瓜廣場（圖 3-8），提供各種探索學習的場所，讓幼兒自己計畫、討論、設計戶外活動內容，增強學習動機，讓教師們與大自然成為幼兒學習的支持者。

圖 3-1　城堡門

圖 3-2　花圃

圖 3-3　綠意盎然的校園

圖 3-4　與走廊結合的舞台

圖 3-5　腳踏車區

圖 3-6　足球場

圖 3-7　沙坑

圖 3-8　西瓜廣場

　　2007 年建立了高瞻幼兒園，座落日光橋畔，與稻田為鄰，從橋上一眼望去就如一座夢幻般的城堡（圖 3-9）。

　　進門的中廊提供了很多本園的相關訊息，例如：高瞻幼兒教育「學習之輪」、教學活動和親職藝文等等，家長能在等待接送孩童之餘於此獲取更多園區資訊。寬敞、整齊、明亮的辦公室蘊藏著教師團隊的創意與活力，多功能教室提供幼兒與教師更寬闊的室內場地揮灑展現，還有備有足夠樂器的音樂專用教室、藏書豐富的圖書室和規劃完整情境、提供多元教具教材的班級教室。學習的空間延展到戶外，除了有一片綠地草皮如茵（圖 3-10）供幼兒盡情的奔跑和踢足球，夏天幼兒最喜歡的戲水池（圖 3-11）及玩沙區我們也規劃相鄰，別忘了還有幼兒們命名的彩虹樂園（圖 3-12）總是讓歡樂聲此起彼落，在這裡能提供讓幼兒快樂成長、適性教育和主動學習的教學環境。

圖 3-9　夢幻城堡建築

圖 3-10　綠地

圖 3-11　戲水池

圖 3-12　彩虹樂園

　　多多璐、高瞻幼兒園內的硬體設計，都以幼兒角度為主體，窗戶低於幼兒的視線高度，讓幼兒可以輕鬆眺望，外面的人也能看清楚幼兒在教室活動情形；教室走廊也可以是表演舞台，和室外廣場結合運用。每間教室均規劃數個學習區，教師會依幼兒年齡發展來規劃，提供各式豐富多元的材料，讓幼兒自主自由地探索、操作、扮演與遊戲。我們認為每位幼兒都是那勇於展現自我的青青小草，是形形色色的燦爛花朵，將來更是堅忍不拔的茁壯大樹。在這成長的黃金階段，幼兒的吸收力和學習力如沙似水，如無法定型的光亮，所以是教師跟隨幼兒的步調，延伸幼兒創意與主動參與，並且支持幼兒想法與行動。

　　兩園皆以高瞻課程為主軸，我們認為每一位幼兒皆是獨一無二的，他們擁有無限的想法與創新的思考模式，若提供一個合宜的環境

與教學法，相信這個藍圖能幫助幼兒透過學習展現快樂及自信。多多璐、高瞻的團隊將是幼兒成長過程中不可或缺的絕佳後盾。

 ## 第二節　高瞻課程的實踐歷程

壹、初期的讀書會

　　本園實施高瞻課程模式也有 20 年了，過程中充滿艱辛與挑戰，根據本園長期所進行的課程實作，伴隨著每日教師團隊的討論以及幼兒們共同成長經驗的累積，顯示高瞻課程的實行從教師、幼兒及家長的適應證實是可行的。

　　從 2000 年開始，臺東大學幼教系郭李宗文教授帶領園長和全體教師們從觀看高瞻課程 DVD：(1) 日常作息（Daily Routine）；(2) 計畫－工作－回想（Plan-Do-Review）；(3) 規劃學習環境（Setting Up the Learning Environment）（High/Scope Educational Research Foundation 原著，由楊淑朱教授策劃翻譯，心理出版社）開始，藉此讓教師建立高瞻課程的基本概念；接著閱讀《HighScope 幼兒教育》、《HighScope 幼教課程教學實務》（Mary Hohmann and David P.Weikart, 1999）、《理想的教學點子 I-V》（Michelle Graves, 2000-2009）。教學團隊透過各種制定的培訓：教學研討會議、讀書會、觀看 DVD、基本教材及評估工具，特別是針對高瞻課程模式的課程價值、教育內容、教育方法等，做一系列的教育訓練。

　　在高瞻的環境中，透過各種活動分時段來安排高瞻課程架構，隨著每日日常生活作息與幼兒共同成長的過程，以高瞻課程基本教育理念的學習之輪來規劃課程：成人必須要為幼兒規劃一個適合他們的學習環境，如學習區的規劃、教材教具、儲藏；每日例行活動有計畫－工作－回顧、小組時間、團體時間；成人－幼兒互動有互動方法、鼓勵、衝突解決的方法；評量包括協同教學、日常記錄、日常計畫、幼兒評量 COR、課程評量 KDIs。當幼兒會思考要做什麼？是由自己

的興趣和選擇，成人提供足夠的教材教具給幼兒運用，而幼兒開始用身體、感官去探索、操作這些物品時，在互動環境中幼兒會與他人討論，在教師的引導與支持下，那麼主動學習就開始運作了。

一、學習環境

主動學習環境對教師和幼兒的行為是相當重要的，於是學習區的安排與布置及資源的提供就需要深思熟慮的規劃。在高瞻主動學習中，必須有充分的工作時間和遊戲空間，可以供幼兒自主選擇不同的學習區，並接觸多元、有趣及具啟發性器材。所以教師特別根據遊戲類型和儲存的材料將教室劃分出明顯區域，在規劃每個學習區都要考慮不同的學習功能、各區視覺界線的建立、提供各種類型的教材教具、儲存空間和材料，才能滿足幼兒在活動中持續不斷產生探索、思考學習過程、培養解決問題的能力。

（一）區域

為幼兒安排與布置學習區：語文區、美勞區、積木區、動腦區、扮演區等基本區，也可依據幼兒的興趣提供木工區、音樂區、科學區、戶外遊戲場等學習區。

（二）教材教具

1. 選擇反應幼兒興趣、適合發展的材料。
2. 提供多樣開放性的材料。
3. 選擇可發展不同類型遊戲的材料。
   (1) 探索性遊戲（例如：繩子、膠水、黏土、水和沙、紙類……）。
   (2) 建構遊戲（例如：積木、盒子、水管、厚紙箱、床單……）。
   (3) 戲劇遊戲（例如：布、鏡子、各類服裝、真實物品……）。
4. 選擇的材料要能呈現幼兒的重要經驗與文化。
5. 以安全、天然的素材、容易維護等材料。

97

6. 依幼兒年齡、需求、興趣自製的教材教具。

（三）儲藏

1. 在幼兒的視線範圍內、容易取用。
2. 使用透明、沒有蓋子的容器來儲存材料。
3. 同一類型教材教具固定放在同一位置上。
4. 在存放架及容器做標示，以便幼兒歸放教材教具。

二、計畫－工作－回顧

　　每日例行活動以計畫（plan）－工作（work）－回顧（recall）作為幼兒學習中心，是一天當中時間最長以及引起幼兒最熱烈反應的時段。

（一）計畫時間（10-15 分）

　　全班幼兒分成兩組（固定在同一組），一位教師固定帶一組（為了增加師生的熟悉度及持續的關注），在計畫時間跟教師做計畫，每個幼兒會思考當天工作時間要做什麼？會以動作或語言表示從一個目標和想法開始，透過自己的選擇……而計畫方式有：

1. 以遊戲方式或計畫本，請幼兒逐一計畫。
2. 教師會請幼兒描述他的計畫並詢問細節，例如：在哪裡進行？用什麼教材教具？如何進行？和之前的計畫有無關聯？
3. 為了持續計畫時間的趣味性和啟發性，教師可以設計好玩的計畫遊戲。
4. 教師為了讓小幼班幼兒對各區的材料更熟悉，會帶領幼兒以搭火車的方式到學習區，選擇他們要用的材料或玩具。
5. 較大的幼兒，教師會鼓勵他們互相討論計畫要做的事，仔細思考、表達及接受彼此的想法。
6. 大班幼兒可以藉由文字、圖畫（計畫本）方式來做計畫。

教師在計畫的時段給予適當支持、鼓勵，透過開放性的提問引導

幼兒延伸想法及期待（例如：我期待看到你的作品……）。

（二）工作時間（45-60 分）

　　工作時間是教師準備了各種不同的材料、工具讓幼兒親自動手操作，給幼兒機會做選擇，提供幼兒很多機會讓他們分享彼此想法及語言表達，而教師支持、鼓勵幼兒解決問題。工作時間是幼兒在一天當中比「只是玩」更有意義的事，是執行他們心中的計畫，教師尋找適當的介入點與幼兒共同遊戲、觀察並記錄幼兒的行為。

（三）收拾時間（10 分）

　　收拾時間是幫助幼兒進一步理解使用後歸位的原則，重要的是收拾整理是學習的課程，要保持開朗活潑的遊戲態度及解決問題的精神，收拾前 10 分鐘可先預告幼兒（以時鐘來提示），剩下 5 分鐘時可以用樂器來提示。可播放音樂如大黃蜂，或是引導幼兒以唱歌的方式共同收拾玩具和教具，欣賞幼兒的活力與創意表現。

（四）回顧時間（10-15 分）

　　回顧時間也是計畫－工作－回顧中複習的部分，幼兒回到原來計畫的組別中進行回顧（同一組別），教師以遊戲方式讓幼兒逐一回顧、分享並討論工作時間做了什麼？學習到什麼？教師使用各種策略來鼓勵幼兒分享回顧他們的經歷過程，幫助幼兒勾繪出記憶、反思個人經驗、再修正。

三、小組活動時間

　　在高瞻教學課程中，小組活動提供環境給幼兒們，小組時間是成人所發起的，並為幼兒提供材料，以下幾項是小組時間想法來源：(1) 幼兒的興趣；(2) 幼兒所遇到的困難；(3) 新的教材教具；(4) 高瞻關鍵發展指標；(5) 教師的專長……，利用小組時間為小組選擇固定時間（15-20 分）、保持固定人數（同樣的幼兒）至少一學期，才能觀

99

察班級幼兒發展性與成長，而教師在小組進行時要預先準備好材料，並且事前考慮到幼兒對材料可能的反應、是否符合幼兒需求，最重要的是教師可以延伸幼兒的想法、觀察幼兒遊戲、專心傾聽幼兒的結論，成人使用許多策略來支持擴展幼兒的小組活動。一旦決定了小組活動的想法，下一步就是要有系統的記錄「小組時間計畫表」（摘自理想的教學點子 III，第 12-13 頁）。

四、團體活動時間

在一天的開始，通常是團體時間，幼兒和教師可利用這個時間彼此分享一些重要的訊息（摘自 HighScope 幼兒教育，第 390 頁）。團體時間是一日流程的一個環節，為了增加教學團隊的合作，比如音樂、體能……，包括幼兒積極參與、學習，和小組時間一樣是成人所發起的，但幼兒有很多的選擇。由教師引導一個經驗的產生，接著鼓勵幼兒共同合作、創造遊戲、解決問題。以下是教師在團體活動進行的流程：

1. 開始：策劃團體活動，進行體驗。
2. 中間：以支持、鼓勵幼兒的想法，讓幼兒做出選擇，用自己的方式發揮創意、分享經驗。
3. 結束：收拾、整理，記錄幼兒的回顧過程，將活動告一個段落。

五、讀書會總結問題及解答

本園教師經由讀書會閱讀高瞻課程系列書籍後，規劃一整學年的教學活動計畫以及教師團隊實際進行教學後經驗的累積，針對規劃學習環境、計畫－工作－回顧、小組活動時間、團體活動時間所遇到的疑問一一提出，請輔導教授和本園教師團隊解答。

（一）規劃學習環境時遇到的問題

1. 各學習區選擇的人數過多或過少，教師要如何修正？

(1) 教師檢視各學習區教材教具是否符合幼兒的年齡、興趣及豐富性；可運用小組時間介紹各區新材料，讓幼兒操作不熟悉的教具，對每一個學習區充滿探索的興趣。

(2) 教師可以針對年齡較大的幼兒，給予去思考這個問題並讓他們討論解決方法。

2. 就目前而言，班上僅設置五個學習區，可以加設學習區嗎？

若教室空間允許，依幼兒的興趣可再增設。若教室空間不足，可結合在其他的學習區裡，例如：音樂律動區結合扮演區、積木區結合動腦區、木工區結合美勞區。

（二）計畫時間遇到的問題

1. 對於年齡較小的幼兒，如何進行計畫內容？

可以讓幼兒手指著或拿取學習區的教具，或教師拿各區的教具讓幼兒選取，並說出計畫內容。

2. 如何讓幼兒在計畫時間裡能專注於進行計畫遊戲？

可以運用吸引幼兒興趣的小遊戲（例如：唱歌傳球、搭火車……）或道具（例如：電話、玩偶……），讓小幼班的幼兒能專注地進行計畫遊戲；中大班的幼兒可以採用繪畫與寫作、地圖等啟發性的遊戲方式來讓幼兒能專注於進行計畫遊戲。

3. 如何在 10-15 分鐘的計畫時間裡，讓每位幼兒都說出計畫？

每一組每一次只要兩位幼兒述說詳細計畫內容，其他幼兒則是簡單的計畫內容。

4. 若有小朋友表示今天心情不好，不想玩，也不想做選擇（計畫）時，教師如何處理？

教師同理幼兒情緒，允許幼兒在旁觀看其他人工作，隨時關心詢問幼兒是否要做計畫參與活動。

5. 計畫時間時，幼兒分成兩組，教師所帶的小組成員是否要固定？

成員要固定，最少要數個月，才能觀察到幼兒有系統且完整的發展能力。

（三）工作時間遇到的問題

1. 工作時間一直在寫觀察紀錄，沒有時間與幼兒玩遊戲，怎麼辦？

觀察紀錄可以用簡寫或是符號和幾個關鍵字來寫，或是用照相或錄影方式；可藉由保存幼兒作品的方式；固定蒐集觀察紀錄的時間；與教學搭檔一起討論合作。

2. 在工作時間，幼兒之間的衝突必須要花很多時間，我無法顧及其他幼兒該怎麼辦？

請另一位搭檔協助其他正在工作的幼兒，讓教師可以專心處理衝突；或是告訴需要協助的幼兒，鼓勵他思考是否能自己解決，或是找其他同伴幫忙。

3. 讚美與鼓勵的差別在哪裡？

　(1) 讚美：

　　• 幼兒並非為自己而努力，是為了取得讚美而努力。

　　• 習慣被讚美的幼兒容易有挫折感，因為過度相信讚美，碰到困難反而無法接受事實。

　(2) 鼓勵：

　　• 幫助幼兒覺得自己是有價值、被重視的，信任自己。

　　• 引導幼兒接納自己，面對失敗要有勇氣解決，大人應給予支持。

　　• 鼓勵是對幼兒不做價值批評，不需要和別人比較。

　　• 教師應該要多用鼓勵代替讚美。

（四）收拾時間遇到的問題

1. 收拾時間到了，有幼兒不想收拾，怎麼辦？

可以採用有趣的方式鼓勵幼兒參與，例如：唱歌（圓形的積木回

家了回家了，圓形的積木就要回家了……）

2. 已告知幼兒 5 分鐘後是收拾時間，但是小幼班的幼兒無法理解 5 分鐘是多久？

在提醒幼兒 5 分鐘後要收拾的時候，可指著時鐘上的長針，例如：「長針現在到 2，走到 3 的時候就是收拾時間。」

3. 如何讓積木區的幼兒收拾的動作快一點？

檢視積木區的歸位牌是否確實、幼兒是否都清楚歸位的原則；教師可以協助小幼班幼兒分配要收拾的積木或配件，然後請幼兒拿籃子將自己負責的教材教具裝起來並歸位；中大班幼兒可以討論如何快速收拾的方法。

（五）回顧時間遇到的問題

1. 回顧時間是否還要進行與計畫時一樣的遊戲嗎？

不要一樣。採用與計畫時不一樣的遊戲會讓幼兒覺得更有新鮮感。

2. 回顧時間，每個人都想要進行回顧，時間不夠怎麼辦？

可以利用其他的時間（例如：午睡前的時間、點心時間、放學時間……），讓幼兒回顧他們的工作時間經驗。

（六）小組時間遇到的問題

1. 兩組的課程內容是否都要一樣？

可以依幼兒的興趣或是遇到的困難進行不同的課程。或者是進行同一個活動名稱，但是使用的素材就要有區別性。

2. 小組的成員可以更換嗎？

至少要一個學期是固定的成員，可以觀察幼兒有系統的發展。

（七）團體時間遇到的問題

● 教師會運用團體時間來進行過多的討論？

以語言為例，教師可以設計讓幼兒模仿不同的動作，並進行歌詞

改編：「我們一起拍拍手、拍拍手、拍拍手，我們一起拍拍手、拍拍手、說哈囉。」（改編自「瑪莉有隻小綿羊」）在團體時間還是要以幼兒的興趣為主題，安排幼兒喜歡唱的歌曲並改編內容，一邊唱一邊做出自己發明的肢體動作，教師也跟隨著幼兒一起做動作，支持幼兒的想法及主動性。

貳、繪本加入課程內容的行列

一、緣起

2000 年本園所採用的高瞻課程模式，教師仍在接受教育訓練，尤其是對幼兒發展觀察記錄及幼兒主動學習的延續性，和對高瞻課程的認知與專業能力尚未成熟。為了讓教師規劃課程時能有所依據，所以參考坊間教材（單元），課程中的團體活動與小組活動會引用高瞻重要經驗，作為活動設計的依據。但在使用後發現坊間教材偏重知識內容的學習，技能與情意面向的學習較少，因而想走出坊間教材的侷限，加上政府也致力推動閱讀運動 —— 幼兒的創造力從想像開始，故事讓幼兒走入天馬行空的想像空間，故事豐富了幼兒的夢想與童年 —— 在與園所顧問郭李宗文教授、教師們討論後，改以繪本為主題，設計統整性課程。

考慮到本園教師對繪本的價值及如何選擇不夠了解，特邀請童書作家與插畫家協會臺灣分會嚴淑女會長針對選擇繪本、說故事技巧，並將繪本延續到家庭進行親子共讀來進行研討；並請臺東大學幼教系郭李宗文教授讓教師了解繪本的文學要素、如何帶幼兒進行繪本賞析、規劃主題概念網，進行統整性的學習。

本園教師在一系列的教育訓練課程後，已能由班群共同討論出主題網，設計適合幼兒年齡的活動，接著從繪本教學延伸到說故事、繪本創作、戲劇展演，或是進行期末的幼兒潛能發表會——「西遊記」系列繪本的成果演出，跨領域的創意在本園造成新旋風。

接下來要呈現教師們進行教育訓練的過程。

二、淺談繪本

　　邀請嚴淑女會長針對繪本對幼兒的價值、繪本如何選擇，以及如何將繪本延續到家庭進行親子共讀來進行討論。

（一）繪本對幼兒的價值

　　繪本是幼兒人生的第一本書，他們帶著好奇、興奮的心情，融入繪本的故事情境，並透過有意義的提問和引導，培養邏輯思考、預測推理能力，對於幼兒的語文學習、人格與美感的養成等也都有著不可替代的作用，更重要的是它能夠讓幼兒從此愛上閱讀、打開閱讀的大門，給生活增添了無數可能（圖 3-13）。

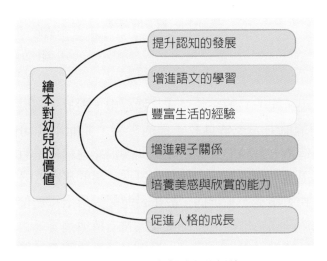

圖 3-13　繪本對幼兒的價值

（二）繪本的選擇

　　目前針對幼兒所設計的繪本非常的多，每年都有許多新的繪本問世，到底要如何為幼兒選擇最佳的繪本？可依據以下三個方向來進行選擇（圖 3-14）。

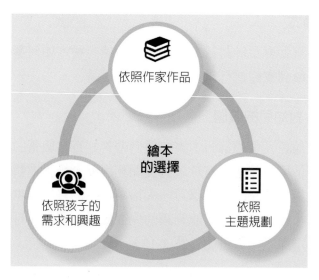

圖 3-14　繪本的選擇

（三）將繪本延續到家庭進行親子共讀

研究發現，親子共讀在幼兒成長過程中，對於大腦發育、語言發展及增進理解能力……皆具有正面的影響，並能啟發幼兒的想像力及培養其創造力，對於父母與幼兒之間的情感連結更是意義非凡。本園教師也運用了一些技巧、資源在各班做故事的旅行（分享好書、傳遞關懷），利用繪本、小玩偶、故事日記記錄班上每一位親子共讀點滴……自此活動開始推行，獲得家長大力支持與迴響。也因此喚起家長、學校、教師們重視兒童閱讀，提供兒童最佳的學習機會和接觸多樣化的圖書，為幼兒營造良好的閱讀環境（圖 3-15、3-16）。

三、深化繪本

邀請郭李宗文教授帶領教師們開始認識繪本的文學要素、如何進行繪本賞析、設計主題概念網、繪本教學過程的討論等等。

（一）認識文學要素

1. **情節**：指的是故事發生的一連串事件，和一般的故事書一樣，有

親愛的家長：

　　如何培養閱讀樂趣呢？這應該是每個家長關心的議題之一，研究顯示，識字是學業成就的鑰匙，語言技巧是閱讀、寫作、及思考的基礎。

　　而家庭教育是雙向互動的過程，每一個家庭成員在家庭裡互相教導、互相學習，書是很好的媒介，藉著看書、讀書，全家人可以彼此分享，共同討論，經過這樣的過程，自然的增加彼此的了解和感情。親子共讀可讀出文字的意涵，可增進良好的親子互動關係，營造更和諧溫馨的家庭氛圍。

　　海豚班為增進親子共讀的樂趣，將進行「甜蜜時光」，首選繪本為『超級大笨狗』、『強強的月亮』、『湯姆爺爺』……等書，經由幼兒的生活來體驗出閱讀樂趣，每天將由幼兒輪流帶書回家，請爸爸、媽媽與寶貝一起享受親子共讀樂，小朋友再畫下心得感想、最喜歡的一段故事，並請爸爸、媽媽以文字為其記錄下閱讀的點點滴滴，隔天再由幼兒帶回園所轉交給下一位小朋友，謝謝您們的支持。

圖 3-15　給家長的話

甜蜜時光　　　日　期：96.4.30
　　　　　　　　書　名：超級小笨狗
　　　　　　　　幼兒姓名：高麗芳

請畫出下聽完故事後最想畫的人、物或東西

請 Pa、Ma 紀錄閱讀的點點滴滴：

1、故事中最喜歡的人物：阿西，因為牠長得可愛又活潑。

2、故事中印象最深刻的是：阿西很勇敢地咬小偷。

3、我想對故事中的人物說的話：

　①阿西，你好可愛又勇敢，真希望你是我家的狗。

　②小男孩，你要好好照顧阿西，要把牠訓練得更勇敢。

　③爸爸，阿西打破你的花瓶，你一定很難過嘴！

　④媽媽，你在打小偷時有沒有注意到阿西在流血？

圖 3-16　親子共讀閱讀單

開端、發展、高潮、結局等好的故事情節。一張張精美的繪圖，如果少了故事情節，就只是一張張單純的圖畫了，而一本有好情節的圖畫書，會讓幼兒深深著迷。

2. **角色**：角色是圖畫書中的靈魂，他可以是人、是動物，或是任何一樣東西。而這也是可以一直讓人賦予真實感的要素，讓人有種自我的情境感受。

3. **背景**：指的是故事發生的時間地點，包括人物的生活方式、文化環境及氣候等等，它可以製造氣氛，確立時空情景，提供象徵性的意義，也暗示將要發生的事情。

4. **主題**：每個故事都有主題，它是由情節、角色、背景所結合而成的整體意義，是作者對讀者想要傳達的情感、想法或意義。

5. **觀點**：指的是作者對敘述者的選擇，就是「誰在說故事」，因為從不同的立足點來看故事，都會讓讀者對故事的了解方向做改變。

（二）繪本賞析圖

以《蔓蔓，真好》為例（圖 3-17）。

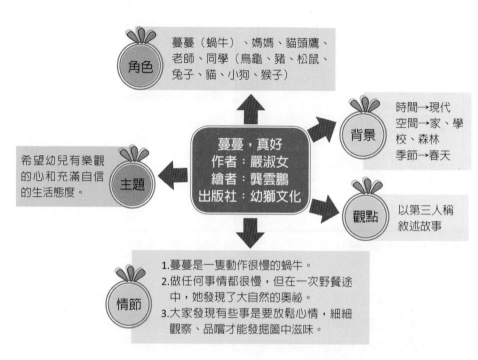

角色　蔓蔓（蝸牛）、媽媽、貓頭鷹、老師、同學（烏龜、豬、松鼠、兔子、貓、小狗、猴子）

背景　時間→現代　空間→家、學校、森林　季節→春天

蔓蔓，真好　作者：嚴淑女　繪者：龔雲鵬　出版社：幼獅文化

主題　希望幼兒有樂觀的心和充滿自信的生活態度。

觀點　以第三人稱敘述故事

情節
1. 蔓蔓是一隻動作很慢的蝸牛。
2. 做任何事情都很慢，但在一次野餐途中，她發現了大自然的奧祕。
3. 大家發現有些事是要放鬆心情，細細觀察、品嚐才能發掘箇中滋味。

圖 3-17　《蔓蔓，真好》繪本賞析圖

（三）主題概念網

包含文學要素（角色、背景、觀點、情節、主題），以及其他相關延伸活動（圖 3-18）。

四、從繪本教學延伸到戲劇展演

原本是一學期選擇多本繪本當主題，每本使用的時間為一至二個月。在實行之後，發現為了讓師生有更多的時間去進行踏查、體驗活動，更深入地探索討論，因此將繪本使用時間拉長到一個學期。在新學期選擇繪本時特別選用中國民間故事「西遊記」的系列繪本，培養

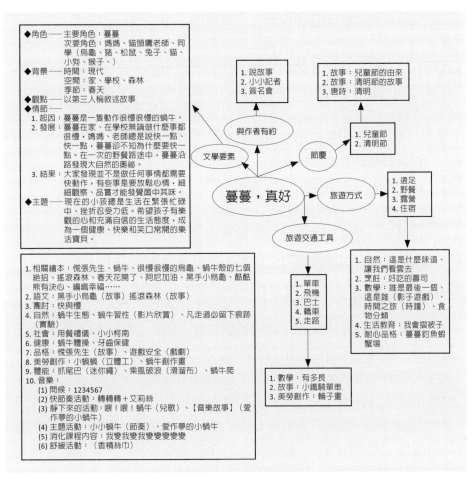

◆角色──主要角色：蔓蔓
　　　　　次要角色：媽媽、貓頭鷹老師、同
　　　　　學（烏龜、豬、松鼠、兔子、貓、
　　　　　小狗、猴子、）
◆背景──時間：現代
　　　　　空間：家、學校、森林
　　　　　季節：春天
◆觀點──以第三人稱敘述故事
◆情節──
　　1. 起因：蔓蔓是一隻動作很慢很慢的蝸牛。
　　2. 發展：蔓蔓在家、在學校無論做什麼事都
　　　　很慢，媽媽、老師總是說快一點、
　　　　快一點，蔓蔓卻不知為什麼要快一
　　　　點。在一次的野餐路途中，蔓蔓沿
　　　　路發現大自然的奧祕。
　　3. 結果：大家發現並不是做任何事情都需要
　　　　快動作，有些事是要放鬆心情，細
　　　　細觀察、品嘗才能發覺簡中其味。
◆主題──現在的小孩總是生活在緊張忙碌
　　　　　中、挫折忍受力低。希望孩子有樂
　　　　　觀的心和充滿自信的生活態度，成
　　　　　為一個健康、快樂和笑口常開的樂
　　　　　活寶貝。

1. 相關繪本：慌張先生、蝸牛、很慢很慢的烏龜、蝸牛殼的七個
　　絕招、搖滾森林、春天花開了、阿尼加油、黑手小烏龜、酷酷
　　熊有決心、編織幸福……
2. 語文：黑手小烏龜（故事）搖滾森林（故事）
3. 團討：快與慢
4. 自然：蝸牛生態、蝸牛習性（影片欣賞）、凡走過必留下痕跡
　　（實驗）
5. 社會：用餐禮儀、小小柯南
6. 健康：蝸牛體操、牙齒保健
7. 品格：慌張先生（故事）、遊戲安全（戲劇）
8. 美勞創作：小蝸蝸（立體工）、蝸牛創作畫
9. 體能：抓尾巴（迷你繩）、乘風破浪（滑溜布）、蝸牛爬
10. 音樂：
　　(1) 問候：1234567
　　(2) 快節奏活動：轉轉轉＋艾莉絲
　　(3) 靜下來的活動：喂！喂！蝸牛（兒歌）、【音樂故事】（愛
　　　　作夢的小蝸牛）
　　(4) 主題活動：小小蝸牛（節奏）、愛作夢的小蝸牛
　　(5) 消化課程內容：我變我變我變變變變
　　(6) 舒緩活動：（香精絲巾）

1. 說故事
2. 小小記者
3. 簽名會

1. 故事：兒童節的由來
2. 故事：清明節的故事
3. 唐詩：清明

與作者有約

1. 兒童節
2. 清明節

文學要素

節慶

蔓蔓，真好

旅遊方式

1. 遠足
2. 野餐
3. 露營
4. 住宿

旅遊交通工具

1. 單車
2. 飛機
3. 巴士
4. 轎車
5. 走路

1. 自然：這是什麼味道、
　　讓我們看雲去
2. 烹飪：好吃的壽司
3. 數學：誰是最後一個、
　　這是誰（影子遊戲）、
　　時間之旅（時鐘）、食
　　物分類
4. 生活教育：我會摺被子
5. 耐心品格：蔓蔓釣魚蝦
　　蟹場

1. 數學：有多長
2. 故事：小鐵騎單車
3. 美勞創作：輪子畫

圖 3-18　主題概念網

幼兒想像力、說故事能力、繪本創作、戲劇表演，並延伸期末的大型
展演來進行戲劇演出。

（一）動機與目的

　　為了結合本園原有的教學取向（及高瞻教學培養幼兒主動學習的
教育理念）與期末的幼兒潛能發表會，決定將繪本教學延伸到戲劇展
演。Sternberg 和 Lubart（2001）在多年研究創造力的書籍中曾提及

109

「什麼是每個人都知道卻沒有人會去做的！」也因為這句話，本園大膽地做這樣的嘗試，並希望藉此能幫助本園在教學上有更大的創新及突破，設立中期目標在讓幼兒自發性的閱讀繪本，並發展幼兒欣賞思考和想像的能力，長期目標是達到透過繪本陶冶幼兒優美的情操及品格。依據上述主要目的，再細分為以下幾點方案發展目標：

1. 增進幼兒對於故事閱讀的興趣。
2. 激發幼兒在語文上的創造力。
3. 幼兒能享受戲劇扮演的樂趣。
4. 班與班合作進行課程。
5. 探索幼兒園期末表演與課程相結合的可能性。
6. 嘗試結合全園團隊合作戲劇的研討及參與演出。

（二）發展歷程

在私立幼兒園中，正常化的教學常常因為幼兒園的特殊活動而受到干擾。甚至在與教師教學討論的過程中，發現教師因為要準備每年例行的特別演出活動，在教學輔導的過程中顯現許多的焦慮與無奈。曾經和教師討論過特殊活動的必要性？但是私立幼兒園似乎很難放開這樣的枷鎖，因為家長喜歡看幼兒的表演，而園所也需要呈現他們的教學成果，大型的展演活動就成了每年甚至每學期無法避免的負擔。所以我們又試著從另一個角度來討論這個展演的問題，為何我們不能從學期一開始，就先想好我們要進行哪些特別演出？為何不利用一個學期的時間來準備，才不會在需要演出的那一個月弄得大家都精疲力竭？看見園長、主任及教師們，每一年為了幼兒學習成果總是百般思索，如何將幼兒發展結合教學成果，又如何將幼兒不同的潛能展露出來，腦中縈繞著許多的點子和需要克服的問題，到底要如何展現呢？

另一方面，繪本教學一直是本園的特色之一，但是這 3 年來我們使用較多國外翻譯的繪本，有一個聲音一直在教學研討會中出現，那便是如何連結繪本中的內容與本地的文化？而文化就是生活的總和，也就是幼兒生活中的經驗。藉由遍尋相關繪本時，漸漸發現我們小時

候最喜歡西遊記的故事，內容有趣、人物鮮明又各具有特色，於是和園內的教職員溝通，我們何不來嘗試將我們的課程與期末的演出做個結合？得到大部分教職員的認同及目標確立之後，接著緊鑼密鼓展開籌備，包括劇本的編撰、角色的分配、配音製作、人物道具、場景道具以及布幕，在行政人員與所有教師執行的過程中，開心只有靈光乍現的那一刻，行政人員每到一個需要突破的關卡時，便擔心挑戰這不可能的任務是否成功，教師是否能掌握核心協助引導幼兒發展潛能呢？然而教師們擔心的是時間的緊湊是否能完成？最後大家共同的體認就是努力去做再做修正是唯一的目標了。

歷程中先經由教學會議協助教師們將概念引發與釐清之後，再由教師們開始著手，將人物介紹給幼兒認識，教師利用棒偶將故事情節演出利於幼兒能組織來龍去脈，接著引導幼兒用布袋戲、布偶戲、真人演出等戲劇遊戲的方式，幼兒玩的不亦樂乎還有的欲罷不能，因此幼兒對故事越加熟悉與喜愛，甚至對繪本書愛不釋手，成為幼兒心中首選的繪本書，除此之外，教師們用心塑造花果山水濂洞、火焰山於教室和樓梯間，讓幼兒更能身歷其境，在學習區增加更多材料讓自製武器更精進。

回想起那一段的時間壓迫、與幼兒能展現與否掙扎搏鬥的日子，煎熬與擔心是大家一起承擔的。感謝教師們視幼兒的發展能力，適度地激發並一一地修正最有可能性的展現，在經過多次排演後，幼兒更能進入狀況，還會隨機應變的在舞台上展演，以及感謝家長的認同，讓全園的員工都雀躍不已，沒想到可以完成這不可能的任務，而且家長都非常肯定幼兒能力的展現，以及教師引導繪本教學的能力。所以這次的任務我們不但是讀了一回西遊記，也玩了一季的嬉遊記，更演出及記錄了一齣戲的由來與呈現。

（三）發展歷程架構圖

見圖 3-19。

第一年

高瞻課程取向
繪本主題教學
幼兒學習成果

（一）
第一階段
（94 年 12 月）

1. 教學：選擇繪本
2. 戲劇：進行劇本的編寫

（二）
第二階段
（95 年 2 月）

1. 教學：課程的規劃
2. 戲劇：劇本初稿的
　　　　完成

（三）
第三階段
（95 年 3 月）

1. 教學：(1) 繪本賞析
　　　　(2) 情境布置
　　　　(3) 閱讀故事變戲劇
　　　　(4) 特別活動
2. 戲劇：(1) 修正劇本
　　　　(2) 確定演出流程
　　　　(3) 工作分配

（四）
第四階段
（95 年 4 月）

1. 教學：(1) 與「劇本」面對面
　　　　(2) 幼兒開始練習演出內容及製作道具
　　　　(3) 特別活動——東遊記之旅
2. 戲劇：(1) 行政組統整劇情
　　　　(2) 發給各班西遊記演出劇本、預計表演服裝
　　　　(3) 校內錄音
　　　　(4) 教師各場次之劇本修正

（五）
第五階段
（95 年 5 月）

1. 教學：(1) 進入表演藝術的世界
　　　　(2) 班級戲劇演出
2. 戲劇：(1) 校內錄音
　　　　(2) 第一次校內彩排
　　　　(3) 校外錄音——教育廣播電台錄音、
　　　　　　剪輯

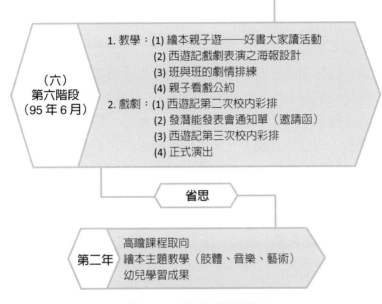

圖 3-19　發展歷程架構圖

（四）選擇繪本

　　教學會議決定以「西遊記」為潛能發表會之戲劇主題後，即試著從坊間琳瑯滿目且不同版本的「西遊記」繪本中選擇一個適合幼兒閱讀且生動有趣的版本，而在教學團隊幾番思考及比較後，決定以「耕寅文化出版社」所發行「親子潛能開發系列──西遊記」為本園教學繪本，會選擇此版本原因如下：

1. 彩圖部分：人物造型可愛、色彩強烈、畫面飽滿、內容豐富，對故事有補充說明作用。

2. 動動腦筋（問題部分）：從圖上尋找問題答案的遊戲項目，可訓練幼兒的耐心及觀察能力。

3. 遊戲頁：每本書的最後一頁是一個與故事相關的畫面，根據畫面的內容提出三個相關的問題，讓幼兒在圖中找到答案。且最後一頁有答案頁，可確定自己的判斷是否正確（自我修正）。

4. 提供親子共讀的引導方式。

5. 有電腦互動遊戲光碟。

確定版本後即將「親子潛能開發系列——西遊記」之八本繪本，挑選六本作為各年級主要繪本主題，因考量「戲劇演出」以大班表現能力較能呈現戲劇效果，故戲劇的開場——「大鬧天宮」及「收徒記」二劇為大班繪本。而顧及小班幼兒的年齡較小，即以道具誇張、內容活潑逗趣的「三借芭蕉扇」、「真假美猴王」之二劇為小班繪本。而中班年齡幼兒想像力豐富，即以人物較鮮明且擬人化的妖魔鬼怪——「三鬥白骨精」、「勇戰青牛精」之二劇為中班繪本。

為讓各年齡層的教師及幼兒能儘快熟悉西遊記故事及提早做「戲劇潛能發表會」之準備，故每一繪本做一個月的教學活動（3、4月）。而避免相關「西遊記」之繪本系列一學期都使用，時間較長，怕幼兒會較無興趣，故5、6月分選擇原方案是「中國風格」系列的繪本，大班→七兄弟，中班→泥水師父，小班→皇帝起床了。而各班之「西遊記」繪本在5、6月分階段，即轉換成每週一次的「興趣課程」，並加強相關戲劇表演之活動。

（五）本園教學

1. 課程的規劃

本園每班每月皆會有一次的教學研討會議，在會議中，教師必須提出各班的課程計畫主題網絡、課程計畫表、繪本相關資源及學習區布置內容等，與輔導教授及其他班級教師共同討論及分享教學主題網絡圖。此外，課程中與幼兒學習相關之檔案評量內容也在此呈現，用以連結課程與評量的表現方式。

(1) 教學主題網絡圖：依據高瞻課程中六大領域（自發性、社會關係、創造性表徵、音樂與動作、語言與讀寫、數學與邏輯）與主題相關可發展之活動的展現（圖3-20、3-21）。

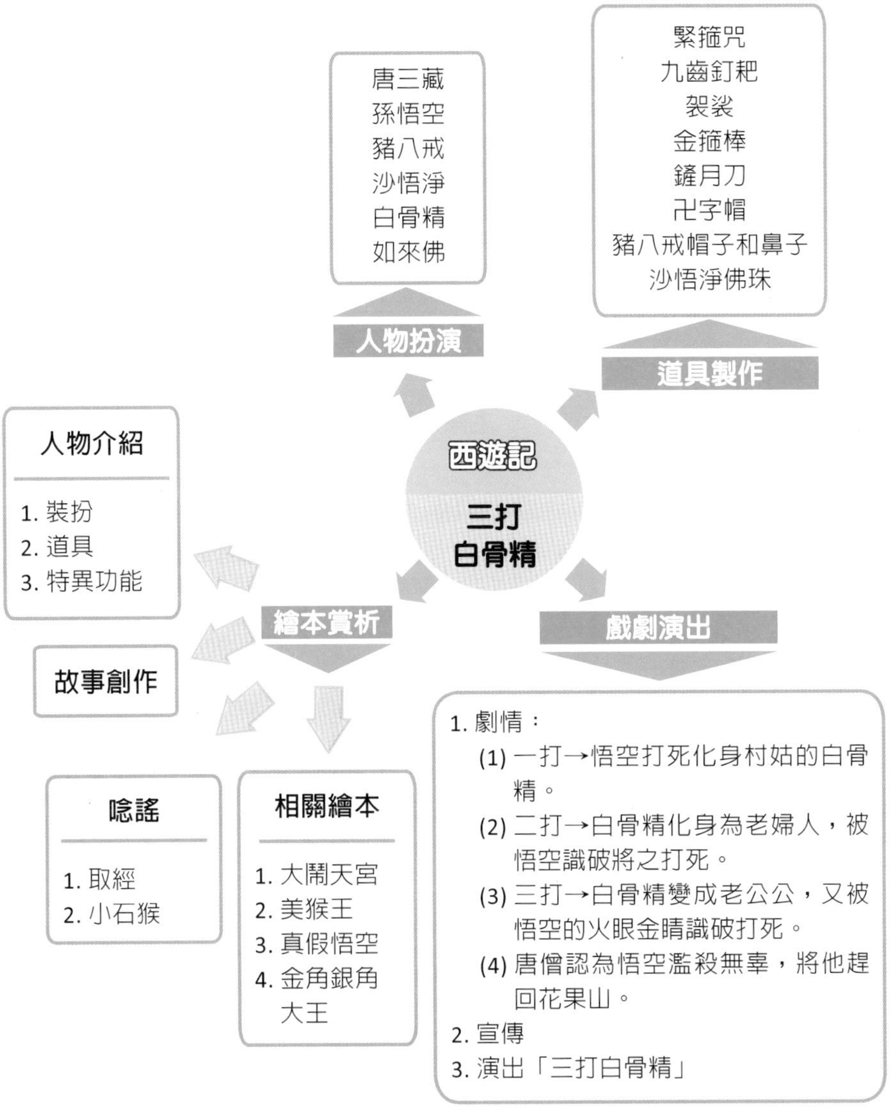

唐三藏
孫悟空
豬八戒
沙悟淨
白骨精
如來佛

緊箍咒
九齒釘耙
袈裟
金箍棒
鑕月刀
卍字帽
豬八戒帽子和鼻子
沙悟淨佛珠

人物扮演

道具製作

人物介紹

1. 裝扮
2. 道具
3. 特異功能

西遊記
**三打
白骨精**

繪本賞析

戲劇演出

故事創作

唸謠

1. 取經
2. 小石猴

相關繪本

1. 大鬧天宮
2. 美猴王
3. 真假悟空
4. 金角銀角
　大王

1. 劇情：
　(1) 一打→悟空打死化身村姑的白骨
　　　精。
　(2) 二打→白骨精化身為老婦人，被
　　　悟空識破將之打死。
　(3) 三打→白骨精變成老公公，又被
　　　悟空的火眼金睛識破打死。
　(4) 唐僧認為悟空濫殺無辜，將他趕
　　　回花果山。
2. 宣傳
3. 演出「三打白骨精」

圖 3-20　多多璐幼兒園天鵝班「三打白骨精」課程主題網

★變！變！：布的遊戲　　　★親愛的小猴子：欣賞幻燈片
★不一樣的我：討論特殊能力　★抓蟲子：互相抓癢
★瞎子走路：合作　　　　　　★童子舞：律動
★湯姆的服裝店：認識服裝製作　★影子舞：律動

延伸活動

三打白骨精

主題活動

◆【自發性】
✦火眼金睛：看圖尋寶
✦步步為營：槌球遊戲
✦戲劇準備：工作人員分配
✦海報大展：海報欣賞
✦造勢活動：戶外宣傳戲劇
✦西遊記兒童劇欣賞
✦花果山：討論情境布置
✦看我72變：人物介紹
✦武器大展：介紹法器
✦妳說我演：遊戲
✦大家來看戲：戲劇表演

◆【社會關係】
✦我是大導演：排戲
✦輕聲細語：討論觀賞禮節
✦你追我跑：影子遊戲
✦悟空歷險記：迷宮遊戲
✦超級明星：選出自己最喜歡的角色

◆【創造性表徵】
✦如果我是白骨精：畫出想變的人
✦我的祕密武器：製作武器
✦快樂花果山：繪畫
✦邀請卡：勞作
✦好康A報你知：宣傳海報繪畫
✦花果山：場景布置
✦我是…：西遊記人物面具製作
✦最佳男女主角：演技大考驗
✦白骨衣製作：環保素材
✦迷宮陣：建構
✦黑白影：皮影製作

◆【音樂與動作】
✦現代觔斗雲：滑板車
✦念念不忘：串珠比賽
✦三打白骨精：動作
✦123木頭人：戲劇排演動作
✦捉迷藏：戲劇排演動作
✦魔音傳繞：自創魔咒
✦孫悟空大戰白骨精：遊戲
✦百變猴子：肢體創作
✦兒歌：香蕉歌
✦童謠：採芭樂
✦飛天筋斗雲：體能丟飛盤

◆【語言和讀寫】
✦化石小弟：繪本欣賞
✦我的咒語：自創咒語
✦花果山求援小書製作
✦三打白骨精：影片欣賞
✦唐三藏唸緊箍咒
✦當個有禮貌的觀眾：討論
✦西遊記流程表：表達說話
✦新西遊記：改編故事
✦猴山仔挽椰子：兒歌唸謠
✦取經：唸謠

◆【數學與邏輯】
✦超級觔斗雲：跑步比賽
✦神奇水果籃：比較水果大小
✦花果山路徑圖：物體移動
✦一隻猴子一根香蕉：排序
✦數字迷宮：物體移動
✦金箍棒：比較長短

圖 3-21　教學主題網絡圖

116

(2) 課程計畫總表：

表 3-1　天鵝班課程計畫表

繪本主題	西遊記──三打白骨精

一、自發性

1. 團體活動：火眼金睛──看圖尋寶
   【幼兒獨自發展出複雜且多種過程的活動】
2. 團體活動：步步為營──槌球遊戲
   【幼兒顯示某種程度的堅持，試著用各種不同的方法來解決一個問題】
3. 小組活動：你說我演──遊戲
   【幼兒沒有被要求而會參與課程流程】
4. 團體活動：大家來演戲──戲劇表演
   【幼兒顯示某種程度的堅持，試著用各種不同的方法來解決一個問題】

二、社會關係

1. 小組活動：輕聲細語──討論觀賞禮節
   【幼兒持續和熟識的成人互動】
2. 團體活動：你追我跑──影子遊戲
   【幼兒持續和熟識的幼兒互動】
3. 小組活動：悟空歷險記──迷宮遊戲
   【幼兒被一位同學視為朋友】
4. 團體活動：超級明星──選出自己最喜歡的角色
   【以能被接受的方法表達其感受】

三、創造性表徵

1. 小組活動：如果我是白骨精──畫出想變的人
   【幼兒畫出表徵一些細微部分】
2. 小組活動：我的祕密武器──製作武器
   【幼兒用教材做出簡單的表徵】
3. 團體活動：最佳男女主角──演技大考驗
   【幼兒走出假扮遊戲而給他人一個指示】
4. 小組活動：黑白影──皮影製作
   【幼兒用教材做出簡單的表徵】

四、音樂和動作

1. 團體活動：現代觔斗雲
   【幼兒可移動物體】
2. 小組活動：念念不忘──串珠比賽
   【幼兒能用手仔細操作小的物體】
3. 團體活動：飛天觔斗雲──體能丟飛盤
   【幼兒可移動物體】
4. 小組活動：三打白骨精──動作
   【幼兒能跟著口令做複雜的動作】

教學活動內容

繪本主題	西遊記──三打白骨精	
教學活動內容	**五、語言和讀寫** 1. 團體活動：三打白骨精──影片欣賞 　【對讀過的故事有興趣複述或回答問題】 2. 小組活動：新西遊記──改編故事 　【幼兒的句子包括兩種以上的意義並描述細節部分】 3. 團體活動：西遊記流程表──表達說話 　【幼兒參與平時的班級會話】 4. 團體活動：花果山求援──小書分享 　【幼兒的眼睛能跟隨書籍印刷的方向閱讀】	**六、數學和邏輯** 1. 小組活動：超級觔斗雲──數量比較 　【幼兒能用一對一的方式判斷出各組物體的多寡】 2. 小組活動：神奇水果籃──比較多少 　【幼兒能用一對一的方式判斷出各組物體的多寡】 3. 小組活動：花果山路徑圖──物體移動 　【幼兒會使用移動物體的指令】 4. 小組活動：數字迷宮──物體移動 　【幼兒會使用移動物體的指令】
生活教育	疾病預防：吃東西前我會洗手。我知道洗手的步驟（溼搓沖捧擦）。	
生活美語	◆ Time to clean up. 整理時間了。 ◆ May I help you? 我可以幫忙嗎？ ◆ Happy Women and Children's Day! 婦幼節快樂！ ◆ Please put the chairs in. 請把椅子靠好！ ◆ Yes, teacher. Right away! 好的，老師我馬上做好！	
計畫/回顧	打電話、戲劇扮演、配對遊戲、白板數字練習	
學習區布置	扮演區：各式戲服、道具、食物圖片、各式菜單 語文區：西遊記大富翁、相關繪本 動腦區：迷宮圖、磁鐵組、橡皮筋、紙片、配對遊戲、釣魚遊戲 積木區：閘門、樹木（森林）、山洞、山、自製腳踏車、紙人偶 美勞區：紙袋類、吸管、竹筷、各式紙類、色筆	

(3) 繪本相關資源與學習區布置內容：

表 3-2　天鵝班創意教學資源表

編號	項目	內容
1	繪本	◆ 小小科學眼第六期美猴王歷險記 2：大鬧天空（遠流）、唐三藏收徒弟 3（遠流）、中國民俗童話 1、2（聯明）、孫悟空誕生了（漢聲）、收徒記（漢聲）、西遊記（下）：收徒記、西遊記（臺灣麥克）、中國童話故事系列：齊天大聖（華一）、孫悟空（三豐）、西遊記（愛智）、西遊記（耕寅國際）、西遊記（啟思）
2	兒歌	◆ 小石猴（信誼）、取經（信誼）、西遊記（信誼）
3	VCD	◆ 西遊記 3D 電腦動畫 VCD 共 10 片（豪客）
4	偶	◆ 布袋戲偶、棒偶、紙偶、皮影偶、偶台
5	臉譜	◆ 傳統戲劇（國劇）西遊記人物臉譜
6	戲服	◆ 袈裟、佛珠、頭箍、豬耳朵、豬鼻子、牛角、武器（金箍棒、釘耙）
7	社區資源	◆ 國立教育廣播電台臺東分台 ◆ 臺東劇團【燈光、舞台】 ◆ 史前博物館：水迷宮
8	家長資源	◆ 西遊記人物相關物品
9	其他	◆ 西遊記人物拼圖、西遊記人物面具、西遊記捲軸畫、西遊記大富翁 ◆ 古早味：西遊記人物抽抽樂、尢仔標

表 3-3　天鵝班繪本相關資源及學習區布置內容

項目	內容
教材教具	1. 腳踏拍子圖、鴨子音階圖、戲劇音樂、各式圖片 2. 幼兒自製捲軸畫、各式戲服、道具、各式偶 3. 各式海報、節目流程表、票根

家長資源	1. 紙盒、相關繪本 2. 票根、表演海報	
相關繪本	西遊記（耕寅國際）、慌張先生、教室裡的亮亮	
學習區布置	語文區	西遊記大富翁、相關繪本、愛的小小百科、動物圖片、錄音機、錄音帶、相關書籍、圈字海報、自製動物翻翻書、劇本口白錄音帶
	美勞區	報紙、吸管、竹筷、兩腳釘、色筆、黏土、打洞器、通草條、印章、廣告顏料、粗細不同的筆、水彩筆、粉彩紙
	扮演區	各式戲服、道具、動作圖說、各式菜單、音符服裝、鏡子
	動腦區	迷宮圖、釣魚遊戲、數字練習、連連看、數字轉盤
	積木區	動物配件、閘門、樹木（森林）、紙盒、各式車子
	展示區	1. 小朋友的作品（武器、冰貼、節奏圖、戲劇扮演照片……） 2. 小朋友的作品（海報、門票）

(4) 幼兒六大領域之檔案評量（自發性、社會關係、創造性表徵、音樂與動作、語言與讀寫、數學與邏輯）：

表 3-4 【範例】HighScope 五歲幼兒觀察紀錄項目

一、自動自發、自主的──B、解決問題（解決本身的問題）		檢核日期
4	幼兒顯示某種程度的堅持，試著用各種不同的方法來解決一個問題	
5	幼兒高度的參與並堅持地用各種不同的方法來解決一個問題	95/3/24

檢核方式：□照片 ■軼事紀錄 □作品 □學習單 □其他＿＿＿＿＿＿＿

活動名稱：武器製作活動型態：□個人 ■小組 □團體

　　貞育在此項活動中，選擇做沙悟淨的「月牙鏟」。老師在厚紙剪下 ◖◗ 的形狀後，她開始上色，裝飾自己的武器。

　　塗好顏色後，她想黏在棍子上，剛開始她用吸管接成棍子，但發現吸管不好接且太軟，於是她到美勞區尋找材料，她找到一根塑膠水管，她想用白膠將厚紙黏在水管上，卻發現黏不牢，於是拿膠帶黏，終於順利將她畫好的厚紙固定在

塑膠水管上，完成「月牙鏟」的製作。

檢核內容說明：貞育高度參與武器的製作，並堅持用不同的方法解決將厚紙黏到棍子上的問題。

2. 教學活動之進行

(1) 情境布置：教學中，情境的布置對幼兒是很重要的。一入門就是花果山，由中班師生共同設計完成，而小班用潑墨畫所做出的火燄山則擺放在綠地上還可走迷宮，大班的水濂洞則安排在一樓至二樓的迴廊。

(2) 閱讀活動：配合「親子共讀活動」，本園舉辦把書借回家活動，經幼兒的生活來體驗出閱讀樂趣，每天將由幼兒輪流帶書回家請爸爸媽媽與寶貝一起享受親子共讀樂，再畫下心得感想及書中最喜歡的一段故事，並請爸爸媽媽以文字記錄下來閱讀的點點滴滴。

表 3-5　閱讀學習單

書名	西遊記 5. 大鬧天宮	讀書者	
日期	6.15	陪書者	媽媽
識字	◎我從書中認識了這些字（＊請爸爸媽媽幫忙做紀錄，謝謝！）「孫悟空、小猴子、玉帝、花果山、唐山藏、三頭六臂、風火輪」		

◎ 書中有哪些人？【孫悟空、小猴子、玉帝、天兵天將、唐山藏】
◎ 書中我最喜歡【孫悟空】，為什麼？【因為他很強】
◎ 如果我是（孫悟空）我會——【我要保護大家】
　（例如：如果我是孫悟空，我希望駕觔斗雲環遊世界。）

(3) 學習區活動：文區（布袋戲偶）、扮演區（孫悟空、豬八戒、沙悟淨）、動腦區（數字迷宮）、積木區（搭建迷宮）、美勞區（自製頭套及道具）（圖 3-22、3-23）。

(4) 班級戲劇演出：戲劇展示前的流程（A. 劇本及角色的討論 → B. 表演道具的製作 → C. 幕前幕後的工作分配 → D. 班級戲劇表演）（圖 3-24）。

圖 3-22　扮演區（孫悟空、豬八戒、沙悟淨）

圖 3-23　語文區（布袋戲偶）

圖 3-24　幕前幕後的工作分配

(5) 繪本異動：3 月分召開教學會議，教師反應西遊記繪本幼兒非常喜歡，建議本學期以「西遊記」繪本系列為主，故本園即決定將各班原一個月上一本西遊記繪本，異動為 4 月分的繪本延用至 5 月底，6 月分大中小班以演出的劇本做教學活動。

(6) 教學會議：見表 3-6。

表 3-6 教學會議紀錄：3 月

日期	組別		教學會議內容摘要
3 月 22 日	大班	海豚	幼兒會主動拿故事書（大鬧天宮）唸給我們聽，也喜歡看問題的解答。看「西遊記」影片有概念可連結，常討論要畫什麼人物。家長對西遊記繪本反應不錯，尤其聯絡簿上的閱讀活動都會與幼兒一起寫及畫，也反應幼兒對此次的繪本非常有興趣，因角色清楚。
3 月 24 日	中班	企鵝	幼兒會自己扮演，喜歡自製武器。家長回饋是在聯絡本上回應「對西遊記書有興趣，幼兒回家會翻書。」且幼兒在園內下課、吃飯後會聚成小組看書，前兩週玩迷宮，隔週在白板也畫沙悟淨的道具。在美勞區有畫迷宮、做獅子頭套（毛線）、眼罩、牛魔王及猴子的面具製作，並帶回家。
4 月 4 日	小班	玫瑰	到史博館玩水迷宮很好玩，幼兒自己去探險會注意危險狀況，大一點的幼兒也會帶小的，還有的幼兒會自己把故事情境中的火焰山和迷宮連結了。有做熱門排行榜——讓幼兒票選最喜歡的人物，結果是豬八戒（吃很多、健康、露肚子），幼兒也喜歡扮演。還有小型的「玫瑰劇團」成立在教室外，以棒偶、布偶、手偶扮演。

(7) 特別活動：西遊記美術展（圖 3-25、3-26）。

圖 3-25 邀請函封面

圖 3-26 情境主題

（六）戲劇表演

1. 劇本完成的過程

(1) 劇本初稿的編寫：蘋果劇團方團長請劉小姐幫忙編寫劇本。一週後，「西遊記」劇本出爐了！第一次劇本為八個劇：大鬧天宮、收徒記、三借芭蕉扇、三鬥白骨精、金角銀角大王、勇戰青牛精、勇闖獅駝嶺、真假美猴王等。

(2) 劇本的修改到完成：行政人員討論劇本，發覺內容（對白）太多，無法二個小時內將戲劇演出完成，建議蘋果劇團劉小姐刪減內容。劇本第二版出爐，發覺以八個劇完整呈現還是無法在二小時內完成演出，且會動用太多人員、人力分散及增加教師、幼兒的負擔。故本園團隊將劇本修正，內容加入創意歌謠，並將口白修正為淺顯易懂、活潑，以符合幼兒興趣與能力。最後決定如下：大鬧天宮、收徒記、三打白骨精、三借芭蕉扇、真假美猴王

2. 表演活動的準備

(1) 音樂：在戲劇表演中，音樂的呈現是表演成功與否的重要關鍵。本園行政組花費了相當多的時間找尋符合西遊記各場景的背景音樂，以及角色、動作所需的特殊音效。由於相關資源有限，故一度在此受到相當艱困的挑戰，不過，行政組本著鍥而不捨的精神，在不斷地尋求校外資源下，終於在最後有著美滿的結果。

(2) 錄音：在本園所呈現的戲劇「西遊記」中角色的對白都以事先錄音的方式完成，而每個幼兒都受邀至教育廣播電台替自己扮演的角色錄製台詞。

(3) 製作道具布景：在道具及布景的製作上，除了利用教師們的巧手外，並融入課程活動及美勞區中，讓幼兒參與整個製作過程（圖 3-27、3-28）。

圖 3-27　幼兒正製作白骨精的衣服

圖 3-28　教師們也加入道具製作的行列中

(4) 活動彩排：本園於五月至六月一共進行了三次彩排活動，目的在於讓幼兒熟悉扮演的角色，並且能逐漸習慣舞台的氣氛。

(5) 校內宣傳活動：在正式演出前，本園進行「西遊記」戲劇宣傳活動，藉由此活動的推展，讓幼兒對於表演更加有期待的心理，增加幼兒們的參與度，並在對其他幼兒宣傳的過程中，學習到「如何邀請他人」的禮儀，讓幼兒了解一場戲劇不只需要演員，更需要有觀眾的欣賞與支持。也藉宣傳活動為所有表演前的準備工作畫下一個完美的句點。

(6) 發潛能發表會邀請函、通知單：在往年的幼兒潛能發表會的邀請函都是直接交由廠商構圖製作，今年由於本園在教學及活動上做了結合，各班教師蒐集了許多幼兒平常與西遊記相關的畫作，成為邀請函中的插圖，讓家長感受到幼兒誠摯的邀請。

（七）具體成果

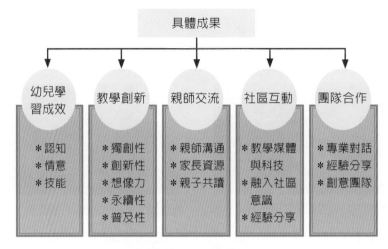

圖 3-29　具體成果

1. 幼兒學習成效

(1) 知識力：

- 涵蓋辨知力、記憶力、理解力、鑑賞力、發問力。
- 認識西遊記角色的特性，加強幼兒的記憶能力，會問問題，了解舞台劇演出的過程。

(2) 情意表現力：

- 涵蓋自信力、合作力、挑戰性、獨創性。
- 依據本園的需求而產生融合課程，並展現出師生的自信力與合作力，以及演出的挑戰性與獨創性。

(3) 技能增強力：

- 涵蓋熟練性、蒐集力、應用力。
- 幼兒在每日例行活動裡展現熟練性、蒐集力、應用力。

2. 教學創新

(1) 涵蓋獨創性、創新性、想像力、永續性、普及性。

　　(2) 全園教職員工與幼兒都上舞台，課程從劇本編寫、肢體表演……，延續對閱讀及戲劇的興趣，表現出自信。

3. 親師交流

　　(1) 涵蓋親師溝通、家長資源、親子共讀。

　　(2) 透過親師溝通，家長能做一名好觀眾、提供資源、進行親子共讀共同參與課程。

4. 社區互動

　　(1) 涵蓋教學媒體與科技、融入社區意識、經驗分享。

　　(2) 透過教學媒體與社區單位的協助，並進行經驗分享與交流。

5. 團隊合作

　　(1) 涵蓋專業對話、經驗分享、創意團隊。

　　(2) 與專家對話、容忍不同意見、培養團隊默契，讓每個人都能擁有廣大的揮灑空間。

（八）結論

　　本園至今已完成：(1) 幼兒美語與高瞻課程之協同；(2) 幼兒學習檔案評量；(3) 幼兒創新教學之開發等行動研究，現在仍繼續為優質的幼兒教育深耕努力著，堅持本園的理念，重視幼兒的個別發展，落實以幼兒為主的教學，記錄幼兒成長的歷程，並完成高瞻課程與繪本教學的結合。

　　在整個教學活動結束後，本園的幼兒除了在西遊記戲劇準備過程中得到相當多的經驗外，並對各種不同的文化感覺更敏銳，心靈更豐富。

　　我們深信，要提升幼兒的競爭力必定要對閱讀投入大量的投資與規劃，而要如何培養幼兒的閱讀習慣，這也是本園施行繪本教學的原因。此外，這幾年更結合社區的圖書館及劇團的資源推動親子共讀活動，希望藉此提升每個家庭的讀書風氣，讓幼兒逐漸擁有面對未來的關鍵能力，學習自我實現，成為熱愛生活，有道德的社會人。

參、繪本主題與高瞻課程比例多寡的調整

一、緣起

　　自從繪本加入了高瞻課程之後，教師在設計課程時偏向以主題為主，不論是在教室情境或是在教學上，教師主導了整個活動的發展，而不是幼兒，教師認為幼兒要獲得知識必須要透過教師來教，所以你應該會聽到教師的聲音多過於幼兒。漸漸地在校園環境布置、教室情境規劃及學習區規劃，就連高瞻課程紀實牆面的呈現內容都是以繪本（主題）為主，變成了主題牆，園長走在校園中，發現繪本主題大於高瞻課程，不禁大聲疾呼：「我要把高瞻找回來！」

　　於是園長在與園所教師們討論後，決定申請教育部幼兒園輔導計畫，再請郭李宗文教授入園協助。源於園長想要更專注於高瞻課程的教學模式，希望開始從教師已有之自編課程活動為出發點，改為不強調主題的高瞻課程，更落實高瞻課程的精神，透過輔導，讓教師更能將高瞻課程中的各個作息活動與幼兒之重要經驗做密切的契合，提升教師課程品質及發展本園專業特色。

二、放下繪本主題邁入專業高瞻課程走向

　　首先進行的是將作息時間表、教學計畫表（包含學期計畫表、繪本主題、課程紀實的牆面……）進行調整與修正。

三、作息時間表

　　配合教保服務人員條例草案內容調整作息表及課程設計。

修正前

表 3-7　多多璐幼兒園 100 學年度【2 至 5 歲幼兒】作息時間表

時　間	內　容
8：20 ～ 8：50	營養早餐
8：50 ～ 9：00	晨讀時間【兒歌、故事賞析、故事朗讀、閱讀圖畫書】【繪本主題】
9：00 ～ 10：00	1.HighScope 學習區時間【計畫－工作－回顧】 2. 小組時間或團體時間【繪本主題】 【自發性、社會關係、創造表徵、音樂和動作、語言和讀寫、數學和邏輯】
10：00 ～ 10：30	戶外體能活動
10：30 ～ 11：30	小組時間或團體時間【繪本主題】 【自發性、社會關係、創造表徵、音樂和動作、語言和讀寫】
11：30 ～ 12：20	午餐的約會、生活好習慣【餐後潔牙、洗臉】
12：20 ～ 13：50	甜蜜夢鄉
13：50 ～ 14：00	起床 / 整理時間
14：00 ～ 14：40	小組時間【數學和邏輯】
14：40 ～ 14：50	轉換時間
14：50 ～ 15：30	小組時間或團體時間【繪本主題】 【自發性、社會關係、創造表徵、音樂和動作、語言和讀寫】
15：30 ～ 16：00	點心時間
16：00 ～	放學、班級活動、戶外廣場遊戲時間
備　註	每週活動課程會依幼兒的學習興趣與學習狀況，做適度的調整

修正後

表 3-8　多多瑠幼兒園 109 學年度【2 至 5 歲】一日流程表

	星期一	星期二	星期三	星期四	星期五
8：00 ～ 9：00	入園時間【問候、整理、說故事時間】				
	早餐時間				
9：00 ～ 10：30	團體 / 小組時間【HighScope】				
	HighScope 計畫－工作－回顧				
10：30 ～ 11：00	戶外活動【大肌肉活動】				
11：00 ～ 11：30	團體 / 小組時間【HighScope】				
11：30 ～ 12：30	午餐的約會、生活好習慣（餐後潔牙、洗臉）、清潔和鋪被、故事時間				
12：30 ～ 14：00	甜蜜夢鄉				
14：00 ～ 14：20	起床 / 整理時間				
14：20 ～ 15：30	團體 / 小組時間【HighScope】				
	HighScope 計畫－工作－回顧				
15：30 ～ 16：00	點心時間				
16：00 ～	戶外廣場遊戲時間、放學				
備　註	1. 每週活動課程會依幼兒的學習興趣與學習狀況做適度的調整 2. 每月依課程主題的需要做戶外教學活動				

修正後的改變說明

表 3-9　修正後的改變說明

修正前	修正後	改變的原因（高瞻）
8：20 ～ 8：50 →早餐時間 8：50 ～ 9：00 →晨讀時間	8：00 ～ 9：00 → 入園時間【問候、整理、說故事時間】、早餐時間	問候時間約為 15-20 分鐘，此段時間是從家到學校的一個平穩過渡，教師問候幼兒以及準備進行說故事。
9：00 ～ 11：30 → 1. HighScope 學習區時間【計畫－工作－回顧】 2. 戶外體能活動 3. 小組時間或團體時間【繪本主題】	9：00 ～ 10：30 → HighScope 計畫－工作－回顧／團體時間／小組時間 10：30 ～ 11：00 →戶外活動【大肌肉活動】 11：00 ～ 11：30 →團體時間／小組時間【HighScope】	小組時間（幼兒興趣、新教材教具、高瞻關鍵發展指標、社區經驗）。 團體時間（觀察、體驗、音樂、體能、故事、表演）。
11：30 ～ 12：20 →午餐的約會、生活好習慣 12：20 ～ 13：50 →甜蜜夢鄉 13：50 ～ 14：00 →起床／整理時間	11：30 ～ 12：30 →午餐的約會、生活好習慣（餐後潔牙、洗臉）、清潔和鋪被、故事時間 12：30 ～ 14：00 →甜蜜夢鄉 14：00 ～ 14：20 →起床／整理時間	午餐時間、生活好習慣（餐後潔牙、洗臉）、清潔和鋪被、故事時間，將時間統整為 1 小時，讓幼兒有 1.5 小時的午睡時間。有 20 分鐘讓幼兒起床後進行收拾整理的動作。
14：00 ～ 15：30 → 1. 小組時間【數學和邏輯、語言和讀寫】 2. 小組時間或團體時間【繪本主題】 15：30 →點心時間	14：20 ～ 15：30 → 1. 團體時間／小組時間【HighScope】 2. HighScope 計畫－工作－回顧 15：30 →點心時間	小組時間（幼兒興趣、新教材教具、高瞻關鍵發展指標、社區經驗）。 團體時間（觀察、體驗、音樂、體能、故事、表演）。

修正前	修正後	改變的原因（高瞻）
16：00 →放學、班級活動、戶外廣場遊戲時間	16：00 →戶外廣場遊戲時間、放學	放學時間讓幼兒可以在戶外進行自由遊戲，等待放學。

說明：每週至少有 3 次進行 HighScope 計畫－工作－回顧，時間約為 1.5 小時。

四、修正教學計畫表

（一）學期計畫表：半年各領域教學計畫

修正前

表 3-10　鯨魚班 106 學年度下學期教學活動計畫表【繪本主題：我是風】

教學型態		活動名稱	高瞻領域	活動目標	核心項目
學習區	計畫	天黑請閉眼	自發性	◆ 幼兒閉眼說著「天黑請閉眼，天亮請張開眼」眼睛張開之後，看看自己背後有微風棒偶的幼兒就做計畫。	A
		風鈴叮噹響	自發性	◆ 老師轉動扇子，把柄對到的幼兒就拿著扇子搧搧風鈴讓風鈴叮噹響並說出計畫內容。	A
		降落傘	自發性	◆ 拋出降落傘，降落於哪位幼兒的位置，就請該位幼兒說出自己的計畫。	A
		幾隻小風箏	自發性	◆ 幼兒拿到的小風箏圖卡數量與老師手上的數字相同者就說出計畫內容。	A
	工作	語文區	語言和讀寫	◆ 讓幼兒依自己個人的興趣進行理解、說話、閱讀、寫相關工作。	R
		動腦區	數學和邏輯	◆ 操作與圖形與空間、路徑、測量相關的教材教具。	CC

教學型態		活動名稱	高瞻領域	活動目標	核心項目
團體活動	工作	美勞區	創造性表徵	◆ 運用多元環保素材進行藝術創作。	J
		扮演區	創造性表徵	◆ 讓幼兒發揮想像力,進行角色扮演,學習社會性行為。	L
		積木區	創造性表徵	◆ 培養發現問題、解決問題及團隊合作的能力。	J
		風速器	語言和讀寫	◆ 能用嘴巴吹動風速器後說出回顧。	R
		空氣車	語言和讀寫	◆ 能對應與老師同一顏色的空氣車並說出回顧。	R
		五隻小風箏	語言和讀寫	◆ 能邊唱「五隻小風箏」邊傳棒偶,歌聲停止時,拿到棒偶的小朋友說出回顧。	R
		空氣砲	語言和讀寫	◆ 能使用空氣砲打中老師所指定的圖案再說出回顧,說完回顧之後指定下一位回顧者。	Q
	回顧	繪本活動 角色	語言和讀寫	◆ 能說出故事「風的旅行」中出現的角色人物及特徵。	Q
		繪本活動 情節		◆ 能夠說出繪本裡的故事情節。	S
		繪本活動 圖像		◆ 能夠觀察圖像,勇於表達自己的想法並展現出想像力。	R
		繪本活動 題材	創造性表徵	◆ 能夠嘗試仿畫出繪本中的圖像並自製繪本。	K
		臺東氣象站(戶外教學)	社會關係	◆ 能專注聆聽氣象站人員的解說,並能提問與氣象或地震相關的問題。	E
		音樂活動 1.問候:火車快飛	社會關係	◆ 能聽出老師唱的問候歌,禮貌的與老師以唱的方式做回應。	E

教學型態	活動名稱	高瞻領域	活動目標	核心項目
團體活動	音樂活動 / 2 快節奏：蒲公英之舞	音樂和動作	◆ 能聆聽音樂展現出【種子慢慢長大、開花、葉子伸展、被風吹動飄向遠方……】等肢體動作。	O
	3 靜下來：風的旅行	語言和讀寫	◆ 能專注聆聽【風的旅行】之音樂故事並複述故事內容。	R
	4 主題：風中演奏	音樂和動作	◆ 能使用樂器【手搖鈴、高低木魚】合奏曲子「多瑙河的漣漪」。	O
	5 消化：風的旅行	社會關係	◆ 能與同儕合作表演出【風的旅行】音樂劇。	D
	6 舒緩：心湖＋海浪鼓	自發性	◆ 能安靜放鬆身心，閉目養神，用耳朵聆聽海浪鼓的聲音。	G
	7 再見歌	社會關係	◆ 能聽出老師唱的再見歌，禮貌的與老師以唱的方式做回應	E
小組活動	認字高手	語言和讀寫	◆ 能認讀的國字：跳舞、波浪、搔癢、快樂、不快樂、好聽、聲音、顏色、美妙、形狀、起舞、味道、倒影、常常、經過、玻璃、喝下午茶、女孩、自己、窗前、低頭、輕輕推、敲打、輕敲、聽見、聽不見、如果、聞到、聞不到、門沒關、好朋友、翻亂、弄皺、撥亂、頭髮、撞上、臉頰、停下來。	S

教學型態	活動名稱	高瞻領域	活動目標	核心項目
小組活動	自編童詩：風的小詩人	各領域	◆ 能與同組的幼兒討論並創作出【微風】或【颱風】或【焚風】的童詩。	A、B、R、CC
	風兒比手畫腳	各領域	◆ 能以肢體動作展現風的特性讓幼兒猜猜是哪一種風。【例如：微風、龍捲風、焚風、颱風、怪風……】	C、E、L、R
	風的玩具 DIY	各領域	◆ 能運用多元美勞素材創作風的玩具【風速器、風向儀、空氣砲……】。	A、B、C、J、N、V
	風的體驗	各領域	◆ 能將自製「風的玩具」在室內或戶外進行體驗活動並做紀錄。	A、B、G、M、CC、DD
特別活動	母親節	各領域	◆ 能與媽媽一同參與親子活動【烹飪或插花或閱讀】。	E、J、K、N
	參觀東海國小	各領域	◆ 能說出幼兒園與國小的異同。【國小有很大的操場，幼兒園沒有操場；國小沒有點心，幼兒園有點心；國小有考試、幼兒園是評量……】	A、E、Q、CC

修正後

主要繪本【我是風】	課程架構	高瞻課程

★繪本相關活動
（團體 / 小組時間）

✦ 幼兒舊經驗分享
✦ 繪本導讀
✦ 探索、觀察、體驗、踏查

　　★（A）主題產生
　　　　↓
（B）想法激盪產生各種想法
　　　　↓
（C）使用網絡圖組織想法
　　　　形成概念
　　　　↓
（D）活動設計與規劃
　　　　↓
（E）高瞻關鍵發展指標之檢視

探索期

★計畫－工作－回顧
✦ 進行計畫－工作－回顧

★小組時間

★團體時間

★主題相關活動
（團體 / 小組時間）

經過探索期的活動了解幼兒學習興趣後，在聚焦發展期師生共同確定了主題。

除了設計符合高瞻關鍵發展指標（KDIs）與主題相關的小組、團體活動外，還將主題融入高瞻課程（計畫－工作－回顧、小組時間、團體時間），教師將與主題有關的教材教具融入放至各學習區，讓幼兒能在計畫－工作－回顧時透過操作而發展出更貼近於幼兒「個人經驗」或「興趣」有關的活動。

聚焦發展期

★計畫－工作－回顧
✦ 依幼兒需求調整教材教具
✦ 依幼兒能力調整教材教具
✦ 主題材料融入
✦ 教材教具層次性
✦ 內容延續性
✦ 與人合作性增加

★小組時間

★團體時間

★**主題相關活動**
（團體／小組時間）

來到了統整期，幼兒的發展更進一步，如已經熟悉各項活動的規則、能夠更熟練的操作教材教具、對合作性的遊戲能夠透過溝通解決問題……，已逐漸發展出高瞻關鍵發展指標能力，展現出主題融入高瞻課程的學習成效。

★**計畫－工作－回顧**

✦ 依幼兒需求調整教材教具
✦ 依幼兒能力調整教材教具
✦ 主題材料融入
✦ 教材教具層次性
✦ 內容延續性
✦ 與人合作性增加

統整期

★**小組時間**

★**班親活動**
（期末成果發表會）

★**團體時間**

圖 3-30　　108 學年度下學期課程架構圖

修正後的改變說明

1. 教師所做的評量是以「核心項目 COR」為主，但教師所規劃設計的活動應該要以「幼兒重要經驗」為評量指標，COR 是用來評量個別幼兒的能力，這個部分必須要修正。

2. 未修正之前，小組活動多設計與語文、數學、繪本主題相關，團體活動以音樂或是繪本主題為主，與高瞻課程關聯性較低；在修正之後，課程發展以高瞻課程（計畫－工作－回顧、團體時間、小組時間）為主軸，再將繪本主題融入高瞻課程模式。

（二）作息表

1. 上午：計畫－工作－回顧、團體時間。
2. 下午：小組（數學、語文）。

（三）繪本主題

1. 文學要素網（角色、背景、情節、觀點、主題）內容修正為（角色背景、情節、題材、圖像）。

2. 繪本教學由「每人同一本」轉換「依人數購買不一樣的繪本（由教師及行政一起挑選不同人文、自然科學、百科……），並配合親子共讀輪流閱讀。

3. 課程紀實的牆面

修正前（99 學年度）

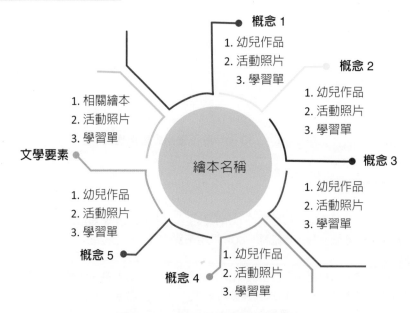

概念 1
1. 幼兒作品
2. 活動照片
3. 學習單

概念 2
1. 幼兒作品
2. 活動照片
3. 學習單

1. 相關繪本
2. 活動照片
3. 學習單

文學要素

繪本名稱

概念 3
1. 幼兒作品
2. 活動照片
3. 學習單

1. 幼兒作品
2. 活動照片
3. 學習單

概念 5

概念 4
1. 幼兒作品
2. 活動照片
3. 學習單

圖 3-31　99 學年度課程紀實牆面

修正後（101 學年度）

圖 3-32　101 學年度課程紀實牆面

再次修正（108 學年度）

圖 3-33　108 學年度課程紀實牆面

修正後的改變說明

99 學年度，配合繪本以概念活動網為主，張貼與繪本主題相關活動紀錄【每 2 個月更換】；後來在 101 學年度，修正為以 HighScope 為核心，以六大領域為發展，內容有作品、照片、學習單、軼事紀錄、其他部分；在 109 學年度配合高瞻關鍵發展指標，改為以八大領域為發展方向。

（四）HighScope 2-6 歲幼兒觀察紀錄表

HighScope 2-6 歲幼兒觀察紀錄表（六大領域），檢核內容從 19 項修正為 30 項，之後配合高瞻關鍵發展指標（KDIs），從幼兒重要經驗修改為 HighScope 幼兒觀察紀錄。

修正前（101 學年度）

表 3-11　HighScope 2-6 歲幼兒觀察紀錄表【30 項】

項目	內　　　容
一、自動自發、自主的	**A、表達選擇** 1. 幼兒尚不能向他人表達自己的選擇。 2. 幼兒用一個字、一個指示或其他動作來表達他所想要進行的活動或活動的地點。 3. 幼兒以簡單的句子表達出他想要的活動、活動地點、教材教具或玩伴。 4. 幼兒以簡單的句子表達出他的計畫及如何運作其計畫。 5. 幼兒對其所選擇且將要進行的活動給予詳細的描述。 **B、解決問題（解決本身的問題）** 1. 幼兒尚不能確定問題所在。 2. 幼兒知道問題所在，但沒有試著去解決它們，轉而進行其他的活動。 3. 幼兒用一種方法來解決一個問題，但試過一、二次沒有成功就放棄。 4. 幼兒顯示某種程度的堅持，試著用各種不同的方法來解決一個問題。 5. 幼兒用高度的參與並堅持地用各種不同的方法來解決一個問題。

項目	內　容
一、自動自發、自主的	**C、參與複雜的活動** 　1.幼兒尚未主動選擇他要使用的教材教具或參與簡單的活動。 　2.幼兒顯示其較有興趣於使用簡單的教具或參與簡單的活動。 　3.幼兒單獨的以二、三個步驟來使用教具或組織其遊戲活動。 　4.幼兒獨自發展出複雜且有多種過程的活動。 　5.幼兒加入其他人的活動中並發展出複雜且有多種過程的活動。 **D、課程流程中的合作性** 　1.幼兒尚不能遵從課程流程。 　2.幼兒有時會遵從課程的流程。 　3.當幼兒被指示去做的時候會參與課程流程。 　4.幼兒沒有被要求而會參與課程流程。 　5.當大人不在身邊時幼兒仍會繼續其課程流程。

項目	內　容
二、社會關係	**E、和成人互動的關係** 　1.在課程中幼兒尚不會和成人互動。 　2.當其熟識的成人主動與其互動時幼兒會回應。 　3.幼兒主動與熟識的成人互動。 　4.幼兒持續地和熟識的成人互動。 　5.幼兒和熟識的成人做複雜的工作（分擔勞力、遵守規則）。 **F、和其他幼兒互動的關係** 　1.幼兒尚不會和其他幼兒一起玩。 　2.當其他幼兒主動與其互動時幼兒會回應。 　3.幼兒主動和其他幼兒互動。 　4.幼兒持續地和熟識的幼兒互動。 　5.幼兒和其他幼兒做複雜的工作（分擔勞力、遵守規則）。 **G、和其他幼兒做朋友** 　1.幼兒尚不能叫出班上同學的名字。 　2.幼兒能辨認出一些幼兒的名字並偶而和他們交談。 　3.幼兒確認他的一位同學是他的朋友。 　4.幼兒被一位同學視為朋友。 　5.幼兒顯示從一位朋友處得到社會性的支持並顯示對朋友的忠誠度。

項目	內　容
二、社會關係	**H、參與解決社會性問題** 1. 幼兒尚不能與其他人解決衝突而以跑開或使用暴力來解決。 2. 幼兒找到一種可被接受去引起他人注意此問題的方法（不是用打或踢來引起注意力） 3. 幼兒要求成人來幫忙解決他與其他幼兒的問題。 4. 幼兒有時企圖獨自去解決與其他幼兒間的問題，用商量或其他社會上可被接受的方法。 5. 幼兒慣於獨自去解決與其他幼兒間的問題。 **I、了解和表達感情** 1. 幼兒尚不能表達或言語化其感受。 2. 幼兒表達或言語化其感受，但有時是以不被接受的方式。 3. 幼兒顯示其感受到他人的感覺。 4. 幼兒通常以能被接受的方法表達其感受。 5. 幼兒對其他幼兒的感受以適當的方法回應。

項目	內　容
三、創造性表徵	**J、建構和建造** 1. 幼兒尚未使用建構性的教材如黏土、沙或積木。 2. 幼兒探索建構性教材。 3. 幼兒用教材去做某些東西（一堆積木、一堆沙），但並沒有說出它是否是有意地呈現某些東西（一座塔、一片沙灘）。 4. 幼兒用教材做出簡單的表徵且說或證明它是什麼（說一堆積木是一座塔；說一堆球是一個雪人）。 5. 幼兒用教材做或建構東西並至少有三項細微的呈現（一幢有門、窗戶及煙囪的房子）。 **K、繪畫** 1. 幼兒尚不會繪畫。 2. 幼兒探索繪畫材料。 3. 幼兒畫出簡單的表徵（一個球、一幢房子）。 4. 幼兒畫出表徵的一些細微部分。 5. 幼兒畫出表徵的許多細微的部分。

項目	內　　　容
三、創造性表徵	**L、假扮** 1. 幼兒尚不會假扮。 2. 幼兒用一個物體來代替另一個物體或者用動作或聲音來假扮。 3. 幼兒假裝某一個人或物，或者以其假扮的角色的適當言辭來說話。 4. 幼兒和另一位幼兒玩假扮性遊戲。 5. 幼兒走出假扮遊戲而給他人一個指示（當你是小熊的時候你的聲音要像這樣……）（相當於導演）。

項目	內　　　容
四、音樂和動作	**M、展現肢體的協調性** 1. 幼兒的肢體活動尚不協調。 2. 幼兒在爬階梯、走路及偶而跑向人或物時展現肢體的協調性。 3. 幼兒走樓梯時可以不用扶扶手；可以拋接一個球或沙包。 4. 幼兒可移動物體。如滾輪胎、騎腳踏車。 5. 幼兒參與複雜性的大肌肉活動。如溜冰、以腳踢球走、倒著上樓梯。 **N、展現手的協調性** 1. 幼兒以整隻手來抓取小的東西。 2. 幼兒用適當的手指或手的姿勢抓取小東西。 3. 幼兒會將物體組合及分解。如拼圖、釘圖釘。 4. 幼兒能用手仔細地操作小的物體。如穿針、串珠。 5. 幼兒能將小肌肉動作做得很好且能雙手進行不同方向的工作。如一手拿剪刀一手轉動紙張。 **O、以固定的節奏模仿動作（以音樂為主）** 1. 幼兒尚不能跟著拍子模仿動作。 2. 幼兒能一次模仿一個動作。 3. 幼兒能以簡單的律動跟隨歌曲或樂器的拍子。 4. 幼兒能以複雜的律動跟隨歌曲或樂器的拍子。 5. 幼兒能一面做動作一面唱或哼曲調。 **P、跟隨口令及動作的指示（以口令為主）** 1. 幼兒尚不能跟上口令或動作。 2. 幼兒能跟著口令做一個動作。 3. 幼兒能跟著口令做二個動作。

143

項目	內　　容
	4.幼兒能跟著口令做複雜的動作。如放你的雙手在頭上；現在放一隻手在耳朵上一手在鼻子上。 5.幼兒能邊說邊做出一連串的動作。如頭兒、肩膀、膝、腳指。

項目	內　　容
五、語言和讀寫	**Q、了解別人的話** 1.別人說話時幼兒很少有反應。 2.幼兒能跟隨單一的指令。 3.幼兒能回應簡單的、直接的、會話性句子。 4.幼兒能參與並回應平時的班級會話。 5.幼兒能遵從三個連續性的指令。 6.幼兒能遵從五個連續性的指令。 **R、說話** 1.幼兒尚不能說或僅用一、二字的片語。 2.幼兒使用超過二字的句子。 3.幼兒的句子包括兩種以上的意義。如我們到鞋店買鞋然後去看電影。 4.幼兒的句子包括兩種以上的意義並描述細節部分。 5.幼兒能說、唱自己創作歌曲或童謠或將故事的情節詳細的描述。 **S、顯現對閱讀活動的興趣** 1.幼兒對閱讀尚沒有興趣。 2.幼兒對讀故事書有興趣。 3.幼兒要求別人唸故事書或唱歌或讀標語。 4.幼兒對讀過的故事有興趣複述或回答問題。 5.幼兒經常讀一本故事書並知道何時翻頁。 **T、證明其對「書本」的知識** 1.幼兒尚不會去取閱書。 2.幼兒有習慣去取閱或翻閱書籍。 3.幼兒以看圖說故事的方式唸書。 4.幼兒的眼睛能跟隨書籍印刷的方向閱讀。 5.幼兒顯現他是跟著書本上的文字在閱讀。如在閱讀時用手指出字。

項目	內　　容
五、語言和讀寫	**U、開始閱讀並證明對字的知識** 　1. 幼兒尚不能指認字或數字。 　2. 幼兒能認出一些字或數字。 　3. 幼兒能讀幾個字或簡單的句子。如我愛媽媽。 　4. 幼兒能讀出 30 個字或簡單的句子。 　5. 幼兒能以認字或拼音的方式讀簡單的故事書。 **V、開始寫** 　1. 幼兒尚不會寫。 　2. 幼兒對紙筆活動有興趣，如塗鴉。 　3. 幼兒能畫出類似數字或字母的字。 　4. 幼兒能模仿特定的字或許包括自己的名字。 　5. 幼兒能寫出自己的名字或幾個簡單的字。 　6. 幼兒能寫出簡單的句子（如我愛你）

項目	內　　容
六、數學和邏輯	**W、蒐集及分類** 　1. 幼兒尚不會將同類物品聚集。 　2. 幼兒能將特定的物體分組。 　3. 幼兒僅能以一種方式來將物體分組。 　4. 幼兒能以相同的方式將物體分組並偶而說明他是如何分的。 　5. 幼兒能以一種不同的屬性將物體加以分組，並說明分組的方式。 　6. 幼兒能以二種不同的屬性將物體加以分組，並說明分組的方式。 **X、使用「沒有」、「一些」、「全部」等字** 　1. 幼兒尚不會使用「沒有」、「一些」、「全部」等字。 　2. 幼兒會使用「沒有」、「一些」、「全部」等字，但有時會用錯。 　3. 幼兒能正確使用「沒有」、「一些」、「全部」等字。 　4. 幼兒會用「不是」的屬性來區分物體。如這個積木不是紅色的所以不屬於紅色組。 　5. 幼兒會在一群物體中使用「全部」及「一些」的字。如我們都是小朋友但有一些是女生一些是男生。 　6. 幼兒會使用「全部（大集合）」及「一些（小集合）」的字眼並加以命名。

項目	內　容	
六、數學和邏輯	**Y、根據物體特性以逐次的方式排列物體（排序）** 1. 幼兒尚不能排出物體的序列。 2. 幼兒以物體的特徵來排序二個或三個物體。如以顏色、大小、形狀來排。 3. 幼兒以同一種特性來排序四個以上的物體。 4. 幼兒會將新的物體插入排序中的適當位置。 5. 幼兒會將兩種物體排序做配對。 6. 幼兒會將兩種物體排序並做逆向配對。 **Z、使用比較性的字眼（大、比較大、最大）** 1. 幼兒尚不會使用比較性的字眼（大、比較大、最大）。 2. 幼兒能了解口令中的比較性字眼。 3. 幼兒會用比較性的字但有時會有錯誤。 4. 幼兒能正確地使用比較性字眼。 5. 幼兒在比較四種的物體時仍能正確地使用比較性字眼。 6. 幼兒在比較五種以上的物體時仍能正確地使用比較性字眼。 **AA、比較物體的數量多寡** 1. 幼兒不能比較二組物體的數量。 2. 幼兒能用比較多或比較少來比較二組的數量。 3. 幼兒能正確地判斷出各組在五以內的數量。如安和我有一樣多的糖果（每人有三粒）。 4. 幼兒能用一對一的方式判斷出各組物體的多寡。 5. 幼兒能正確地比較出各組包涵五個以上物體。 6. 幼兒能正確地比較出各組包涵十個以上物體 **BB、數實物** 1. 幼兒尚不能將物體與數字配合。 2. 幼兒能用手指著物體數數，雖然有時會數錯。 3. 幼兒能正確地數出三個物體。 4. 幼兒能正確地數出四到十個物體。 5. 幼兒能正確地數出超過十個物體。 6. 幼兒能以實物做十以內的結合與分解。	

項目	內　　容
六、數學和邏輯	**CC、描述空間關係** 1. 幼兒尚不能跟隨描述人與物的方向關係或移動方向的指令。如前後左右、上面後面。 2. 幼兒能跟隨空間關係的指令但不會正確地使用。 3. 幼兒會使用空間關係的字。 4. 幼兒會用移動物體的指令（如上下、左右、前後、遠近、裡外）。 5. 幼兒能使用描述兩物體間距離的字。如那家店離我家好遠好遠。 6. 幼兒會使用四種以上描述空間的指令。 **DD、描述過去及時間（時間序列）** 1. 幼兒顯示尚不懂得時間或時間序列。 2. 幼兒知道接下來的時段要做什麼。 3. 幼兒能正確地描述一連串的事件。 4. 幼兒能正確地比較時間的長短。 5. 幼兒能用平常的用語來描述一連串的事件。如用昨天、明天等。 6. 幼兒能排出五張時間序列圖並說出合理的內容。

修正後（109 學年度）

表 3-12　HighScope 2-6 歲幼兒觀察紀錄表

項目	內　　容
學習方法領域	**A、學習主動性與做計畫** 0. 幼兒轉向或者遠離一個物品或某個人。 1. 幼兒一直向著他們想要的某個物品或某個人移動，直至拿到。 2. 幼兒用一個或兩個單詞來表達自己的意圖。 3. 幼兒用一個短句來陳述自己的計畫，並且遵循計畫。 4. 幼兒制定以及實施兩個或者更多彼此不相關的計畫。 5. 幼兒在工作時間（幼兒活動區時間，或者自選遊戲時間）花一定的時間（至少 20 分鐘以上）來完成他的計畫。 6. 幼兒計畫以及實施一個需要耗時兩天以上才能完成的項目。 7. 幼兒使用外部資源來蒐集完成他的計畫所需要的信息。

147

項目	內　容
學習態度領域	**B、解決問題能力** 0.幼兒將眼睛、頭或手朝向他想要的人或物移動。 1.幼兒反覆嘗試一個動作來解決一個問題，儘管這個做法並不奏效。 2.幼兒尋求他人幫忙解決問題。 3.幼兒能識別出問題的所在並用語言表達出來。 4.幼兒不斷嘗試一個或多個想法，直到他成功解決一個簡單的問題。 5.幼兒幫助同伴解決問題。 6.幼兒在遊戲過程中會預測到一些潛在問題，並確認可能的解決方案。 7.幼兒能協調多個資源（物品或成人）來解決一個複雜的問題。 **C、回顧能力** 0.幼兒表明他想要某件事再次發生。 1.幼兒回到他曾玩過的地方。 2.幼兒指向或給別人看他玩過的東西。 3.幼兒能說出某件他剛做過不久的事情。 4.幼兒能回憶起三件或更多他做過的事或發生過的事的細節。 5.在沒有提示的情況下，幼兒能回憶起三件或更多他做過的或發生過的事情的順序。 6.幼兒能說出事件發生在他／她身上的原因，以及如果這件事情再次發生，他會怎麼做。 7.幼兒回顧別人的經歷，並能夠將他所觀察到的運用在相似的情境中。

項目	內　容
社會和情緒發展領域	**D、情緒管理** 0.幼兒用自己的面部表情或身體的動作來表達自己的情緒。 1.幼兒通過和其他人之間的身體接觸來表達自己的情緒。 2.幼兒用語言來表達一種情緒。 3.幼兒表達了一種情緒，並且說出了產生這種情緒的原因。 4.幼兒首先嘗試控制自己的情緒，但最終還是使用了身體接觸的方法來解決問題。 5.幼兒能夠控制住自己的情緒。 6.幼兒能夠用更豐富的詞彙來更加精確地表達自己的情緒。 7.幼兒能夠體會並理解其他幼兒的感受。

項目	內　　　容

E、與成人建立社交關係

0. 幼兒會看著自己的照顧者，或對著她笑，或發出聲音，或做鬼臉。
1. 幼兒會把一個熟悉的成人當成安全基地，從中獲得的安全感支持幼兒對外界進行探索，幼兒會時不時地返回到這個安全基地。
2. 幼兒找到一個自己熟悉的成人，至少一個詞表達一個簡單的需求或想法。
3. 幼兒請求一個成人和他一起玩或參與同一個活動。
4. 幼兒與成人交談，並有二次以上對話練習。
5. 幼兒讓一個成人在相當長的一段時間裡參與一項活動，並給他分配任務或角色，然後同成人一起合作達到自己心中的目標，或引導成人參加一個複雜的角色扮演遊戲。
6. 幼兒問成人一個涉及成人知識或經歷的問題，拓展其在小組活動或課堂討論所學到的知識。
7. 幼兒繼續與成人之前的交談以獲取或分享更多的信息。

F、與其他的幼兒建立社交關係

0. 幼兒觀察其他幼兒。
1. 幼兒自發地把一個物品給另一個幼兒或向其表達自己對他的喜愛。
2. 幼兒在其他幼兒旁邊玩或做遊戲。
3. 幼兒直接同另一幼兒說話。
4. 幼兒對一個或多個朋友表現出喜愛之情。
5. 幼兒與兩個或更多幼兒合作，他們會貢獻出自己的想法，並把他人想法納入到正在玩的遊戲中。
6. 幼兒與一個朋友進行一段長時間的私人交談。
7. 幼兒繼續談論或者詢問他的朋友他們之前分享過的私人話題。

G、集體生活

0. 幼兒對發生在他身邊的事保持警覺。
1. 幼兒在成人的帶領或幫助下參與一日常規活動。
2. 幼兒嘗試獨立完成一項與日常作息相關的簡單任務。
3. 幼兒自己從日常作息的一個活動過渡到下一個活動。
4. 幼兒提醒別人遵守教室常規或者講究公德。
5. 幼兒自己明白他的行為會如何影響他人。
6. 幼兒能區分他人的行為是有意的還是無意的。
7. 在教室之外，幼兒獨立地做一件對學校有意義的事。

社會和情緒發展領域

項目	內　容
社會和情緒發展領域	**H、衝突解決** 0. 在發生衝突的情況下，幼兒仍繼續自己的行為。 1. 幼兒用離開、哭鬧、打、踢或咬來應對同伴衝突。 2. 幼兒嘗試用簡單的方式來解決衝突。 3. 幼兒請求成人幫忙解決自己與另一個幼兒的衝突。 4. 幼兒在成人的支持下參與衝突解決過程，他會提出一個解決方案，並最後同意問題的解決方案。 5. 幼兒在沒有成人幫助的情況下，和另一個幼兒獨立協商出一個解決衝突的方法。 6. 幼兒預先考慮一個方案是否有效地解決衝突，並能解釋原因。 7. 幼兒幫助調解其他幼兒之間的衝突。

項目	內　容
身體發展與健康領域	**I、大肌肉動作** 0. 幼兒移動整個身體。 1. 幼兒行走。 2. 幼兒會上下樓梯（但還不會交替雙腳），跑向或走向成人或想要的物品。 3. 幼兒能雙腳交替上下樓梯，雙腳跳離地面，或快跑。 4. 幼兒能協調自己的動作，擊倒一個靜止的物體。 5. 幼兒能跳躍至少八次（連續跳躍）。 6. 幼兒根據一個運動的物體協調自己的動作速度。 7. 幼兒完成一系列平穩、有序的動作。 **J、小肌肉動作** 0. 幼兒能夠鬆開或握緊自己的手。 1. 幼兒用他的小肌肉對物品進行操作或拿起物品。 2. 幼兒拼插或拆解材料。 3. 幼兒能適度控制自己的小肌肉運動。 4. 幼兒靈巧準確地操作小物體。 5. 幼兒能用三指握姿（大拇指和兩個手指）書寫或畫一個字母、數字或封閉的圖形。 6. 幼兒能用兩隻手做不同的事，完成精準的動作。 7. 幼兒利用手指的靈巧和力量，完成一個多步驟的任務。

項目	內　　容
身體發展與健康領域	**K、生活自理和健康習慣** 0. 幼兒表達基本的身體需求。 1. 幼兒餵自己吃用手指就能拿起的食物。 2. 幼兒說出身體的基本組成部分。 3. 幼兒在幫助下完成一項自理任務。 4. 幼兒獨立完成一項自理任務。 5. 幼兒做一個有利於健康的選擇，並能解釋這樣做的益處。 6. 幼兒能解釋安全規則背後的原因。 7. 幼兒解釋如何以及為何人們必須要照顧好自己的身體。

項目	內　　容
語言、讀寫與溝通領域	**L、語言表達能力** 0. 嬰兒發出咕咕聲和咿呀學語的聲音。 1. 幼兒說出（或用手勢表明）一個詞是指某個人、某隻動物、某個物品或某個動作。 2. 幼兒說出一個指某個人、動物、物品或動作的包含二至三個單詞的短語。 3. 幼兒談論不在場的真實的人或物。 4. 幼兒能正確使用代詞他、他的。 5. 幼兒使用複合從句，如當……的時候；如果……就會……；因為……所以。 6. 幼兒使用「假如」來啟動一個關於未來可能發生的事情的話題。 7. 幼兒與另一個幼兒一起討論具體的學校事宜。 **M、傾聽和理解能力** 0. 幼兒轉過頭回應一個聲音，並給予目光接觸或報以微笑。 1. 幼兒用非語言的方式回應簡單的陳述或請求。 2. 幼兒口頭回應簡單的陳述或提問。 3. 幼兒參與一個對話，並將自己的經歷與話題連接起來。 4. 幼兒能夠重述（回憶）一個故事或書裡的三個或更多細節。 5. 幼兒在不熟悉的故事或書的情況下能預測接下來會發生什麼，而且能根據書中提到的信息或自己的經驗說明理由。 6. 幼兒透過提問或回答來澄清口頭或書中呈現的重點問題來表明他對內容信息（即主題）的理解。 7. 幼兒對比書或故事中的人物、事件和主題間的關係。

151

項目	內　　　容
語言、讀寫與溝通領域	**N、語音覺知** 0. 幼兒對環境中的聲音做出回應（轉身、看、踢、大叫或安靜）。 1. 幼兒模仿一種動物、車輛或其他熟悉物體的聲音。 2. 幼兒重複或說出簡單兒歌中的一小段。 3. 幼兒自發地說出有實際意義的或自己編的押韻詞。 4. 幼兒指出兩個或兩個以上的詞押韻。 5. 幼兒指出兩個（有實際意義的或編造的）詞押頭韻。 6. 幼兒識別一個單詞中的頭音和尾音。 7. 幼兒拆解或組合一個由三個或更多音素組成的單詞。 **O、字母知識** 0. 幼兒專心看視覺圖像。 1. 幼兒玩有字母特徵的三維材料。 2. 幼兒說出或唱出一個字母。 3. 幼兒認識三個或三個以上的字母。 4. 幼兒認識 10 個或更多字母。 5. 幼兒在沒有大人的幫助下透過拼寫讀出單詞。 6. 幼兒認識所有字母。 7. 幼兒至少認識兩個輔音聯讀和兩個元音。 **P、閱讀能力** 0. 幼兒凝視書中的一幅圖片。 1. 幼兒指著圖片和照片中熟悉的物品。 2. 幼兒透過描述他看到了什麼來「讀」圖片。 3. 幼兒能理解一個常用符號的涵義。 4. 幼兒能讀出兩個或多個單詞。 5. 幼兒讀出印刷品上的三個或三個以上的單詞（自己、家人和 / 或朋友的名字除外）。 6. 幼兒閱讀一行文字時讀出不同的單詞，並用字母發音（字母發音原則）、圖片線索（視覺內容）、語言規則（語法）和 / 或語彙（語義）推斷出新單詞來閱讀。 7. 幼兒透過拆解音節解碼（讀出）一個雙音節詞。 **Q、對圖書的熱愛和知識** 0. 幼兒摸、抓或咬書。 1. 幼兒翻頁。 2. 幼兒從前到後地讀一本書，並且一次翻一頁。

項目	內　　容
語言、讀寫與溝通領域	3. 幼兒能用一個短語或句子談論書中描繪的一個人、動物、物品或者事件。 4. 幼兒選擇或要求讀某一本書。 5. 幼兒解釋為什麼他喜歡某一本書或某一系列的書。 6. 幼兒能按事情經過重述故事或書中的四個或四個以上的事件。 7. 幼兒根據書中的人物、背景、事件（情節）等故事元素對這本書做總結。 **R、書寫能力** 0. 幼兒抓住物品。 1. 幼兒在可書寫的表面做記號。 2. 幼兒會塗鴉。 3. 幼兒畫出相互間有些許空隙的像字母的圖形（如 B 可能有點像 I3）。 4. 幼兒能夠寫出三個或更多可識別的字母或數字。 5. 幼兒有目的地把字母組合成單詞（他的名字除外）。 6. 幼兒寫一個句子，並且單詞和單詞間有空格分開。 7. 幼兒遵循（英文）寫作習慣從左至右橫著寫出幾個句子。

項目	內　　容
數學領域	**S、數字與數數** 0. 幼兒看、摸或擺弄一個物品。 1. 幼兒用一個詞、手語或短語表示想要更多。 2. 幼兒使用一個數字或唱數。 3. 幼兒連續（一一對應地）數出 10 個物品。 4. 幼兒能識別四個或更多的個位數字。 5. 幼兒能（一一對應地）數出 10 個以上的物品，並說出最後一個數字代表總數。 6. 幼兒能說出一組物品比另一組物品多多少或少多少個。 7. 幼兒能用兩種或兩種以上方式組合和 / 或拆解一個數字。 **T、幾何：形狀及空間意識** 0. 幼兒追蹤一個移動的物體。 1. 幼兒把物品放進一個開口合適的東西裡。

153

項目	內　　容
數學領域	2. 幼兒根據簡單的位置詞或方向詞移動身體或物體。 3. 幼兒能識別並說出一些二維形狀的名稱（圓形、三角形、正方形或長方形）。 4. 幼兒（透過組合或拆解）將一個形狀變成另一個形狀，並說出最終的形狀。 5. 幼兒能描述一個形狀是怎麼組成的（即說出形狀的屬性）。 6. 幼兒能說出一個三維形狀（立方體、圓柱體或角椎體）。 7. 幼兒能描述三維形狀，並比較它們的異同。 **U、測量** 0. 幼兒透過測量屬性（大小、重量）來探索（看、摸或擺弄）一個或多個物體。 1. 幼兒用東西填滿一個容器。 2. 幼兒將三個物品根據大小依次套入或堆疊起來。 3. 幼兒會使用測量用語。 4. 基於測量屬性，幼兒使用「一樣的」、「相同」或者比較級的（如更大或者最大）詞對物體直接進行比較或排序。 5. 幼兒使用標準測量程序。 6. 幼兒使用兩種不同的單位測量某個物體，並解釋結果不同的原因。 7. 幼兒能獨立使用標準計量單位進行正確測量，並說出他使用的單位是對什麼進行測量。 **V、型式** 0. 幼兒逐個觀看或擺弄單個物品。 1. 幼兒蒐集三個或更多個物品。 2. 幼兒把三個或三個以上的物品一個一個地排成一行。 3. 幼兒識別、複製或擴展現有的簡單的模式（如 ABABAB 或 AABBAAB-BAABB）。 4. 幼兒創造（而非模仿）一個獨特的至少有三次重複的簡單模式。 5. 幼兒創造（而非模仿）一個至少有三次重複的複雜模式（如 AABBAA-BAAB 或 ABCABCABC）。 6. 幼兒獨立地把一個模式轉換成聲音、符號、動作或物品。 7. 幼兒能解釋增加模式和減少模式。 **W、數據分析** 0. 幼兒對一堆物品中的一個表現出興趣（看、摸或擺弄）。

項目	內　　容
數學領域	1. 幼兒蒐集物品。 2. 幼兒能把物品分為兩個或多個組。 3. 幼兒以具體方式呈現信息（數據）。 4. 幼兒以抽象方式呈現信息（數據）。 5. 幼兒解釋圖示或圖表上的信息（數據）。 6. 幼兒應用圖示或圖表上的信息（數據）。 7. 幼兒提出一個感興趣的問題，然後自己蒐集並解讀信息（數據）來找出答案。

項目	內　　容
創造性藝術領域	**X、美術** 0. 幼兒探索不同質地和顏色的材料。 1. 幼兒探索藝術材料的用途。 2. 幼兒用藝術材料建造、做不連續的標記、製作模型或把它壓扁。 3. 幼兒使用藝術材料，他會發現一個出乎意料的結果，並說出它像什麼。 4. 幼兒創造出一個簡單的有一點細節的成品。 5. 幼兒創作出一個複雜的有很多細節的成品。 6. 幼兒注意到藝術特徵（如色彩、線條和紋理）是如何與情感和想法相聯繫的。 7. 幼兒解釋自己是如何用藝術元素創造出表達情感或想法的藝術效果的。 **Y、音樂** 0. 幼兒在聽到聲音、聲調或音樂時安靜下來或變得警覺。 1. 幼兒聽到他人唱歌時會含糊地附和或做動作。 2. 幼兒用一個單詞或身體動作來表達他想要哪首歌。 3. 幼兒唱他熟悉的歌曲的一部分。 4. 在唱一首歌的某一部分時，幼兒會調整自己的聲音。 5. 幼兒能唱出一首他熟悉的歌曲的所有歌詞。 6. 幼兒能全部或者大部分唱出一首複雜歌曲的副歌以及沒有重複的主歌。 7. 幼兒能識別樂器的聲音，並知道樂器的名稱。

項目	內　　容
創造性藝術領域	**Z、律動** 0.幼兒躺著時轉過頭、揮動手臂或踢腿。 1.幼兒隨著音樂站起來蹦上蹦下。 2.幼兒主動地跟著音樂做動作。 3.幼兒說出一個動作的名字，並能做這個動作。 4.幼兒保持至少八個穩定的節拍。 5.幼兒描述自己的動作是如何與音樂特徵聯繫起來的。 6.幼兒創作出自己的（至少包括四個不同的動作）舞蹈或一系列的動作，並重複這一系列動作。 7.幼兒跟著穩定節拍做簡單的舞蹈動作。 **AA、角色扮演** 0.幼兒觀看以及傾聽另一個人的聲音。 1.幼兒模仿一種動物、一個物品或某個人的動作。 2.幼兒用一個物體象徵另一個物體。 3.幼兒透過說話或做動作假裝在扮演一個角色或表演一個圖片裡面的內容。 4.幼兒重複地玩一個角色扮演遊戲。 5.幼兒和兩個或兩個以上的幼兒一起玩，並在角色扮演遊戲中從遊戲中走出來和另外一個幼兒交流遊戲的發展方向。 6.為支持並延伸角色扮演遊戲，幼兒創造出包含五個或更多細節的特定的道具或者服裝。 7.幼兒參與集體表演的熟悉的故事、神話或寓言的活動中，並加上自己的想法。

項目	內　　容
科學與科技領域	**BB、觀察與分類** 0.幼兒使用不同的感官探索物體。 1.幼兒使用一種聲音或手勢代表一個物體的名稱。 2.幼兒用同一個詞來稱呼多個物品。 3.幼兒能給物品分類或配對，能識別多個物品相同或不同。 4.幼兒根據一個特徵（屬性）給物品分類，並能說明分類依據。 5.幼兒根據兩個特徵（屬性）給物品分類，並能說明分類依據。 6.幼兒全神貫注或反覆地觀察某物，並詳細地描述其發現。

項目	內　　容
科學與科技領域	7. 幼兒能將一個類別分為多個集合，再把集合分成子集，並能說出每個子集的特點，以及它與原來的類別以及其他子集的關係。 **CC、實驗、預測並得出結論** 0. 幼兒無意識地做了一個動作。 1. 幼兒對一個物品採取行動。 2. 幼兒用試誤法來研究某個材料或想法。 3. 幼兒描述一個物體或情況的變化。 4. 幼兒隨意地做了一個口頭預測，然後通過實驗驗證其是否正確。 5. 幼兒解釋他的實驗為什麼會出現這樣的結果。 6. 幼兒將自己以前得出的結論應用到新的情境中。 7. 幼兒提出一個問題，並有條不紊地測試可能的答案。 **DD、自然和物理世界** 0. 幼兒對自然界中的感官體驗做出反應。 1. 幼兒撿起、查看或使用一種天然的物體或材料。 2. 幼兒說出自然和物理世界中某個物體或事件的名稱。 3. 幼兒主動做或討論一件對植物或動物有利的行為。 4. 幼兒談論能夠到哪些地方找到不同類型的野生動物和植物。 5. 幼兒能看到一個材料或環境的變化，並知道一個可能導致該變化的原因。 6. 幼兒說出人類的哪些行為對環境有危害，解釋造成危害的原因，並能給出一個幫助建議。 7. 幼兒識別並描述一個生態循環或生態系統。 **EE、工具與技術** 0. 幼兒對一個物品做出反應（放到嘴裡、拿東西、轉向或觸摸物品）。 1. 幼兒在玩的時候探索一個工具。 2. 幼兒探索技術性設備。 3. 幼兒使用工具來支持遊戲。 4. 幼兒用簡單的方式解釋如何操作工具。 5. 幼兒用簡單的方式解釋如何使用一項技術。 6. 幼兒解釋工具和技術如何為日常起居服務。 7. 幼兒使用技術查找他感興趣的信息。

項目	內　　容
社會研究領域	**FF、對自我及他人的認識** 0. 幼兒把自己的手指、拇指或腳放到嘴裡。 1. 幼兒表明或說出某物是「我的」。 2. 幼兒自發地認出鏡子裡或照片中的自己。 3. 幼兒扮演或談論家庭成員或社區服務人員的角色。 4. 幼兒識別個人特點的異同。 5. 幼兒比較自己的和他人的家庭成員特徵。 6. 幼兒表達其對社區的歸屬感。 7. 幼兒把公平對待他人、尊重他人當成己任。 **GG、地理** 0. 幼兒注視固定位置上的一個物體。 1. 幼兒透過移動一個物品得到另一個物品。 2. 幼兒指出周圍環境中某物的位置或事件發生在什麼位置。 3. 幼兒使用標記幫助其找到或放好物品，或識別興趣區角的實際位置。 4. 幼兒能讀懂一張簡單熟悉的地圖，如教室地圖。 5. 幼兒指出其熟悉的地標位置。 6. 幼兒能獨立地在熟悉的建築物或街道周圍找到位置。 7. 幼兒能夠解釋地圖上不熟悉的位置。 **HH、歷史** 0. 幼兒隨意的做一個動作。 1. 幼兒表明某件事的結束。 2. 幼兒預知熟悉的事件發生順序中的下一件事。 3. 幼兒用昨天或明天等詞語，來泛指事情發生在過去或未來。 4. 幼兒正確地使用如昨天和明天等詞。 5. 幼兒與別人分享一件以前發生在自己或家人身上的故事。 6. 幼兒解釋代表過去或未來的照片或插圖。 7. 幼兒創作（畫和/或寫）一個時間表，來表示個人事件發生的順序。

修正後的改變說明

在美國，高瞻課程的幼兒評量一直不斷地在做更新，從一開始的六項重要經驗修正為八大領域，在評量幼兒發展的 HighScope 幼兒觀察紀錄（6 個領域、30 項）也修改

為 HighScope 幼兒觀察紀錄（8 大領域、36 項指標），因此本園的幼兒評量也會因應最新的發展不斷地精進、請教授入園針對此項的修正進行教育訓練，並實際運用於幼兒學習歷程檔案。

五、結論

　　去除以圖畫書主題大於高瞻，修正為以高瞻課程為主，繪本主題融入在高瞻課程架構裡，落實高瞻課程的精神。

（一）優點

1. 幼兒方面

高瞻的主要軸心是「主動學習」，以幼兒興趣為中心，去除圖畫書為主題，讓幼兒更充分落實「計畫－工作－回顧」，更能主導由自己的興趣引發活動，有自我獨立思考的空間（幼兒選擇性多＝尊重個別化、開放性更高、提供幼兒書籍的功能性多，如工具書、情緒抒發……）。課程設計上更貼近幼兒興趣及生活，且更多元、彈性，幼兒能有更多時間將高瞻課程的精神融入在生活作息中。

2. 教師方面

教師能依觀察到幼兒的興趣規劃課程，與課程發展時充足的探索鷹架幼兒主動學習與達到教學目標。而以幼兒的重要經驗與興趣為學習之走向，教師在平時觀察幼兒間的對話或者是自由探索時間幼兒所持續性的衍生出的行為表現，都可作為教師落實高瞻課程之理念──以幼兒的重要經驗為本位（教師工作量某種程度減輕很多）。

3. 教材方面

以繪本教學為主題的課程模式比較注重在文學五要素，要加入高瞻課程的精神似乎顯得時間不足……，所以將此框架去除是好的開始。依人數購買不一樣的繪本，有別於以往一人一本相同的繪本進行同一主題，其不同的繪本延伸更多領域的活動，融入手

偶、棒偶與幼兒創作性說故事，再透過操作性教具，如認字釣魚、圖文配對，增進語文能力及豐富幼兒的學習，對幼兒多變的未來增加許多優勢。把繪本教學的主流趨勢（閱讀）融合高瞻課程中包括幼兒的主動性及發現問題、解決問題的能力為學習歷程的教學理念，與高瞻的精神不謀而合。

（二）省思

1. 幼兒的興趣在時間上之持續性有長有短，教師在課程內容之設計上應該要依幼兒的學習興趣與學習狀況做適度的調整。

2. 繪本是閱讀最好的工具書，應多元運用，如放置各學習區當工具書（隨時能接觸繪本，自行先解決問題）、教師規劃在語文區放置具開放性、自製教具……等引發聽→說→讀→寫發展。

3. 將繪本融入高瞻課程，教師能更具體向家長說明（強調幼兒主動學習、多元閱讀及幼兒個人興趣及發展能力……），希望本園教學特色高瞻教學精神能與家長同步進行。

肆、繪本主題融入高瞻課程

眾所皆知，高瞻、蒙氏以及瑞吉歐的方案教學等均為優秀的教學模式，它們有一個共通點，就是皆為西方的文化產物，我們若要如法炮製學習可能會因為國情、文化歷史環境不同，而遇到瓶頸。俗話說：他山之石可以攻錯，我們借鏡之時，在中西融會中不斷吸收優質的幼兒課程精華，亦要考量本國教育制度、在地特色、師生比、家長需求來創新發展自己的特色與優勢及本土核心價值，發展本園教學特色，因此將繪本融入高瞻中的計畫－工作－回顧、小組時間、團體時間，讓幼兒經由繪本主題的多元視野，實際在地化的體驗操作，在自發性的活動中擴展幼兒的學習經驗，讓我們看到繪本在高瞻課程中被實踐出來。

　　幼兒學習課程內容涵蓋：從預備期→探索期→聚焦發展期→統整期，將繪本主題融入高瞻課程的例行活動（計畫－工作－回顧、小組時間、團體時間），在主題活動發展依師生的想法激盪，產生活動設計與規劃，而在高瞻課程是沒有所謂時期的區分，是依據幼兒在計畫－工作－回顧、小組時間、團體時間的發展，是不受時間的限制，但因為本園將繪本主題融入高瞻課程活動，所以主題與高瞻會有相通的情形。課程精髓「計畫－工作－回顧」會依幼兒需求與興趣、能力發展來調整教材教具，並將教學活動搭配高瞻關鍵發展指標有系統、有層次、有脈絡地發展。

　　至於詳細的課程內容，請參見第 4 章高瞻課程的實踐，有提供各年齡層（包含幼幼班、小班、中班、大班）的課程實踐示例。

第三節　高瞻課程概述

　　21 世紀是科技資訊快速轉動的時代，21 世紀的幼兒要什麼？未來的學習是什麼？──高瞻幼兒教育是要培養幼兒主動學習的態度、自我規劃的獨立思考能力。

　　高瞻幼兒教育的學習之輪，一共有四個元素：(1) 學習環境，教室裡要規劃學習區，包含教材教具、儲藏；(2) 每日的例行活動包含計畫－工作－回顧、小組時間、團體時間、戶外時間；(3) 成人－幼兒的互動，有互動的策略、如何鼓勵、解決問題的方法；(4) 評量則是透過團隊合作來評量幼兒的發展。這四個元素構成了主動學習的學習之輪（圖 3-34）。

　　高瞻課程依幼兒的年齡、興趣提供了豐富多元的教材教具，當幼兒自己選擇、透過身體的感官去探索、操作，與同儕一起進行交流互動、互相的學習，教師則是觀察記錄並支持幼兒的發展，當這四個面向都完成了之後，輪子就開始滾動了，主動學習就產生了。

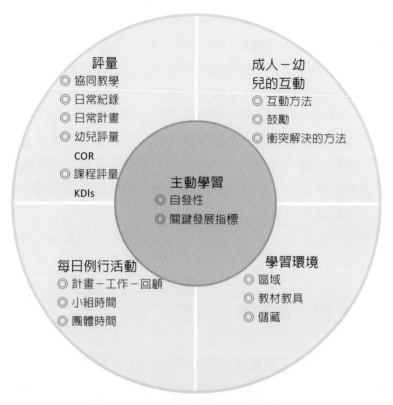

圖 3-34　高瞻幼兒教育的「學習之輪」

壹、學習區規劃

學習區規劃如圖 3-35。

1. 美勞區：包含 (1) 教具櫃（素材、工具）；(2) 摺紙桌；(3) 水彩操作桌；(4) 完成 / 未完成作品；(5) 相關繪本。

2. 語文區：包含 (1) 教具櫃；(2) 繪本櫃；(3) 閱讀桌；(4) 聽寫桌；(5) 語文牆；(6) 操作櫃。

3. 益智區：包含 (1) 教具櫃（科學實驗 / 測量 / 資料分析與圖表 / 數與運算 / 圖形空間 / 邏輯關係 / 組合建構）；(2) 操作櫃；(3) 益智操作桌；(4) 植物 / 水中生物觀察箱；(5) 觀察工具；(6) 相關繪本。

4. **積木區**：包含 (1) 教具櫃（各式積木 /KAPLA 積木 / 樂高積木 / 其他積木 / 幼兒、教師自製配件）；(2) 操作櫃；(3) 相關繪本。

5. **扮演區**：包含 (1) 教具櫃（食材 / 用具 / 碗盤類）；(2) 料理操作櫃（調味料 / 砧板 / 刀子）；(3) 烹飪操作櫃（瓦斯爐 / 鍋子）；(4) 裝扮櫃（梳妝扮演用品）；(5) 衣櫃（各式扮演服裝 / 配件 / 道具）；(6) 娃娃床；(7) 相關繪本。

分區說明如下：

教室平面圖

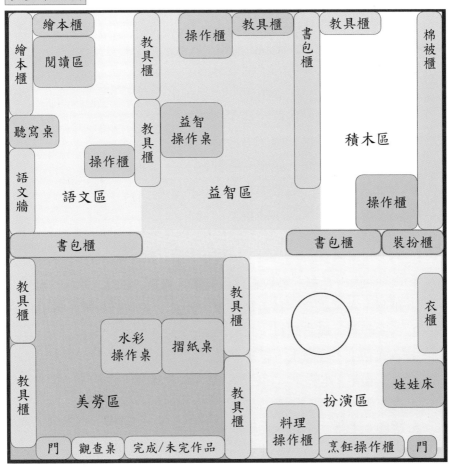

圖 3-35　教室平面圖（會依幼兒的年齡與興趣增加或調整學習區）

一、美勞區

圖 3-36　啟發幼兒想像創意及美
感意識的情境

圖 3-37　用顏色啟發幼兒美感

（一）工具

1. 剪刀：一般幼兒剪刀、造型剪刀。
2. 水彩用具：水桶、調色盤、牙刷、水彩刷。
3. 打洞器：一般打洞器、造型打洞器。
4. 釘書機：一般釘書機、平針釘書機。
5. 黏貼工具：白膠、膠水、膠帶台。
6. 夾子：長尾夾、造型小木夾、長木。
7. 清潔用具：小掃把、抹布。

（二）材料

1. 各式紙類：色紙、皺紋紙、包裝紙、報紙、紙盒、紙袋、紙盤、紙藤、雞蛋紙盒、彩色紙吸管、杯套、各式紙膠帶、餐巾紙。
2. 各式顏料：廣告顏料、水彩。
3. 各式黏土：輕質土、紙黏土。
4. 各式畫筆：水彩筆、彩色筆、蠟筆、粉蠟筆、色鉛筆、螢光筆、麥克筆。
5. 線繩：毛線、麻繩、毛根、緞帶、彩色毛球。
6. 豆子：綠豆、黃豆、紅豆、薏仁、可可豆。
7. 竹籤：筷子、竹子。

8. 拼貼材料：各式形狀貼紙、壓克力貼片、形狀泡棉。

9. 回收資源：寬膠帶捲、細膠帶捲、塑膠杯、水果套袋、CD、糖果包裝紙、彩色筆蓋。

10. 鬆散材料：

 (1) 沙石類：彩色小石頭、石頭。

 (2) 植物類：落葉、花瓣、銀合歡種子、欒樹種子、稻稈、倒地鈴種子、木麻黃、蓪草心、毬果、美國花生種子。

 (3) 殼類：貝殼、蛤蠣殼。

 (4) 布類：不織布、紗、蕾絲。

 (5) 木材類：彩色小木條、冰棒棍、木片。

 (6) 塑膠類：布丁杯、養樂多罐、優格杯、塑膠罐子、玻璃紙、蛋糕叉子、花瓣（塑膠）、吸管、泡棉、瓶蓋、氣泡紙、塑膠環。

二、語文區

學習類別包括：

1. 聽：故事 CD、音響、耳機。

2. 說：手指偶（各行各業）、手指偶（家庭）、手偶、玩偶、棒偶（十二生肖）、手指偶（十二生肖）。

3. 讀：多元的繪本、單詞骰子（自製教具）、姓名槌一槌（自製教具）、字母排排看（自製教具）、英文字母（名字）對應（自製教具）、火柴拼拼樂、繪本賞析圖、英文字母對應、單詞拼圖。

4. 寫（中大班有放置鉛筆，提供幼兒做寫前

圖 3-38　光線充足，以櫃／走道與其他學習區做區隔

　　練習）：抽注音蒼蠅（搭配學習單）、運筆練習、注音符號賓
　　果樂圖、色沙寫字練習。

　　5.演：故事偶台（自製教具）、布袋戲偶、歡樂戲院。

三、積木區

（一）提供數量充足且多元的積木讓幼兒進行積木搭建

圖 3-39　大單位積木

圖 3-40　KAPLA 積木

圖 3-41　木紋積木

圖 3-42　樂高積木

圖 3-43　積木牆

（二）根據幼兒的興趣和發展
　　　程度提供學習區配件

　　1. 由教師提供或幼兒自製。

　　2. 符合幼兒計畫，可使用
　　　其他學習區的教具。

圖 3-44　　多多璐幼兒園

四、動腦區

（一）**數學類**

　　1. 數與運算：日曆、月曆、
　　　錢幣、撲克牌、數一數、
　　　數字與數量配對、十的
　　　合成。

　　2. 圖形空間（幾何）：6
　　　片拼圖（平面）、100
　　　片拼圖（平面）、拼圖
　　　（不規則）、六角拼圖、

圖 3-45　　提供幼兒有興趣、開放
或自我校正的教材教具

　　　數量對應拼圖、百變魔方、貓頭鷹疊疊樂、六形六色、方塊積
　　　木、七巧板、（自製）顏色迷宮、（自製）座標遊戲、（自製）
　　　左右對稱、（自製）認識形狀和顏色。

　　3. 邏輯關係（代數）：串珠、疊杯、疊疊環、疊疊樂、賓果遊戲、
　　　平衡樹、平衡石、四色棋、跳棋、蛇棋、象棋、（自製）多寶牌。

　　4. 測量：直尺、捲尺、時鐘、沙漏、青蛙天秤。

　　5. 資料分析與機率：彈珠檯（紀錄表）、數字賓果（紀錄表）、
　　　黑白棋（紀錄表、統計表）。

（二）**組合建構類**

　　1. 搭接組合：磁力棒、磁力片。

　　2. 卡榫組合：雪花片、彈形積木、樓梯積木、樂高積木、數塊積
　　　木、水管積木。

3. 鬆散素材：木板、繩子、橡皮筋、空紙盒、捲筒、連環扣。

4. 科學實驗的材料或配件：彈珠、浮沉實驗。

五、扮演區

（一）與主題相關的教具

1. 大自然的聲音：海螺、木琴、鳥槌、青蛙刮弧、蟋蟀刮弧、鳥笛、種子、象笛、貓頭鷹笛、黑果搖鈴。

圖3-46　設計情境提供開放多樣的素材，引發幼兒發揮想像力進行角色扮演遊戲

2. 一般樂器：木魚、八音旋律鐘、鐵琴、木鳥、碰鐘、高低木魚、響板、三角鐵、響棒、金杯鼓、海浪鼓、雨聲棍。

3. 自製樂器：自製沙鈴、自製海浪鼓、自製音階水瓶、自製手搖鈴。

（二）與主題無關的教具

1. 服飾：一般服飾、廚師服、領帶、絲巾、帽子。

2. 配件：項鍊、皮包、眼鏡、髮箍、頭冠、鞋子、耳環、戒指、扮演道具（蝴蝶翅膀）。

3. 道具：梳子、鏡子、相機、電話、花瓶、娃娃、麥克風、蔬菜類、蛋、肉、海鮮類、水果類、茶具、飲水機、瓷盤、造型盤、鍋子。

六、日常生活練習區（提供在小幼班教室，供幼兒使用）

1. 【抓】教具：敲打台（五指抓）、抓豆子（五指抓）、抓貝殼（三指抓）、抓毛球（二指抓）。

2. 【倒】教具：倒彈珠（有把手）、倒豆子（沒有把手）、倒水（有耳的茶壺）、倒水（沒耳的茶壺）。

圖 3-47　日常生活練習區

3. 【舀】教具：舀豆子、舀彈珠、舀乒乓球。

4. 【夾】教具：夾夾子（顏色對應）、夾珠子、夾海綿、夾乒乓球、夾毛球。

5. 【轉】教具：轉瓶瓶罐罐、旋轉螺絲、開鎖。

6. 其他：照顧植物、切、掃地、打開錢包、扣釦子、拉拉鍊、穿（毛毛蟲吃水果）、穿（編織一左右）。

七、木工區（提供給大班幼兒使用）

圖 3-48　工具、材料分籃擺放，並有各籃對應歸位的標示，且各零件分項放置

（一）進木工區的準備工作

圖 3-49　穿上室外鞋、工作服

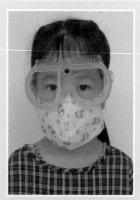

圖 3-50　戴上護目鏡

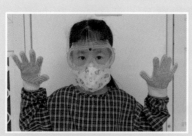

圖 3-51　戴上手套

圖 3-52　準備工作完成

（二）工具

1. 防護工具類：手套、護目鏡、工作服。
2. 基本工具類：橡膠槌、鐵鎚、彎嘴鉗、尖嘴鉗、斜嘴鉗、長嘴鉗、熱熔槍。
3. 進階工具類：螺絲起子、線鋸、手鋸、平切鋸。
4. 測量工具類：鉛筆、橡皮擦、尺、捲尺。

（三）材料、零件

1. 木料：木片、木條、木塊。
2. 五金零件：各種尺寸的釘子、螺絲與螺絲帽。
3. 耗材：繩子、白膠、保麗龍膠、砂紙、膠帶、瓶蓋、綠色小石頭、馬賽克磚。
4. 上色材料：壓克力顏料、油漆、牙刷。

（四）作品

圖 3-53　書架

圖 3-54　風車屋　　　圖 3-55　風車屋　　　圖 3-56　101 大樓

貳、每日例行活動

一、日常生活作息表

當從一個活動轉換到另外一個活動時，可以用一個夾子來移動一

日流程的每一個活動名稱，主要是要幫助孩子熟悉活動流程。日常生活作息表以一週爲主，週六和週日（畫上象徵學校的圖畫和一個叉叉──代表「不用上學」）。設計目的是要幫助幼兒熟悉高瞻的一日流程以及教室的安排（例如：學習區、材料……）。

表 3-13　日常生活作息表

袋鼠班　日常生活作息表							
時間　　星期	星期一	星期二	星期三	星期四	星期五	星期六	星期日
8：00～9：00	入園時間（問候、整理、說故事）營養早餐						
9：00～9：30	團體時間／戶外活動（大肌肉活動）						
9：30～10：30	團體時間／小組時間						
10：30～11：30	計畫－工作－回顧／團體小組時間						
11：30～12：00	午餐的約會						
12：00～12：30	潔牙洗臉／清潔和鋪被／故事時間						
12：30～14：00	甜蜜夢鄉						
14：00～14：20	起床／整理時間						
14：20～15：30	計畫－工作－回顧／團體小組時間						
15：30～16：00	點心時間						
16：00～	戶外廣場遊戲時間、放學						

二、計畫－工作－回顧

（一）計畫的進行方式

1. 全班幼兒分成兩組

2. 一位教師固定帶一組（爲了增加師生間的熟悉度及持續的關注）。

3. 以遊戲的方式或計畫本，
　　請幼兒逐一做計畫。

4. 教師會請幼兒描述他的
　　計畫並詢問細節，如在
　　哪裡進行？用什麼教材
　　教具？如何進行？有無
　　夥伴？和之前的計畫有
　　無關聯？……

圖 3-57　一邊唱歌一邊傳球，當
歌聲停止時，球在誰手上就可以先
做計畫

5. 每位幼兒都計畫後，進學習區工作。

（二）工作的進行方式

1. 幼兒進入自己計畫的學習區中，執行自己的計畫。

2. 以自己設定的目的及方法，獨自或與夥伴共同探索、發現、製
　　作、完成計畫的內容。

3. 將抽象思考具象化，並試圖解決期間發生的問題。

4. 和他人分享自己的成果。

5. 教師觀察並記錄幼兒的學習。

6. 教師尋找適當的介入點與幼兒共同遊戲，以了解幼兒的想法。

7. 教師鼓勵幼兒解決問題或協助解決衝突。

8. 收拾時間。

（三）回顧的進行方式

1. 幼兒回到原來計畫的組別中進行回顧。

2. 教師以遊戲的方式讓幼兒逐一回顧。

3. 幼兒以自己的方式回顧。

4. 教師提醒幼兒回顧行動的細節及與計畫的關聯。

5. 回顧重點在於以心像重述經驗，而不在於作品分享與讚美。

圖 3-58　教師給予幼兒支持

圖 3-59　選擇材料後專注進行操作

圖 3-60　工作時間結束前 5 分鐘，
教師會用樂器提醒孩子

圖 3-61　工作時間結束時，教師
帶領幼兒相互鼓勵，說：「大家辛
苦了！」

圖 3-62　幼兒跟著大黃蜂音樂節奏
進行有規律且快速的收拾

圖 3-63　讓幼兒說出計畫－工作
的整個過程

三、小組時間

　　HighScope 提供教師在規劃小組時間時，可從以下五點思考：
(1) 幼兒的興趣；(2) 幼兒所遇到的困難；(3) 新的教材教具；(4) 高瞻
關鍵發展指標；(5) 教師的專長。以下的例子是以「幼兒的興趣」、「幼
兒所遇到的困難」來做說明。

（一）幼兒的興趣 （A 組：製作年菜蘿蔔糕；B 組：製作年節飾品）

高瞻幼兒園 109 學年度 下學期 小組時間計畫表

班　　級	大班	幼兒年齡	5 歲	教 學 者	
週　　次	第一週	活動日期	110 年 2 月 3 日	活動時間	30 分鐘
活動名稱	製作年菜「蘿蔔糕」	KDIs	E. 數學領域 37. 單位：幼兒理解並使用單位的概念		
		COR-A	數學領領域—U、測量		
材料	主材料	食譜海報、白蘿蔔、料理工具（砧板、刨刀、刨絲器、鍋子、攪拌棒等）、調味品（醋、鹽巴、白胡椒等）			
	副材料	筆、剪刀			

一、想法來源

農曆春節快到了，教師閱讀繪本《好忙的除夕》後，幼兒們對於年菜產生了興趣，為了讓幼兒體驗製作年菜「蘿蔔糕」，於是教師就規劃小組活動進行年節體驗。在這活動之前，師生已觀看過「蘿蔔糕」的製作影片，並完成了食譜海報與工作分配的分組。

二、教學過程

開始：展開上節課完成的食譜海報，複習製作流程及叮嚀安全事項。

中間：1.先將白蘿蔔洗乾淨，對切，削皮，切丁或刨絲。將刨好的皮再次清洗，並加入調味料。教師協助幼兒進行燜煮蘿蔔絲。

2.量在來米粉、太白粉、冰糖、水進行調製成漿。

3.將燜煮好的蘿蔔絲加入粉漿，再倒入保鮮盒，送到廚房請阿姨進行蒸煮。

4.幼兒回顧料理的過程：「原來蘿蔔糕是白蘿蔔做成的」、「我喜歡吃自己做的蘿蔔糕」、「蘿蔔糕吃起來很香」。

5.發現問題與解決問題：「第一次秤重好好玩但不太會秤重→可以把磅秤放在動腦區練習秤重」、「攪拌時有火會害怕→教師在旁邊陪我一起攪拌提醒我就不害怕」、「刨蘿蔔絲很難，因為怕手受傷→戴手套就不會很擔心用到手」。

結束：將使用後的素材放到待清
潔盤中，並用抹布將桌面
擦拭乾淨、廚餘倒入廚餘
桶中。

圖 3-64　削皮後進行刨絲

三、延伸活動

下一次小組活動進行認識水的測
量及再來米粉秤重，讓幼兒練習
依照測量活動調製漿水比例。

（二）幼兒所遇到的困難——與高瞻關鍵發展指標相關

高瞻幼兒園　109 學年度　下學期　小組時間計畫表

班　　級	中班	幼兒年齡	4 歲	教　學　者	
週　　次	第 8 週	活動日期	110 年 3 月 24 日	活動時間	30 分鐘
活動名稱	樓梯建構	KDIs	A. 學習方法領域 4. 問題解決：幼兒解決遊戲中遇到的問題		
		COR-A	學習方法領領域—B、解決問題能力		
材料	主材料	積木區教材教具：紙盒積木、KAPLA 積木、樂高積木			
	副材料	積木區裡其他的教材教具（椅型積木、數塊積木、子彈積木……）			

一、想法來源

計畫－工作－回顧時間，有幼兒在積木區建構了二層樓的房子，回顧時間，
有幼兒提出：「怎麼沒有樓梯？」「可是我不知道怎麼做樓梯！」於是教
師就以此設計了小組時間，讓幼兒嘗試使用不同的教材來建構樓梯。

二、教學過程

開始：教師準備紙盒積木、KAPLA 積木、樂高積木並介紹材料。

中間：1.教師與幼兒討論樓梯的組成（例如：樓梯段、休息板（平臺）和
　　　　　欄杆扶手（欄板）……）。

　　　　2.讓幼兒以自己的方式利用材料（例如：紙盒積木、KAPLA 積
　　　　　木……）進行操作體驗。有幼兒合作使用紙盒積木堆疊起來，嘗

試不同的擺放方式，有建構樓梯完成；選擇使用 KAPLA 積木的幼兒，先從 1 個 1 個慢慢疊高，從 1、2、3、……到 20 層；有幼兒使用樂高積木來建構樓梯，從底層放 1 個接續上去，發現最底部很不穩，後來就在底層再加更多的樂高積木來進行穩固的動作。

3. 回顧建構的過程，分享不同的建構樓梯技巧、遇到的問題及解決的方式：「用紙盒積木蓋的話，旁邊會凸出來，不好看。」「如果用 4 個、3 個、2 個、1 個疊起來的話，旁邊就會很整齊，就像 KAPLA 一樣。」「用 KAPLA 積木來做樓梯，常常一不小心就倒了，就要重新蓋，所以要很專心才可以。」「用樂高積木做樓梯時，最下面一定要很多，不然很容易倒。」

結束：收拾所使用的積木並歸位。

三、延伸活動

可運用在積木區進行建築物及樓梯的結合建構。

圖 3-65　用紙盒積木建構樓梯

圖 3-66　用 KAPLA 積木來試試看

圖 3-67　樂高積木也可以

四、團體時間

HighScope 提供教師在規劃團體時間時，可從以下四點思考：
(1) 幼兒的興趣；(2) 以音樂和肢體動作相關爲主題；(3) 設計合作性的遊戲；(4) 現今幼兒覺得有意義的主題。以下的例子是以「以音樂和肢體動作爲主題」、「設計合作性的遊戲」來做說明。

（一）以音樂和肢體動作為主題

多多璐幼兒園 109 學年度 下學期 團體時間計畫表

班　　級	小班	幼兒年齡	3 歲	教 學 者	
週　　次	第 15 週	活動日期	109 年 11 月 11 日	活動時間	30 分鐘
活動名稱	小花貓	KDIs	F.創造性藝術 41.音樂：幼兒透過音樂表達和表徵任何他們的觀察、思考、想像和感覺		
		COR-A	創造性藝術領域—Y、音樂		
材料	主材料	「我也會」音樂故事影片、單槍、音響、響棒、「小花貓」兒歌海報、鐵琴、木魚、黑果搖鈴、泡泡、舒緩音樂			
	副材料	音樂教室裡的其他樂器			

一、想法來源

教師觀察幼兒對「我也會」故事中的角色之一「小花貓」用跳躍的方式行進引發幼兒有興趣地模仿及遊戲，根據高瞻關鍵發展指標「動作」，故在團體時間設計與小花貓相關的音樂活動。

二、教學過程

開始：教師準備材料與用具（「我也會」音樂故事影片、單槍、音響、「小花貓」兒歌海報、鐵琴、黑果搖鈴、泡泡、舒緩音樂）

中間：1.教師搭配口哨與小狗的音樂曲式，一邊說音樂故事一邊敲奏響棒。

　　　2.教師引導幼兒唸「小花貓」兒歌海報，讓幼兒練習唸「小花貓，喵喵喵，吃得飽，睡得好，洗個澡，刷刷毛，走得快，跳得高，我們都來學這小貓跳。」並帶進動作。（＊從頭、臉頰、肩膀、肚子、屁股、膝蓋、腳趾摸下來，再跳起來。）

3. 老師敲鐵琴：ㄅㄅㄅ唱小花貓、三次，幼兒聽音後能摸腳指頭，以此類推進行聽音遊戲。

4. 老師敲鐵琴：ㄅ、ㄇ、ㄇ、ㄈ、ㄙ、ㄌ、ㄒ、ㄅˋ上行音階，幼兒能聽音依次從腳趾、膝蓋、屁股、肚子、肩膀、臉、頭、跳起來、跳起來。

5. 師敲鐵琴發出下行音階ㄅˋ、ㄒ、ㄌ、ㄙ、ㄈ、ㄇ、ㄇ、ㄅ，幼兒聽音依次從跳起來、摸頭、臉、肩、肚子、屁股、膝蓋、腳趾 2 次。

6. 配合琴聲唱「小花貓」。

7. 教師播放舒緩音樂（大自然的孩子），操作黑果搖鈴及吹泡泡與幼兒進行舒緩，請幼兒回顧今天的音樂活動。

結束：一起收拾物品與歸位。

圖 3-68　幼兒進行舒緩

三、延伸活動

在下次的團體活動中，可以讓幼兒嘗試一邊唱歌謠「小花貓」，一邊做出動作。

（二）設計合作性的遊戲

多多瑢幼兒園　109 學年度　下學期　團體時間計畫表

班　　級	大班	幼兒年齡	5 歲	教 學 者	
週　　次	第 3 週	活動日期	109 年 2 月 19 日	活動時間	30 分鐘
活動名稱	水谷式教具	KDIs	C. 身體發展與健康 16. 粗動作技能：幼兒在使用他們的大肌肉時表現出力量、靈活、平衡和持久性		
		COR-A	身體發展與健康領域—I、大肌肉動作		
材料	主材料	水谷式教具			
	副材料	體能器材室裡的其他教具（球、三角錐……）			

一、**想法來源**

　　每次的戶外活動都是在玩溜滑梯、蹺蹺板……，幼兒有提到想要自己動手做、體驗大肌肉遊戲，於是跟幼兒討論：「想要進行的活動」以及「如何規劃」。

二、**教學過程**

　　開始：教師與幼兒從體能器材室搬出水谷式教具，放在西瓜廣場上。

　　中間：1.教師與幼兒討論戶外活動該怎麼規劃、要使用哪些器材（利用組合式體能遊具規劃包含走、爬、跳、平衡、跨越……等多樣動作技能），師生共同拼組擺設。

　　　　　2.幼兒實際體驗（走上架高的梯子、走下梯子、走平衡木、跳過橋、走上木板、走下木板……）

　　　　　3.讓幼兒說出遊具組合過程遇到的困難？幼兒體驗遊具的過程中遇到的困難？

　　　　　「走平衡梯時，身體晃來晃去感覺很可怕→請幼兒分享技巧。」

　　　　　「在跳過橋的時候，如果沒有跳很高，就會被絆倒→把高度加高。」

　　　　　4.要修正（增加或減少）的部分是？

　　　　　「最後面走平衡木太簡單了→增加木箱，爬上去、再下來。」

　　結束：大家一起將水谷式教具收拾與歸位。

三、**延伸活動**

　　延伸到每日戶外時間的大肌肉活動。

圖 3-69　師生拼組遊具的擺設

圖 3-70　將「橋」進行修正（架高，變成用爬的）

五、戶外時間

　　戶外時間是讓幼兒進行出汗性的劇烈的戶外遊戲，或是提供社交遊戲的機會、提供學習的戶外環境，讓幼兒不受拘束的自由體驗各項遊具。

　　《幼兒教保及照顧服務實施準則》第 8 條：「幼兒園每日應提供幼兒三十分鐘以上之出汗性大肌肉活動時間，活動前、後應安排暖身及緩和活動。」

多多璐幼兒園　109 學年度　下學期　團體時間計畫表

班　　級	中班	幼兒年齡	4 歲	教 學 者	
週　　次	第 12 週	活動日期	110 年 4 月 21 日	活動時間	30 分鐘
活動名稱	戶外時間	KDIs	C. 身體發展與健康 16. 粗動作技能：幼兒在使用他們的大肌肉時表現出力量、靈活、平衡和持久性		
		COR-A	身體發展與健康領域－ I. 大肌肉動作		
材料	主材料	大型遊具（繩索鑽龍、滾輪、盪鞦韆……）以及移動式遊具（溜滑梯、輪胎、三輪車、滑步車、蹺蹺板……）			
	副材料	歡樂舞台（自製鼓、刮弧、吉他……）			

一、想法來源

　　戶外有很多的大型遊具（繩索鑽龍、滾輪、盪鞦韆……）以及移動式遊具（溜滑梯、輪胎、三輪車、滑步車、蹺蹺板……），提供幼兒在戶外時間讓幼兒可以自由探索、體驗。

二、教學過程

　　開始：教師與幼兒一起進行暖身活動，並叮嚀遊戲安全事項。

　　中間：1. 幼兒自由探索、體驗各項遊具。

　　　　　2. 幼兒分享探索與體驗的過程。

　　　　　　「我覺得輪胎很重，雙手摸著往前滾的時候，常常會歪掉。」「我覺得繩索鑽龍很好玩，但是要小心腳踩的地方，如果腳沒踩到，就會卡住。」「我不太會騎滑步車，有時不會控制方向，會不小

181

心撞到三角錐，我希望明天我再來練習騎。」

結束：將移動式遊具（輪胎、三輪車、滑步車、蹺蹺板……）歸位。

三、延伸活動

延伸到每日戶外時間來進行體能活動。

圖 3-71　玩滾輪胎

圖 3-72　體驗各種身體動作

參、成人－幼兒的互動

當幼兒需要協助的時候，教師就會在他的身邊，當幼兒遇到問題或是與同儕之間發生衝突時，教師會給予鼓勵與支持學習的過程，並尊重他們的努力，這就是成人－幼兒的互動。

高瞻創造支持性氣氛的策略，一共有六項關鍵要素：(1) 成人和幼兒之間分享控制權；(2) 專注在幼兒的優勢能力；(3) 和幼兒形成真實的關係；(4) 承諾支持幼兒的遊戲；(5) 以鼓勵代替讚美；(6) 對社會衝突採取問題解決取向。

以下提供本園成人－幼兒互動方式的六個關鍵要素：

1. 成人和幼兒之間分享控制權（如圖 3-71）。

2. 專注在幼兒的優勢能力（如圖 3-72）。

3. 和幼兒形成真實的關係（如圖 3-73）。

4. 承諾支持幼兒的遊戲（如圖 3-74）。

5. 以鼓勵代替讚美（如圖 3-75、3-76）

6. 對社會衝突採取問題解決取向（如圖 3-77）。

圖 3-71　用幼兒的說法或做法來參與幼兒的遊戲

圖 3-72　發現幼兒的興趣→喜歡做料理

圖 3-73　成人也對幼兒展現真實的自我

圖 3-74　和幼兒在一起時要變得愛玩一點

圖 3-75　加入幼兒的遊戲也是一種鼓勵

圖 3-77　當兩人都想玩平衡樹時，幼兒討論用猜拳的方式決定誰先玩

圖 3-76　仔細聆聽並回應幼兒的話

肆、評量

　　高瞻學習之輪裡的評量，包含：團隊合作（協同教學）、教學計畫、幼兒觀察評量。「團隊合作」（協同教學）及「教學計畫」從預備期開始一直到統整期，每天找一個幼兒休息的時間作為團隊討論的時間，兩位教師說出自己對班級經營的想法、共同決定課程的教學計畫、分享自己蒐集到觀察幼兒的紀錄，為團隊合作分擔責任。至於「幼兒觀察評量」，HighScope 的評量方式大致可分為兩種，CAR（Child Assessment Record）跟 COR（Child Observation Record）都是評量幼兒學習的評估工具。另一所採用高瞻教學的幼兒園就是採用 CAR（簡楚瑛幼教課程模式第二版），有 10 個重要經驗（創造性行為和表現、語言和讀寫能力、主動性與社會的關係、動作、音樂、分類、順序排列、數字、空間、時間）；本園一開始使用的是舊版 COR，就是 6 個領域（創造表徵、語言和讀寫、主動性、社會關係、音樂和動作、數學和邏輯）；後來幼兒評量也會因應最新的發展不斷地精進搭配，修正為新版 HighScope 幼兒觀察紀錄（共有 8 個領域）

一、高瞻幼兒行為觀察紀錄與評量工具（93 學年度）

　　舊版的幼兒評量工具，共有 6 個領域，30 項，每一項內容分別有 1-5 個層級，透過團隊多次的討論以班級裡大部分（80%）幼兒都能達到的層級為主，往上、往下各加一個層級，作為各年齡層幼兒觀察評量的標準。例如：以 3 歲幼兒為例，第 3 層級是基準，因此教師評量時則會以 2、3、4 作為一個評量的範圍，幼兒觀察紀錄若有超越 4 或未達 2 層級的話，則再次由團隊進行討論重新做檢視與修正。

　　本園的觀察對象為年齡 2-6 歲的幼兒，以下提供實施過程時所蒐集之 3-4 歲幼兒的 3 項幼兒觀察紀錄。

表 3-14　HighScope 3-4 歲幼兒觀察紀錄項目──創造性表徵領域

創造性表徵──G、建構和建造	檢核日期
2　幼兒探索建構性教材。	
3　幼兒用教材去做某些東西（一堆積木、一堆沙）但並沒有說出它是否有意地呈現某些東西（一座塔、一片沙灘）	9/24
4　幼兒用教材做出簡單的表徵且說或證明它是什麼（說一堆積木是一座塔；說一堆球是一個雪人）。	

檢核方式：■照片　■軼事紀錄　□作品　□學習單　□其他 _____

活動名稱：計畫－工作－回顧　　　　活動型態：■個人　□小組　□團體

工作時間，小涵到動腦區進行組合【樂高積木】，他說：「我做的是一隻【恐龍】，牠是站著的。」

檢核內容說明：
小涵用教材【樂高積木】去做某些東西【恐龍】。

表 3-15　HighScope 3-4 歲幼兒觀察紀錄項目──音樂和動作領域

音樂和動作──K、展現手的協調性	檢核日期
2　幼兒用適當的手指或手的姿勢抓取小東西。	
3　幼兒會將物體組合及分解。如拼圖、釘圖釘。	3/28
4　幼兒能用手仔細地操作小的物體。如穿針、串珠。	

檢核方式：□照片 ■軼事紀錄 □作品 □學習單 □其他 _____
活動名稱：計畫－工作－回顧　　　　活動型態：■個人　□小組　□團體
計畫時間，臻臻計畫到動腦區完成拼圖的工作。 工作時間，他將奶油獅拼圖放在桌上後，先把之前小朋友做好的拼圖，以三指抓的方式將拼圖先全部拆開，接著同樣以三指抓的方式，專注的將奶油獅的拼圖重新找出正確位置並完成。
檢核內容說明： 臻臻會將物體【奶油獅拼圖】組合及分解。

表 3-16　HighScope 3-4 歲幼兒觀察紀錄項目──數學和邏輯領域

數學和邏輯──W、蒐集及分類	檢核日期
2　幼兒能將特定的物體分類。	
3　幼兒僅能以一種方式來將物體分組。	
4　幼兒能以相同的方式將物體分組並偶而說明他是如何分的。	11/19

檢核方式：□照片 ■軼事紀錄 □作品 □學習單 □其他 _____
活動名稱：計畫－工作－回顧　　　　活動型態：■個人　□小組　□團體
～工作時間～ 宗宗選擇到動腦區工作，他拿出軟墊積木，從中找出不同顏色之三角形和長方形的積木後，並依顏色分類將其兩兩相結合。 ～回顧時間～ 宗宗：「我在動腦區玩軟墊積木，我是先把三角形和長方形都拿出來，再把一樣顏色的拼起來。」
檢核內容說明： 宗宗能以相同的方式【顏色一樣】將物體分組並偶而說明他是如何分的。

　　美國高瞻的重要經驗已有最新的發展，因此自 106 年 3 月開始針對「高瞻關鍵發展指標」進行教育訓練，主要針對「高瞻課程關鍵發展指標與教學活動的統整課程規劃」，讓教師學習在進行課程設計時如何尋找合適的指標，接著在幼兒評量部分已修正為 HighScope 幼兒

觀察紀錄（幼兒能力）進階版（簡稱 COR-A），因此在 110 年 2 月開始進行「HighScope 幼兒觀察紀錄」，並運用到幼兒學習歷程檔案裡。

二、HighScope 幼兒觀察紀錄（109 學年度下學期）

新版的幼兒評量工具，共有 8 個領域，34 項，每一項內容分別有 1-8 個級別，透過本園團隊多次的討論以班級裡大部分（80%）幼兒都能達到的級別爲主，往上、往下各加一個級別層級，作爲各年齡層幼兒觀察評量的標準。例如：以 3 歲幼兒爲例，學習態度領域的 C、回顧能力，第 3 級別是基準，因此教師評量時則會以 2、3、4 作爲一個評量的範圍，幼兒觀察紀錄若有超越 4 或未達 2 級別的話，則再次由團隊進行討論重新做檢視與修正。因此在級別選擇部分，是以團隊所觀察到的幼兒能力爲標準，且年齡層也並非固定爲某一級別。

本園的觀察對象爲年齡 2-6 歲的幼兒，以下提供實施過程時所蒐集之 3-4 歲幼兒的 4 項幼兒觀察紀錄。

表 3-17　HighScope 3-4 歲幼兒觀察紀錄項目──學習態度領域

學習態度領域──C、回顧能力	檢核日期
2　幼兒指向或給別人看他玩過的東西。	
3　**幼兒能說出某件他剛做過不久的事情。**	2/22
4　幼兒能回憶起三件或更多他做過的事或發生過的事的細節。	

檢核方式：□照片 ■軼事紀錄 □作品 □學習單 □其他 ＿＿＿＿＿＿＿

活動名稱：計畫－工作－回顧　　　　活動型態：■學習區　□小組　□團體

回顧時間，小祖跟幼兒分享工作時間做的事情。

小祖表示：「我剛剛在動腦區用水管積木做了一個機器人，它有腳可以站著，上面長長的頭可以讓人走進去，我把機器人的腳一隻改成二隻，這樣他就可以站起來了，下次我要幫它裝翅膀，我的機器人就會飛了。」

檢核內容說明：
小祖能說出工作時間在動腦區組合機器人的過程。

187

表 3-18　HighScope 3-4 歲幼兒觀察紀錄項目——社會和情緒領域

社會和情緒領域——E、與成人建立社交關係	檢核日期
2　幼兒找到一個自己熟悉的成人，至少一個詞表達一個簡單的需求或想法。	
3　幼兒請求一個成人和他一起玩或參與同一個活動。	3/16
4　幼兒與成人交談，並有二次以上對話練習。	
檢核方式：□照片 ■軼事紀錄 □作品 □學習單 □其他 ＿＿＿＿＿	
活動名稱：放學時間　　　　活動型態：□學習區 □小組 ■團體	
放學時間，小雯邀請教師一起和他看故事書， 小雯：「老師！你想聽故事嗎？」 教師：「你要說什麼故事呢？」 小雯：「小蝌蚪茶茶。」 教師：「好喔！」 小雯：「陽光照射在水中，水中亮晶晶的，美麗的茶茶開心的和朋友一起玩，茶茶覺得自己很漂亮，很喜歡照鏡子，當它參加舞會時，後腳突然長出來，而且被小魚看到，它覺得自己很醜，躲在黑黑的洞裡，當它變成青蛙的時候，它有找到好多跟它一樣會唱歌的青蛙，並在池塘邊唱起歌來一起玩。」	
檢核內容說明： 小雯邀請教師一起閱讀故事，並唸故事給教師聽。	

表 3-19　HighScope 3-4 歲幼兒觀察紀錄項目——語言領域

語言領域——M、傾聽和理解能力	檢核日期
2　幼兒口頭回應簡單的陳述或提問。	
3　幼兒參與一個對話，並將自己的經歷與話題連接起來。	4/26
4　幼兒能夠重述（回憶）一個故事或書裡的三個或更多細節。	
檢核方式：□照片 ■軼事紀錄 □作品 □學習單 □其他 ＿＿＿＿＿	
活動名稱：入園時間　　　　活動型態：□學習區 □小組 ■團體	
早上入園時間，小芯整理完書包坐在小凱和小智的旁邊，跟幼兒們分享生日的時候爸爸、媽媽幫她準備了禮物和蛋糕，小緹聽到小芯在說生日的事情，她走到他們旁邊……	

小緹：「我生日的時候，我爸爸、媽媽帶我去麥當勞唷。」
小芯、小凱和小智：「我也有去過麥當勞。」
小緹：「我還有找小瑞跟其他小朋友來跟我一起過生日。」
小凱：「我也想去參加你的生日。」
小緹：「好啊，我下次生日你跟小芯、小智再跟我一起過生日，好嗎？」
小芯、小凱和小智：「好啊，我們再去麥當勞。」
小緹：「我再跟我爸爸、媽媽說。」

檢核內容說明：
小緹參與一個對話，並將自己的經歷與話題連接起來。

表 3-20　HighScope 3-4 歲幼兒觀察紀錄項目──科學領域

科學領域 ── DD、自然和物理世界	檢核日期
1　幼兒撿起、查看或使用一種天然的物體或材料。	
2　**幼兒說出自然和物理世界中某個物體或事件的名稱。**	05.05
3　幼兒主動做或討論一件對植物或動物有利的行為。	

檢核方式：□照片　■軼事紀錄　□作品　□學習單　□其他 ＿＿＿＿＿＿＿

活動名稱：戶外時間　　　活動型態：□學習區　□小組　■團體

戶外活動時間時，小閔在西瓜廣場玩，他突然停了下來，指著太陽說：「太陽出來的時候好熱喔！」
於是小閔就將手放置額頭遮陽。

檢核內容說明：
小閔說出自然和物理世界中某個物體事件的名稱（太陽）。

高瞻課程的實踐

CHAPTER 4

　　高瞻課程的每日例行活動包含：計畫－工作－回顧、小組時間、團體時間。

　　「計畫－工作－回顧」是一天當中時間最長及引起幼兒最熱烈反應的時段。計畫（10-15 分鐘）、工作（45-60 分鐘）、回顧（10-15 分鐘）：每個幼兒自己決定在工作時間該做什麼、在什麼區域、使用什麼材料，幫助幼兒建構或加強他們的興趣、培養主動能力。

　　「小組時間」（15-30 分鐘）：每天與相同的一群幼兒及教師在同一個地方開始。是由成人所發起的，教師設計小組活動並為幼兒提供材料，其想法來源的依據是：(1) 幼兒的興趣；(2) 幼兒所遇到的困難；(3) 新的教材教具；(4) 高瞻關鍵發展指標；(5) 教師的專長等。

　　「團體時間」（15-30 分鐘）：是一日流程的一個環節，它增加了教室的團隊合作。這是大家一起來參與分享經驗的一個時間，例如：音樂、體能、閱讀繪本……，需要一個可以容納整個班級劇烈活動的空間。和小組時間一樣，是由成人規劃和發起的。

　　以下提供主題融入高瞻課程在本園各年齡層（包含幼幼班、小班、中班、大班）的課程實踐示例。

第一節　主題融入高瞻課程－幼班課程實踐示例

幼班教學活動紀錄

預備期

- ⌾ 選擇主要繪本（好餓的毛毛蟲）
- ⌾ 學習區規劃
- ⌾ 教材教具的準備
- ⌾ 討論教學計畫
- ⌾ 個別親師溝通

探索期

團體時間

- ◈ 繪本導讀：好餓的毛毛蟲
- ◈ 探索、觀察、體驗、踏查：
  - ➤觀察—毛毛蟲、植物
  - ➤體驗—尋找毛毛蟲
  - ➤家長資源—飼養菜蟲

小組時間

- ◈ 生活經驗分享—我認識的昆蟲

主題產生：可愛的毛毛蟲（A）

↓

相關想法激盪（B）

↓

使用網絡圖組織想法形成概念（C）

↓

活動設計（D）

↓

高瞻關鍵發展指標之檢視（E）

計畫－工作－回顧

- ✦ 介紹學習區
  認識每個學習區的教材教具及使用方法，如在動腦區增加觀察毛毛蟲和觀察植物
- ✦ 如何進行計畫－工作－回顧
- ✦ 進行計畫－工作－回顧

小組時間

- ✦ 摺紙花（積木區配件）
- ✦ 我會分享
- ✦ 安全小寶貝
- ✦ 穿脫外套練習
- ✦ 我會擤鼻涕

團體時間

- ✦ Life 音樂—爬爬停停
- ✦ 體能—跳跳跳（草地、呼拉圈）

聚焦發展期

團體時間

◈ 兒歌—好餓的毛毛蟲

◈ 爬爬毛毛蟲

◈ 滾一滾

◈ 生命教育—再見了蝴蝶

◈ 毛毛蟲吃水果

◈ 飼養蠶寶寶

◈ 紙毛毛蟲

◈ 毛毛蟲肚子痛

◈ 毛毛蟲會跳嗎？

◈ 飛飛停停

小組時間

◈ 爬爬毛毛蟲

◈ 滾一滾

◈ 準備食物

◈ 毛毛蟲比大小

◈ 毛毛蟲化裝舞會

$\Longleftrightarrow$

計畫－工作－回顧

✦ 依幼兒需求調整教材教具

　增加真實食物放入日常練習區

　進行剝、切

✦ 依幼兒能力調整教材教具

　語文區放置戲劇棒偶、圖文

　對應

✦ 主題材料融入

　各式昆蟲翅膀、各式食物水果

　模型放置扮演區

✦ 教材教具層次性

　8 片拼圖→ 10 片拼圖、毛毛蟲

　比較大小

✦ 與人的合作性增加

　獨自遊戲，較少與人合作

小組時間

✦ 介紹新教具—滴管吸水

✦ 積木區收拾

✦ 引導積木建構

✦ 扮演區—野餐遊戲

✦ 我不挑食

團體時間

✦ Life 音樂—我變我變我變變變

✦ 體能—平衡木、丟球

✦ 母親節活動——日媽媽體驗

　活動

統整期

團體時間

◎ 認識對稱

◎ 毛毛蟲變蝴蝶

◎ 蝴蝶的好朋友

◎ 一起來開音樂會

◎ 愛護大自然

小組時間

◎ 蝴蝶對稱棉線畫

◎ 製作繭

◎ 我會保護自己

計畫－工作－回顧

✦ 依幼兒需求調整教材教具

　增加樂器、麥克風、舞台

✦ 依幼兒能力調整教材教具

　增加積木區 KAPLA、樂高、各

　式配件、昆蟲模型

✦ 主題材料融入

　繭的呈現

✦ 內容的延續性

　形色對應→六型六色

　毛毛蟲數與量

✦ 教材教具層次性

　積木區增加連結性（從個別到

　統整）

✦ 與人的合作性增加

　會與同儕互動

小組時間

✦ 積木區─昆蟲的家

✦ 我會拉拉鍊

✦ 我會折睡袋

團體時間

✦ life 音樂─高高低低

✦ 體能─平衡梯、投籃

✦ 端午節活動─划龍舟比賽

壹、預備期

　　教師清楚規劃下學期學習區環境，放置幼兒興趣及符合幼班年齡多元的教材教具，選定適合他們能夠理解、體驗、表達的主要繪本引發想像；教師協同進行課程討論、班級經營，擬定本學期幼班關鍵發展指標，並邀請家長個別親師溝通，家園合作，培養與其他幼兒、成人建立關係，提升生活經驗，養成獨立自主的好習慣。

一、選擇主要繪本──好餓的毛毛蟲

　　童書作家艾瑞卡爾畫風鮮明獨特，他運用拼貼的技巧，層疊出明亮歡樂的圖像，擅長在圖書中賦予閱讀和遊戲雙重特性，本學期選定主要繪本《好餓的毛毛蟲》（艾瑞・卡爾，鄭明進譯，上誼文化），引導幼班的幼兒閱讀及探索，當毛毛蟲一路吃啊吃、最後蛻變成美麗的蝴蝶時，展現出對自然的了解與關愛生命的可貴，讓幼兒從周遭事物中學習及體驗（圖 4-1）。

圖 4-1　主要繪本

二、學習區教材教具準備與環境規劃

　　教師規劃學習區：依各區學習目標準備適合幼班幼兒年齡與能力、興趣的教材教具，並隨著探索活動的開展，陸續將繪本主題有關的教材教具融入各學習區。

　　1. **語文區**：閱讀桌放置各式故事 CD、相關昆蟲及水果的繪本、演桌放置好餓的毛毛蟲故事寶盒、操作桌有星期轉盤、蝴蝶生長圖、圖文配對卡⋯⋯（圖 4-2）。

　　2. **扮演區**：提供裝扮配件、食物料理桌、各種食物及水果模型（圖 4-3）。

3. **動腦區**：放置數與量、比較大小，各式組合拼圖、昆蟲羽化拼圖、觀察箱、放大鏡、相機⋯⋯。

4. **積木區**：提供適合幼班操作的木紋積木、各種花朵樹木、各式昆蟲配件也依繪本主題提供相關圖片⋯⋯。

5. **日常生活練習區**：放置真實水果、插花器皿與花材、開鎖教具、衣飾框、夾夾樂⋯⋯，培養幼班幼兒小肌肉的發展。

圖 4-2　語文區全景

圖 4-3　扮演區全景

三、協同教學

　　兩位教師討論進行學習區環境規劃，了解每位幼兒特質（針對班級內有語言遲緩的特殊幼兒與巡迴輔導教師擬定個別教育計畫）、教師互相討論親師溝通的技巧、課程內容規劃（根據幼兒名單進行分組觀察記錄、準備及製作主要繪本好餓的毛毛蟲的相關教材教具，規劃期末成果展如何與主題做結合），招呼幼兒（協助幼班幼兒整理個人物品）、針對再過半年即將要升小班的幼兒安排生活自理──戒尿布及生活教育，培養幼兒用餐好習慣及教室環境清潔分配，並在每天下班前進行教學省思以達到優質的班級經營。

四、個別親師溝通

　　爲了實現本班的教學理念和目標，教師下足功夫幫助家長了解及分享幼兒在園所各項學習，除了每日的聯絡簿（記錄幼兒生理狀況及學習情形）、密切即時的官方 Line 訊息、相簿（分享班級活動照）、電話訪問及放學後面對面親師晤談（幼兒在家表現、給予幼兒有情緒及生活自理困擾的家長提供教養資訊……），尤其幼班幼兒年紀小容易感冒，家長較爲憂心，班級教師很貼心地爲幼兒餵藥記錄幼兒身心狀況，讓家長能夠放心，透過良好的雙向溝通讓幼兒在園所快樂學習。

貳、探索期

　　教師說好餓的毛毛蟲的故事，開展幼兒對觀察毛毛蟲的成長之旅，從探索校園、踏查鐵道、體驗（飼養與觀察菜蟲），增加生活經驗，引發腦力激盪，產生主題，形成概念。透過計畫－工作－回顧、團體、小組活動，並依照幼兒的興趣品嘗水果，透過視覺、觸覺、嗅覺、味覺的感受，增加兒歌肢體想像的創作，在教師的支持下學習成長。

一、計畫－工作－回顧

（一）計畫時間

　　透過教師的引導說出簡單的計畫，培養幼兒思考及表達的能力。

　　A 組：【神祕袋】教師從神祕袋中抽出教具，幼兒手上教具跟教師一樣的即可說出計畫。

　　B 組：【打電話】教師準備電話和姓名卡，教師抽到幼兒名字，即可用電話說出計畫（圖 4-4）。

（二）工作時間

依自己的計畫進入學習區專心工作（圖 4-5、4-6）。

（三）回顧時間

幼兒能說出計畫－工作的過程，教師引導幼兒說出問題（圖 4-7）。

圖 4-4　B 組教師與幼兒進行打電話的計畫方式

圖 4-5　操作手偶說故事

圖 4-6　進行裝扮遊戲

圖 4-7　幼兒回顧在積木區蓋花園卻沒有花朵，教師與幼兒討論如何製作花的配件

高瞻幼兒園　學年 下學期 小組時間計畫表

班　　級	幼班	幼兒年齡	2-3 歲	教 學 者	
週　　次	第 3 週	活動日期	年　月　日	活動時間	30 分鐘
活動名稱	摺紙花 （積木 區配件）	KDIs	F. 創造性藝術領域 40. 藝術：幼兒透過二維及三維藝術的表 　現來表達他們的觀察、思考、想像和 　感覺		
		COR-A	藝術領域— X、美術		
材料	主材料	色紙、吸管、膠水			
	副材料	色筆			

一、想法來源

幼兒在積木區建構昆蟲的家時，發現沒有花朵、樹木當作是昆蟲休息的地方，蝴蝶也無法吸花蜜的問題，教師給予建議在積木區增加花朵配件提供幼兒操作使用。

二、教學過程

開始：教師介紹材料（色紙、吸管、膠水）。

中間：1. 教師示範摺紙花的步驟。

2. 幼兒選取色紙，依照步驟進行操作，花朵摺好後，拿取枝葉用膠水黏貼。

3. 過程中教師協助幼兒進行活動。

4. 分享與回顧，幼兒說：「摺花的時候，我不會摺，我有請老師幫忙，變成三角形。」「我的花是粉紅色的，葉子也是我做。」「我做的花很可愛。」

結束：1. 會收拾工具。

2. 將摺紙花放入積木區。

圖 4-8　我也會練習摺紙花

三、延伸活動

將做好的花朵放置積木區提供未來操作使用。

高瞻幼兒園　學年度 下學期 小組時間計畫表

班　　級	幼班	幼兒年齡	2-3 歲	教 學 者	
週　　次	第 1 週	活動日期	年 月 日	活動時間	30 分鐘
活動名稱	繪本導讀 ─好餓的 毛毛蟲	KDIs	D. 語言讀寫與溝通領域 26. 閱讀：幼兒因樂趣和信息而閱讀		
		COR-A	語言領域─ P、閱讀能力		
材料	主材料	好餓的毛毛蟲繪本、毛毛蟲及蝴蝶棒偶			
	副材料	水果圖片、毛毛蟲圖片、蝴蝶圖片			

一、想法來源

　　配合幼兒的成長發展變化，選定主要繪本為《好餓的毛毛蟲》，引導幼兒閱讀及探索、觀察毛蟲變蝴蝶的蛻變過程並進行相關活動。

二、教學過程

　　開始：教師準備好餓的毛毛蟲繪本、棒偶。

　　中間：1.教師先用毛毛蟲及蝴蝶棒偶引起幼兒注意，詢問幼兒看到了什麼？

　　　　　　幼兒：「看到了綠色的毛毛蟲。」「有大大翅膀的蝴蝶。」

　　　　　2.教師從封面逐次翻頁引導幼兒說出繪本中所看到的圖像（許多彩色的石頭、太陽、小小的蛋、小毛毛蟲、吃了蘋果、小毛毛蟲變成大毛毛蟲……）。

　　　　　3.教師開始講述繪本，幼兒專注聆聽內容。

　　　　　4.討論毛毛蟲吃了哪些東西？並引導幼兒說出星期的順序，一起唱星期歌。

　　結束：請幼兒幫忙收拾棒偶及繪本放至語文區。

三、延伸活動

　　將好餓的毛毛蟲繪本及棒偶放置語文區，可供幼兒閱讀及操作。

高瞻幼兒園 學年度 下學期 團體時間（戶外教學）計畫表

班　　級	幼班	幼兒年齡	2-3 歲	教　學　者	
週　　次	第 1 週	活動日期	年　月　日	活動時間	1 小時
活動名稱	尋找毛毛蟲	KDIs	G. 科學與科技領域 45. 觀察：幼兒觀察環境中的材料及過程		
		COR-A	科學與科技領域— DD、自然和物理世界		
材料	主材料	網子、紙袋、塑膠袋、飼養箱、棉繩			
	副材料	水壺			

一、想法來源

幼兒先前在校園沒有找到毛毛蟲，表示想要到其他地方尋找毛毛蟲，教師說明鐵路步道有許多的植物及花草、裝置藝術……，那裡也許會有毛毛蟲，於是帶領幼兒前往鐵路步道進行踏查活動。【填寫校外教學活動申請表】

二、教學過程

開始：1. 教師準備工具：網子、紙袋、塑膠袋、飼養箱、水壺。

　　　2. 教師在出發前跟幼兒提醒：要注意安全！並準備一條棉繩讓幼兒抓著繩子走路。

中間：1. 幼兒開始沿著鐵路步道觀察周遭環境是否有看到毛毛蟲，尋找毛毛蟲住哪裡？

　　　2. 幼兒進行尋找毛毛蟲活動。

　　　3. 幼兒說：「在路上沒找到毛毛蟲。」「我看到了蝴蝶。」「我撿到圓圓尖尖的果實。」「我看到長長的樹葉。」

結束：回到園所進行回顧與分享活動。

三、延伸活動

1. 家長資源：提供菜蟲讓幼兒觀察及飼養。

2. 教師發現幼兒對毛毛蟲產生好奇，於是教師規劃欣賞「毛毛蟲變蝴蝶」影片、在學習區增加體驗教具（毛毛蟲毛球夾夾樂、蝴蝶穿線版）、設計毛毛蟲相關的小組活動。

高瞻幼兒園　學年度 下學期 小組時間計畫表

班　　級	幼班	幼兒年齡	2-3 歲	教 學 者	
週　　次	第 2 週	活動日期	年　月　日	活動時間	30 分鐘
活動名稱	飼養菜蟲	KDIs	G. 科學與科技領域 51.自然和物理世界：幼兒蒐集關於自然和物理世界的知識		
		COR-A	科學與科技領域— DD、自然和物理世界		
材料	主材料	觀察箱、放大鏡、手機			
	副材料	高麗菜、水果			

一、想法來源

　　在鐵道沒有找到毛毛蟲後，教師藉由家長提供菜蟲（因羽化的方式和毛毛蟲相同），讓幼兒進行觀察。「菜蟲和毛毛蟲一樣都會變成蝴蝶嗎？」「要怎麼照顧呢？」看了影片後，幼兒知道菜蟲和毛毛蟲的成長過程相似，每天要餵食新鮮的蔬菜及水果給菜蟲吃才會長大。教師與幼兒討論飼養規則並將菜蟲放置觀察箱供幼兒觀察與照顧。

二、教學過程

　　開始：教師準備塑膠盤、觀察箱、高麗菜、放大鏡、手機。

　　中間：1.教師與幼兒回顧飼養菜蟲的方法：每天要餵食新鮮的蔬果給菜蟲吃才會長大。

　　　　　2.幼兒至觀察區拿取高麗菜放入飼養箱，觀察菜蟲在飼養箱中活動的情形。幼兒主動拿起放大鏡來觀察菜蟲，並說出看到的情形：「菜蟲在吃高麗菜。」「菜蟲怎麼都不會動？」「我看到菜蟲變成了繭。」………

　　　　　3.教師在旁協助，將菜蟲放置在塑膠盤上，讓幼兒使用家長提供的舊手機拍攝菜蟲每天的變化。

　　結束：收拾工具（放大鏡、手機）。

三、延伸活動

　　教師將幼兒拍攝菜蟲的照片列印出來，並依日期彙整，製作菜蟲成長紀錄海報，放置語文區提供未來工作時間閱讀。

二、主題產生（A）

　　透過主要繪本《好餓的毛毛蟲》讓幼兒想像，經過小組時間（體驗）與團體時間的探索、體驗、踏查活動，幼兒產生興趣與想法，蒐集訊息後，對於主題的命名經過兩位教師討論後，提案為：(1) 可愛的毛毛蟲；(2) 毛毛蟲的祕密，教師依照幼兒的興趣及討論可行性的活動，決定由「可愛的毛毛蟲」為發展主題。

三、想法激盪產生各種想法（B）

圖 4-9　幼兒的想法激盪

四、用網絡圖組織想法形成概念（C）

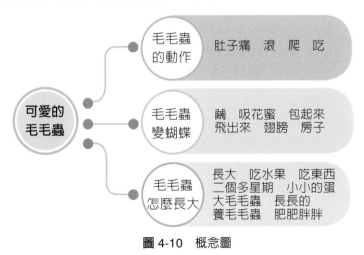

圖 4-10　概念圖

205

五、活動設計與規劃（D）

可愛的
毛毛蟲

毛毛蟲怎麼長大

06. 準備食物【小組】
   （KDI 17. 精細動
   作技能）
   （KDI 20. 健康行
   為）
07. 飼養蠶寶寶【團
   體】
   （KDI 48. 預測）
08 紙毛毛蟲【團體】
   （KDI 40. 藝術）
   （KDI 23. 詞彙）
09. 毛毛蟲比大小
   【小組】
   （KDI 36. 測量）
12. 毛毛蟲化裝舞會
   【小組】
   （KDI 43. 扮演遊
   戲）
14. 製作繭【小組】
   （KDI 13. 合作）

毛毛蟲的動作

01. 爬爬毛毛蟲【小組】（KDI 3. 參與）
02. 兒歌－好餓的毛毛蟲【團體】（KDI
   41. 音樂）
03. 滾一滾【小組】（KDI 16. 粗動作）
05. 毛毛蟲吃水果【團體】（KDI 16. 粗動作）
10. 毛毛蟲肚子痛【團體】（KDI 9. 情緒）
11. 毛毛蟲會跳嗎？【團體】（KDI 42. 動作）

毛毛蟲變蝴蝶

04. 生命教育－再見了蝴蝶【團體】（KDI 51. 自然和
   物理世界）
13. 飛飛停停【團體】（KDI 42. 動作）
15. 認識對稱【團體】（KDI 22. 說話）（KDI 35. 空間
   意識）
16. 蝴蝶對稱棉線畫【小組】（KDI 40. 藝術）（KDI
   52. 工具和技術）
17. 毛毛蟲變蝴蝶【團體】（KDI 42. 動作）
18. 蝴蝶的好朋友【團體】（KDI 51. 自然和物理世界）
19. 昆蟲的家【小組】（KDI 51. 自然和物理世界）
20. 一起來開音樂會【團體】（KDI 2. 計畫）
21. 我會保護自己【小組】（KDI 22. 說話）
22. 愛護大自然【團體】（KDI 51. 自然和物理世界）

圖 4-11　概念圖

說明：在實際進行課程時，會依幼兒的回應及興趣做順序或內容上的調整，以及
為規劃期末潛能發表活動做準備。

六、高瞻關鍵發展指標之檢視（E）

領域	活動設計	數量
A. 學習方法	01. 爬爬毛毛蟲【小組】（KDI 3. 參與） 20. 一起來開音樂會【團體】（KDI 2. 計畫）	3
B. 人際關係與情緒發展	10. 毛毛蟲肚子痛【團體】（KDI 9. 情緒） 14. 製作繭【小組】（KDI 13. 合作遊戲）	2
C. 身體發展與健康	03. 滾一滾【小組】（KDI 16. 粗動作技能） 05. 毛毛蟲吃水果【團體】（KDI16. 粗動作技能） 06. 準備食物【小組】（KDI 17. 精細動作技能） （KDI.20 健康）	3
D. 語言、讀寫與溝通	08. 紙毛毛蟲【團體】（KDI 23. 詞彙） 13. 飛飛停停【團體】（KDI 42. 動作） 15. 認識對稱【團體】（KDI 22. 說話） 21. 我會保護自己【小組】（KDI 22. 說話）	4
E. 數學	09. 毛毛蟲比大小【團體】（KDI 36. 測量） 15. 認識對稱【團體】（KDI 35. 空間意識）	2
F. 創造性藝術	02. 兒歌—好餓的毛毛蟲【團體】（KDI 41. 音樂） 08. 紙毛毛蟲【團體】（KDI 40. 藝術） 11. 毛毛蟲會跳嗎？【團體】（KDI 42. 動作） 12. 毛毛蟲化裝舞會【小組】（KDI 43. 扮演遊戲） 16. 蝴蝶對稱棉線畫【小組】（KDI 40. 藝術） 17. 毛毛蟲變蝴蝶【團體】（KDI 42. 動作）	6
G. 科學與科技	04. 生命教育—再見了～蝴蝶【團體】（KDI 51. 自然和物理世界） 07. 飼養蠶寶寶【小組】（KDI 48. 預測） 16. 蝴蝶對稱棉線畫【小組】（KDI 52. 工具和技術） 18. 蝴蝶的好朋友【團體】（KDI 51. 自然和物理世界） 19. 昆蟲的家【小組】（KDI 51. 自然和物理世界） 22. 愛護大自然【團體】（KDI 51. 自然和物理世界）	6

領域	活動設計	數量
H. 社會研究	55. 做決策：幼兒參與製定班級的決策	1

說明：在高瞻關鍵發展領域的「A. 學習方法」、「B. 人際關係與情緒發展」、「E. 數學」、「H. 社會研究」領域，在這學期的主題相關活動較少，在計畫－工作－回顧已進行了有關的活動則不另外列出。

參、聚焦發展期

透過主題活動的開展，如觀察飼養、了解生命教育、肢體模仿、毛毛蟲比大小、認識蝴蝶對稱翅膀……，教師帶領幼兒深入的探索與學習。在計畫－工作－回顧發現幼兒對物品歸位產生了問題，於是安排小組活動練習積木區的收拾、製作配件、引導積木建構。又依照幼兒的能力學習新技巧（捲、畫、撕貼、蓋印），享受美感創作的樂趣，並在團體時間也安排沙水遊戲體驗，從中獲得更多的生活經驗，培養幼兒思考及解決問題。

一、計畫－工作－回顧

（一）計畫時間

會主動說出簡單的計畫（要去的學習區及使用的材料）。

A 組：【唱問候歌】教師拿棒偶與幼兒唱問候歌進行點名，點到的幼兒唱歌回應教師後進行計畫。

B 組：【唱歌傳球】一邊唱兒歌一邊傳球，歌聲停止時，球在誰手上即可說出計畫（圖 4-12）。

（二）工作時間

幼兒會專注地操作教材教具，遇到困難會尋求教師協助（圖 4-13、4-14）。

（三）回顧時間

幼兒能簡單的敘述作品的名稱及材料的種類（圖 4-15）。

圖 4-12　B 組教師與幼兒進行唱歌傳球的計畫方式

圖 4-13　幼兒請教師說故事給他們聽

圖 4-14　幼兒建構隔間及加入配件

圖 4-15　分享語文區拿棒偶說故事的內容

高瞻幼兒園　學年度 下學期 小組時間計畫表

班　　級	幼班	幼兒年齡	2-3 歲	教 學 者	
週　　次	第 5 週	活動日期	年　月　日	活動時間	30 分鐘
活動名稱	介紹新教具——滴管吸水	KDIs	C. 身體發展與健康領域 17. 精細動作技能：幼兒使用小肌肉表現出靈巧和手眼協調		
		COR-A	身體發展與健康領域—J、小肌肉動作		
材料	主材料	滴管、已裝水的水杯、未裝水的水杯			
	副材料	教具盤、抹布			

一、想法來源

　　為了讓幼兒練習小肌肉（擠壓、收放）動作，所以教師用小組時間引導幼兒操作日常生活練習教具。

二、教學過程

　　開始：準備教具（滴管及水杯）。

　　中間：1. 教師示範如何操作教具（三指先擠壓滴管，再放入裝好水的水杯，輕輕放鬆，讓水往滴管上吸，待吸滿後，移動到空水杯，再將水擠出來，依步驟將裝滿的水吸光移動到原本的空水杯中。）

　　　　　2. 幼兒實際操作。

　　　　　3. 教師觀察幼兒在操作擠水滴管時會因為沒有壓好而把水流出來，教師引導幼兒用抹布擦拭，幼兒經過幾次操作後越來越熟練。

　　結束：1. 收拾與整理

　　　　　2. 進行回顧與分享活動。

三、延伸活動

　　將滴管吸水教具放入日常生活練習區，以供未來工作使用。

高瞻幼兒園　學年 下學期 小組時間計畫表

班　　級	幼班	幼兒年齡	2-3 歲	教 學 者	
週　　次	第 5 週	活動日期	年　月　日	活動時間	30 分鐘

活動名稱	積木區 收拾	KDIs	H. 社會研究領域 56. 地理：幼兒識別和解釋其環境中的特徵和位置
		COR-A	社會研究領域── GG、地理
材料	主材料	各式單位積木、配件、教具歸位牌	
	副材料	教具籃、教具櫃	

一、想法來源

幼兒在收拾時間常將積木區的教具放錯在不同的籃子或教具櫃裡，教師進行小組時間引導幼兒練習歸位收拾。

二、教學過程

開始：準備積木及各式配件（人物、動物、昆蟲、花朵樹木、交通工具、標示牌）。

中間：1. 介紹積木的形狀及配件名稱。

2. 引導幼兒認識教具櫃及教具籃外的歸位牌圖片，教師介紹這些是積木和配件們的家。

3. 教師請每一位幼兒選取一樣教具，幼兒依照手中的教具，尋找它的歸位牌，放入正確的位置並擺放好。

結束：收拾完畢後進行分享和回顧。

三、延伸活動

將此經驗運用在未來的收拾時間。

高瞻幼兒園　學年 下學期 小組時間計畫表

班　　級	幼班	**幼兒年齡**	2-3 歲	**教 學 者**	
週　　次	第 7 週	**活動日期**	年　月　日	**活動時間**	30 分鐘
活動名稱	引導積木 建構	KDIs	F. 創造性藝術 40. 藝術：幼兒透過二維及三維藝術的表現來表達他們的觀察、思考、想像和感覺		
		COR-A	創造性藝術──X、藝術		

211

材料	主材料	各式積木、地毯
	副材料	恐龍、動物、昆蟲配件

一、想法來源

幼兒在積木區工作時，教師發現幼兒會將積木隨意堆疊，為給予幼兒學習基礎的建構技巧，故以小組的方式進行引導。

二、教學過程

開始：教師準備各式積木、地毯、相關配件。

中間：1. 教師介紹各式積木形狀、大小及地毯、相關配件。

2. 引導讓幼兒以自己的方式利用材料沿著綠色地墊周邊進行圍框。

3. 教師觀察幼兒建構情形，鼓勵幼兒可試著加入配件。

4. 分享與回顧，幼兒說：「這是我們做的動物的家，我有圍起來不讓牠們跑走。」「我把恐龍都放在一起。」「牠們都躺著休息。」

結束：整理與收拾。

三、延伸活動

運用在未來計畫－工作－回顧時間進行操作。

高瞻幼兒園　學年 下學期 小組時間計畫表

班　　級	幼班	幼兒年齡	2-3 歲	教 學 者	
週　　次	第 8 週	活動日期	年　月　日	活動時間	30 分鐘
活動名稱	扮演區——野餐活動	KDIs	F. 創造性藝術領域 43. 扮演遊戲：幼兒透過扮演遊戲表達和表徵任何他們的觀察、思考、想像和感覺。		
		COR-A	創造性藝術領域— AA、角色扮演		
材料	主材料	野餐食物、野餐墊			
	副材料	裝扮服裝、麥克風、小樂器、套圈圈等遊戲教具			

一、想法來源

教師在扮演區放置野餐教具及食物模型後，發現幼兒喜歡玩但不知道怎麼玩？教師運用小組時間與幼兒一同討論，並讓幼兒實際操作與體驗。

二、教學過程

開始：教師準備扮演區教材教具（野餐墊、食物模型）。

中間：1. 與幼兒進行討論在扮演區如何野餐？

　　　大家討論出：

　　　(1) 要先鋪野餐墊。

　　　(2) 再拿出水果和點心。

　　　(3) 夾食物放在盤子。

　　　(4) 當大家都有餐點時再一起吃。

　　　2. 幼兒依照討論的內容進行野餐體驗活動，教師在旁協助。

結束：1. 會收拾工具，將野餐教具放在扮演區。

　　　2. 教師引導幼兒說出扮演的時候的感受。

三、延伸活動

提供幼兒在計畫－工作－回顧進行操作。

高瞻幼兒園　學年度 下學期 團體時間計畫表

班　　　級	幼班	幼兒年齡	2-3 歲	教　學　者	
週　　　次	第 6 週	活動日期	年　月　日	活動時間	30 分鐘
活動名稱	02. 兒 歌 ——好 餓 的毛毛蟲	KDIs	F 創造性藝術領域 41. 音樂：幼兒透過音樂表達和表徵任何 　　他們的觀察、思考、想像和感覺		
		COR-A	創造性藝術領域—Y、音樂		
材料	主材料	兒歌海報、鋼琴			
	副材料	鈴鼓、三角鐵			

一、想法來源

在品嚐各種水果後，幼兒說我像毛毛蟲一樣吃了好多食物，教師因此透過簡單的旋律（妹妹背著洋娃娃）進行兒歌音樂活動。

二、教學過程

開始：1. 教師帶領幼兒至音樂教室進行活動，並準備兒歌海報及樂器。

2. 展示兒歌海報——好餓
的毛毛蟲（改編自妹妹
背著洋娃娃）
教師引導幼兒唱歌詞：
小小毛蟲吃不停，長的
肥肥又胖胖，
造個房子叫做繭，鑽出
洞兒變蝴蝶。

圖 4-16　教師引導幼兒進行歌唱

3. 教師和幼兒一邊歌唱，
一邊想像肢體動作（毛
毛蟲吃東西、變得肥肥
又胖胖、造房子、鑽的
動作……）。

結束：收拾及整理教具。

三、延伸活動

兒歌海報放置語文區兒歌牆，提
供未來工作使用。

圖 4-17　肢體想像

高瞻幼兒園　學年度　下學期　團體時間計畫表

班　級	幼班	幼兒年齡	2-3 歲	教 學 者	
週　次	第 7 週	活動日期	年　月　日	活動時間	30 分鐘
活動名稱	04. 生命 教育—— 再見了蝴 蝶	KDIs	G. 科學與科技領域 51. 自然和物理世界：幼兒蒐集關於自然 　　和物理世界的知識 H. 社會研究領域 55. 做決策：幼兒參與製定班級的決策		
		COR-A	科學與科技領域—DD、自然和物理世界		
材料	主材料	飼養箱、放大鏡、挖土勺子			
	副材料	相機			

一、想法來源

3/12 菜蟲蛻變成兩隻蝴蝶了，幼兒每天都會去觀察，3/16 早上發現一隻蝴蝶不會動了，有幼兒說：「牠死了？」「牠在睡覺？」教師與幼兒回顧之前看過的影片，討論也許是蝴蝶死了⋯⋯，因此教師規劃與生命教育的相關活動。

二、教學過程

開始：準備飼養箱、放大鏡、挖土工具。

中間：1. 與幼兒討論蝴蝶死掉了該怎麼辦？幼兒說：「要把牠埋起來。」「丟垃圾桶。」⋯⋯

　　　2. 後來大家決定將蝴蝶埋在樹下。

　　　3. 教師與幼兒帶著飼養箱及挖土工具走到樹下，教師協助幼兒挖土，將蝴蝶放在土裡，埋起來並跟牠說再見。

圖 4-18　跟蝴蝶說再見

　　　4. 飼養箱剩下一隻蝴蝶，教師詢問幼兒說：「剩下一隻蝴蝶怎麼辦？」幼兒說：「牠好孤單沒有朋友，我們讓牠去找牠的朋友。」

　　　5. 教師將飼養箱打開，讓蝴蝶飛出來，幼兒們揮揮手和蝴蝶說再見。

結束：收拾及整理。

三、延伸活動

家長資源：提供蠶寶寶及桑葉，供幼兒飼養。

高瞻幼兒園　學年度 下學期 小組時間計畫表

班　　級	幼班	幼兒年齡	2-3 歲	教 學 者	
週　　次	第 11 週	活動日期	年　月　日	活動時間	30 分鐘
活動名稱	06. 準備食物	KDIs	C. 身體發展與健康領域 17. 精細動作技能：幼兒使用小肌肉表現出靈巧和手眼協調 20. 健康行為：幼兒參與健康的練習		

	OR-A	身體發展與健康領域—J、小肌肉動作
材料 主材料	菠菜、籃子	
副材料	抹布、小掃把	

一、想法來源

先前進行毛毛蟲吃水果的活動後，幼兒知道吃蔬菜才會健康，所以教師設計準備食物活動，讓幼兒運用小肌肉進行挑菜，並請廚房阿姨幫忙烹調給幼兒品嚐。

二、教學過程

開始：教師準備菠菜、籃子。

中間：1. 介紹今天要準備的食物是菠菜，請幼兒觀察菠菜的顏色及樣子，幼兒說：「長長的。」「大大的一片一片綠色的葉子。」

2. 教師示範準備食物的步驟。

3. 請幼兒先將手清洗乾淨，幼兒回到座位後，一人一份菠菜，實際操作雙手先折斷蒂頭，再將菠菜折成一小段一小段，再放置菜籃。

圖 4-19　幼兒實際操作

結束：整理與收拾（將蒂頭丟進廚餘桶，挑好的菜送至廚房）。

三、延伸活動

將蔬菜放至生活練習區供未來工作使用。

高瞻幼兒園　學年度 下學期 小組時間計畫表

班　　級	幼班	幼兒年齡	2-3 歲		教 學 者	
週　　次	第 12 週	活動日期	年　月　日		活動時間	30 分鐘
活動名稱	07. 飼養蠶寶寶	KDIs COR-A	G. 科學與科技領域 48.預測：幼兒預測他們期望會發生什麼 科學與科技領域── CC、實驗、預測並得出結論			

材料	主材料	蠶寶寶、飼養盒、桑葉
	副材料	放大鏡、手機

一、想法來源

當菜蟲變成蝴蝶後，幼兒問：「還可以再養嗎？」剛好家長提供蠶寶寶及牠的食物 ── 桑葉，於是我們決定再次飼養，累積幼兒更多觀察的經驗。

二、教學過程

開始：準備蠶寶寶、飼養盒、桑葉。

中間：1. 請幼兒觀察蠶寶寶的外觀。幼兒說：「蠶寶寶是白色的，身體也是軟軟的。」「以前養的菜蟲是綠色的和之前的不一樣。」……

2. 介紹蠶寶寶吃的食物（桑葉）。

3. 幼兒依照之前的飼養經驗，餵食桑葉給蠶寶寶吃，並觀察蠶寶寶在飼養盒中的活動情形，並用手機拍照記錄下來。

結束：進行回顧與分享活動。

三、延伸活動

將蠶寶寶放置在觀察區提供幼兒觀察與飼養。

圖 4-20　觀察毛毛蟲在飼養盒中的情形

高瞻幼兒園　學年 下學期 小組時間計畫表

班　　級	幼班	幼兒年齡	2-3 歲	教 學 者	
週　　次	第 13 週	活動日期	年　月　日	活動時間	30 分鐘
活動名稱	09. 毛毛蟲比大小	KDIs	E. 數學領域 36. 測量：幼兒描述、比較和排序測量到的東西		
		COR-A	數學領域—U、測量		

材料	主材料	各式大小形狀的教具、學習單
	副材料	蠟筆

一、想法來源

幼兒觀察吃了食物的菜蟲及蠶寶寶身體從小小短短的，變成大大的，教師因此設計了數學活動，引導幼兒比較大小。

二、教學過程

開始：教師準備教室內相同屬性大小不同的教具、毛毛蟲比大小學習單。

中間：1. 教師先帶領幼兒一起唸手指謠：一根手指頭，一根手指頭，變呀變呀變呀毛毛蟲……

2. 教師拿出正方形及三角形（大小各一）積木，讓幼兒分辨哪一個比較大，哪一個比較小。幼兒說：「綠色的三角形比較大。」「藍色的三角形比較小。」

3. 請兩位幼兒依照教師的指令找出教具，例如：扮演區最大的水果和最小的水果。

4. 發下毛毛蟲比大小學習單，請幼兒觀察指出哪一隻毛毛蟲比較大，哪一隻比較小。

幼兒說：「大的毛毛蟲我塗上紅色。」「小毛毛蟲有三個圓圈圈。」

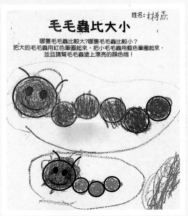

圖 4-21　學習單

結束：會收拾工具。

三、延伸活動

將學習單展示在課程紀實的牆面或蒐集至幼兒檔案內。

高瞻幼兒園　學年度　下學期　團體時間計畫表

班　　級	幼班	幼兒年齡	2-3 歲	教 學 者	
週　　次	第 14 週	活動日期	年　月　日	活動時間	30 分鐘
活動名稱	13. 飛飛停停	KDIs	F. 創造性藝術 42. 動作：幼兒透過動作表達和表徵任何他們的觀察、思考、想像和感覺		
		COR-A	創造性藝術領域— Z. 律動		
材料	主材料	三角鐵、手鼓			
	副材料	毛毛蟲頭套、蝴蝶翅膀			

一、想法來源

透過幼兒平日所唱的兒歌（好餓的毛毛蟲、蝴蝶），教師以自己的專長設計飛飛停停的說白節奏，引導幼兒從音樂活動中認識樂器（手鼓及三角鐵），並聆聽樂器的聲音進行動與靜專注力的培養。

二、教學過程

開始：1. 準備材料：三角鐵、手鼓。

　　　2. 教師帶領幼兒複習之前唱的兒歌（好餓的毛毛蟲、蝴蝶歌）。

中間：1. 教師詢問幼兒有觀察過毛毛蟲行進及蝴蝶飛舞的樣子嗎？幼兒依照自己觀察到的經驗，展現肢體進行想像及模仿（毛毛蟲在地上爬行、蝴蝶張開翅膀到處飛）。

　　　2. 準備手鼓及三角鐵，教師先敲著手鼓唸著：

　　　　毛毛蟲　毛毛蟲　爬爬停停　這裡爬　那裡停　到處爬　到處停。

　　　　（幼兒跟著手鼓的節奏爬行，當說到「停」時，教師三角鐵敲一下，幼兒聆聽到三角鐵的聲音即停下動作。）

3. 教師將引導語「毛毛蟲爬」更改成「蝴蝶飛」，幼兒依照引導語進行肢體想像。

4. 幼兒練習敲奏手鼓及三角鐵，一邊唸謠，一邊敲著節奏。

結束：收拾樂器及扮演道具。

圖 4-22　幼兒聽著教師的引導語進行肢體想像

三、延伸活動

提供在下次的團體時間 Life 音樂中進行。

肆、統整期

透過計畫－工作－回顧、小組時間、團體時間，幼兒使用教材教具更多元有層次，也增加與人的合作機會。幼兒回顧飼養萊蟲及蛹成長蛻變的過程，感受到生命教育的可貴，最後以語言（說故事）、音樂（聆聽與想像）、藝術創作與欣賞，實現幼兒的多元成果。幼班的幼兒情緒逐漸穩定，自理能力也更進一步，準備邁向小班學習，就如毛毛蟲般逐漸長大。

一、計畫－工作－回顧

（一）計畫時間

幼兒會表達出自己的計畫（要去哪一區、要進行的活動、使用的教材教具及一起進行的夥伴）。

A 組：【圖形配對】與教師手中的圖形一樣的，即可讓幼兒選擇以學習區地圖來做計畫（圖 4-23）。

B 組：【形狀配對】幼兒手拿形狀圖卡，投入與毛毛蟲形狀鑲嵌盒一樣的形狀者，即可做計畫。

（二）工作時間

幼兒能夠選擇教材教具專注操作，並與其他幼兒一起互動及合作（圖 4-24）。

圖 4-23 A 組教師以圖形配對遊戲來進行計畫。

圖 4-24 舉辦昆蟲演唱會

（三）回顧時間

幼兒能說出計畫－工作的過程，以及自己表達想要解決問題的方法（圖 4-25）。

圖 4-25 回顧積木區建構昆蟲樂園的過程，幼兒表示想蓋大一點，讓昆蟲玩溜滑梯、球池、鞦韆……

高瞻幼兒園　學年度　下學期　小組時間計畫表

班　　級	幼班	幼兒年齡	2-3 歲	教 學 者	
週　　次	第 17 週	活動日期	年　月　日	活動時間	30 分鐘
活動名稱	積木區——昆蟲的家	KDIs	A. 學習方法領域 4. 問題解決：幼兒解決遊戲中遇到的問題 F. 創造性藝術領域 40. 藝術：幼兒透過二維及三維藝術的表現來表達他們的觀察、思考、想像和感覺		
		COR-A	學習方法領域—B、解決問題能力 創造性藝術領域—X、美術		
材料	主材料	各式積木、各式配件（昆蟲、葉子、植物）			
	副材料	積木區教材教具			

一、想法來源

幼兒在積木區回顧時，表示想蓋大一點，讓昆蟲可以玩溜滑梯、球池、鞦韆……，所以教師透過幼兒的想法進行討論，引導練習進行建構。

二、教學過程

開始：準備紙盒積木、木紋積木、KAPLA 積木、樂高積木、水管積木、各式配件。

中間：1.幼兒：「可以拿掉綠色地毯。」「可以蓋到紅色線（團討區）的框框裡面。」

2.幼兒分組用 KAPLA 積木蓋溜滑梯，用木紋積木、樹葉做昆蟲的家，用聰明棒做盪鞦韆，用紙盒積木和木紋積木做樂園的圍牆。幼兒開始進行建構（排列、圍框、間隔，並加入配件），教師在旁觀察支持及引導。

圖 4-26　幼兒建構昆蟲的家

　　3.幼兒回顧及分享，幼兒：「我有蓋昆蟲館的廁所。」「下次在積
　　　木區想要蓋遊樂園，要有游泳池和溜滑梯。」
　結束：收拾及整理。

三、延伸活動

　　延伸至積木區進行工作。

高瞻幼兒園　學年 下學期 小組時間計畫表

班　　級	幼班	幼兒年齡	2-3 歲	教 學 者	
週　　次	第 16 週	活動日期	年　月　日	活動時間	30 分鐘
活動名稱	14. 製作繭	KDIs	B. 人際關係與情緒發展領域 13. 合作遊戲：幼兒參與合作遊戲		
		COR-A	社會和情緒領域—F、與其他的幼兒建立社交關係		
材料	主材料	畫筆、呼拉圈、紙類、黏貼用具			
	副材料	各式紙類、玻璃紙			

一、想法來源

　　在唱「好餓的毛毛蟲兒歌」時，歌詞中描述「造個房子叫做繭，鑽出洞兒
變蝴蝶」，幼兒向教師提出：「我想要造個房子，跟毛毛蟲一樣的房子。」
教師依照幼兒的興趣規劃製作繭的活動。

二、教學過程

　　開始：教師準備使用的材料（畫
　　　　　筆、多種類的色紙、黏貼
　　　　　用的膠水），並介紹其名
　　　　　稱。

　　中間：1.請幼兒自由運用材料進
　　　　　　行畫圖及撕貼的方式進
　　　　　　行創作。
　　　　　2.教師進行觀察及協助。

圖 4-27　扮演毛毛蟲穿過繭

223

3.將幼兒畫好的紙張作品與數個呼拉圈進行組裝，完成一個圓柱體
　形狀的房子「繭」。

4.幼兒將撕下的各式色紙拼貼裝飾在繭上。

5.幼兒輪流穿越大家合作完成的繭，幼兒說：「我們做的繭好漂亮。」
　「我像毛毛蟲一樣住在繭裡面好好玩。」

結束：收拾與整理。

三、延伸活動

放置在扮演區，提供未來在工作時間操作使用。

高瞻幼兒園　學年度 下學期 團體時間計畫表

班　　級	幼班	幼兒年齡	2-3 歲	教 學 者	林巧珍、顏幼貴
週　　次	第 20 週	活動日期	年　月　日	活動時間	30 分鐘
活動名稱	17. 毛毛蟲變蝴蝶	KDIs	F. 創造性藝術領域 42. 動作：幼兒透過動作表達和表徵任何他們的觀察、思考、想像和感覺		
		COR-A	創造性藝術領域—Z、律動		
材料	主材料	音響、七式進階音樂、棒偶、偶台、兒歌海報、鈴鼓			
	副材料	各式樂器			

一、想法來源

透過音樂故事讓幼兒們想像自己來到了毛毛蟲的世界，除了體驗各種好吃的水果及不同的食物，亦感受毛毛蟲鑽出房子（繭）變成美麗蝴蝶的精彩又奇妙的蛻變過程。

二、教學過程

開始：教師拿出偶台和棒偶講述「好餓的毛毛蟲」的音樂故事。

中間：1.教師播放音樂「七式進階」，除了讓幼兒專注聆聽音樂，並透過
　　　肢體的律動來呈現漸進式毛毛蟲羽化成蝴蝶的過程。

　　　（蛋→鑽出來→毛毛蟲吃東西→肚子痛→造房子→包起來→鑽出
　　　變成蝴蝶）

2.蝴蝶肢體動作想像：請幼兒找到自己的蝴蝶好朋友，一起做出蝴蝶吸花蜜和張開翅膀飛行及繞圈圈玩遊戲的肢體動作，將創意和想像力用肢體表現出來。

3.一邊手拿鈴鼓一邊唱兒歌──毛毛蟲變蝴蝶（小毛驢改編歌曲）。

結束：幼兒聽著音樂，閉上眼睛安靜的趴下來，教師一邊滾動著大龍球跟寶貝們一起回顧課程內容並在耳邊說出鼓勵幼兒的話。

三、延伸活動

搭配音樂進行好餓的毛毛蟲故事的改編，將改編後的劇本呈現在期末成果發表會。

二、團體時間

1. 想法來源：透過教師故事引導，在 Life 音樂進行肢體想像與創作，呈現在全園性活動──音樂成果發表會（好餓的毛毛蟲音樂劇）（圖 4-28、4-29）。

2. 於期末邀請家長入園了解計畫－工作－回顧的重要性，以及繪本主題融入高瞻課程的歷程，知道寶貝在各領域的發展，並將主動學習延續到家庭與社區。

3. 教師向家長說明本學期幼兒學習的歷程，之後請家長欣賞幼兒的創作（圖 4-30）。

圖 4-28　毛毛蟲一起做運動

圖 4-29　毛毛蟲找東西吃

圖 4-30　幼兒的作品陳列（動物園、毛毛蟲、繭、蝴蝶）

第二節　主題融入高瞻課程——小班課程實踐示例

小班教學活動紀錄

預備期

- ☾ 選選擇主要繪本（小蝌蚪茶茶）
- ☾ 學習區規劃、教材教具的準備
- ☾ 討論教學計畫
- ☾ 個別親師溝通

探索期

團體時間

- ◈ 幼兒的舊經驗分享
- ◈ 製作繪本賞析圖
- ◈ 探索、觀察、體驗、踏查：
  尋找小蝌蚪
  - ➤觀察—小蝌蚪、植物、池塘
  - ➤體驗—走稻田
  - ➤家長資源—提供場地（哈嘎米商號）、解說。

小組時間

- ◈ 飼養觀察小蝌蚪

主題產生（A）：化裝舞會
↓
相關想法激盪（B）
↓
使用網絡圖組織想法形成概念（C）
↓
活動設計（D）
↓
高瞻關鍵發展指標之檢視（E）

計畫－工作－回顧

- ✦ 介紹學習區
  認識每個學習區的教材教具及使用方法，如在語文區增加幸運轉轉盤（圖文配對）
- ✦ 如何進行計畫－工作－回顧
- ✦ 進行計畫－工作－回顧

小組時間

- ✦ 建構與對稱
- ✦ 撲克牌：抽鬼牌
- ✦ 穿脫衣服、外套
- ✦ 扣釦子、拉拉鍊
- ✦ 摺—外套、衣服
- ✦ 蘋果樹—舀數字蘋果
- ✦ 飼養小蝌蚪
- ✦ 觀察植物

團體時間

- ✦ 多多璐城堡
- ✦ Life 音樂—小青蛙愛唱歌
- ✦ 體能—青蛙跳跳跳（呼拉圈、跳格子）

聚焦發展期

團體時間
◈ 電影賞析—化裝舞會
◈ 裝扮我的臉
◈ 我是超人
◈ 超能力特攻隊
◈ 舞會地點
◈ 呼拉圈舞蹈派對

小組時間
◈ 畫我身形
◈ 看著鏡子畫一畫
◈ 鏡子遊戲
◈ 公主與王子
◈ 海報設計
◈ 邀請卡
◈ 舞台設計
◈ 我是小小服裝設計師

計畫－工作－回顧
✦ 依幼兒需求調整教材教具
　扮演區增加真實食物（如水
　果、吐司、餅乾）、照顧植
　物、插花
✦ 依幼兒能力調整教材教具
　動腦區增加數與量 1-10 對應、
　觀察區紀錄單
　積木區增加 KAPLA 積木、配件
✦ 主題材料融入
　我的五官臉譜
✦ 內容的延續性
　蘋果樹：夾數字蘋果到樹幹上
✦ 教材教具層次性
　撲克牌：比大小
✦ 與人的合作性增加
　可與同儕互動、進行簡單討論

小組時間
✦ 橋梁搭建
✦ 擦桌子
✦ 洗、擰毛巾
✦ 蝌蚪變青蛙
✦ 植物的變化

團體時間
✦ Life 音樂—馬戲團的舞會
✦ 體能—拍球、投籃

統整期

團體時間

◈ 青蛙的結婚派對
◈ 生日派對
◈ 西瓜廣場舞會
◈ 我與好朋友的舞會
◈ 化裝舞會

小組時間

◈ 蝴扮演區生日派對
◈ 製作面具和頭套

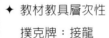

計畫－工作－回顧

✦ 依幼兒需求調整教材教具
　美勞區增加製作黏土器具
✦ 依幼兒能力調整教材教具
　動腦區增加規則性教具：數字
　轉轉盤
✦ 主題材料融入
　扮演區增加面具和頭套
✦ 內容的延續性
　蘋果樹：數字蘋果與數量的
　對應
✦ 教材教具層次性
　撲克牌：接龍
✦ 與人的合作性增加
　能與其他幼兒合作建構城堡、
　飯店

小組時間

✦ 剪直線
✦ 穿－編織（上下概念）
✦ 剝（花生）
✦ 青蛙的成長過程
✦ 快樂自信的小青蛙

團體時間

✦ Life 音樂—青蛙跳水
✦ 體能—水谷式教具（爬、跨越、
　走、雙腳跳）

壹、預備期

教師針對班級經營與協同方式進行討論，規劃適合小班幼兒的學習環境、教材教具的準備，選擇符合幼兒興趣的主要繪本，進行課程討論與教學計畫，邀請家長個別晤談了解幼兒特質及家長的期待，親師攜手合作讓幼兒快樂學習。

一、選定主要繪本——小蝌蚪茶茶

配合幼兒從幼幼班到小班，知道自己長大了，相同的，在幼兒成長的過程中，必定也會經歷各種不同的階段，也會面對各種學習的心路歷程，因此選定主要繪本《小蝌蚪茶茶》（腸子著，陳和凱繪，世一出版社），教師引導幼兒閱讀及觀察探索蝌蚪變青蛙身體的變化……，教師設計了認識自己及與同儕之間的肢體遊戲，並讓幼兒知道學習如何愛護自己、尊重別人，成為快樂有自信的幼兒（圖4-31）。

圖 4-31　主要繪本

二、學習區教材教具準備與環境規劃

教師規劃學習區：語文區、動腦區、積木區、美勞區、扮演區，並依各區學習目標準備適合小班幼兒年齡與能力、興趣的教材教具，以及與繪本主題有關的教材教具融入各學習區。

1. 語文區：有大量的圖書，布置坐墊、地毯、檯燈讓幼兒有能靜下來閱讀的空間，聽桌有青蛙相關的繪本及故事 CD，演桌擺放小蝌蚪茶茶裡的角色手指偶及池塘情境，操作桌有幸運轉轉盤（圖文配對）、青蛙的一生、動物影子配對……。

2. **動腦區**：放置數與量、形狀變變變（釘板）、顏色賓果、圖形對應拼圖、青蛙拼圖、觀察飼養箱、放大鏡、相機……。

3. **積木區**：提供單位積木、KAPLA 積木、配件（例如：水生生物、布、植物、石頭……）以及與主題繪本相關的圖片，供幼兒參考建構。

4. **美勞區**：讓幼兒享受美感經驗與藝術創作，從顏色（七色絲巾）啟發幼兒的感受，運用各種形式的藝術媒介進行創作，提供各種素材（例如：樹葉、種子、果實、石頭、貝殼、紙盒、瓶蓋、毛線……）、各種紙類、筆類以及工具（剪刀、白膠、小掃把、抹布、工作服……）（圖 4-32）。

5. **娃娃家**：有裝扮區提供裝扮服裝與搭配的配件、有烹飪料理區提供料理桌與食物模型、廚檯、餐具……，並搭配牆上彩繪的房子營造出「家」的溫馨氛圍，發揮幼兒想像力進行角色扮演（圖 4-33）。

圖 4-32　美勞區全景

圖 4-33　娃娃家全景

三、協同教學（課程討論）

　　兩位教師討論學習區環境規劃，學習區內應增減哪些教材教具、了解每位幼兒特質並進行親師溝通，尤其班級有幾位幼兒皆是搭乘娃娃車上下學，要固定每週電訪並做成紀錄、課程內容規劃（討論校外教學地點、主題發展方向以肢體動作與人際互動為主、運用手指謠與兒歌在轉換時刻、等待時間，將音樂融入日常生活中、生活自理能力

與品格教育的培養，如自己更換衣褲外套、自己物品的整理……），並利用每天中午午睡時間進行討論以達成班級經營和教學的共識。

四、個別親師溝通

　　家長和教師是幼兒教育的最佳合夥人，透過溝通與協調，建立良好的合作模式，像是藉由每週的親職手冊、簡訊、電話、晤談……，主動分享幼兒在學校的表現，還有班級網頁、家長網路群組，即時發送幼兒在學校的活動照片與訊息，而且在學期初會舉辦學校日，詳細說明班級經營方式、學習歷程檔案……。每週的親子共讀有家長回饋親子學習單內容，包含親子互動的照片、圖畫、文字內容……，感受到親子共讀的溫馨。還有舉辦教學觀摩日，讓家長近距離觀看幼兒進行計畫－工作－回顧，家長告訴教師：教室環境規劃有美感氛圍，教材教具充足具多元性，幼兒在工作時間能專注執行計畫，充分了解幼兒主動學習的能力，並將主動學習延續至家庭。

貳、探索期

　　進入了探索期，在計畫－工作－回顧、小組、團體時間，幼兒從扮演區對扮演服裝、生活物品產生了興趣，但是遇到了自己穿衣服的困難，於是教師規劃了小組時間練習穿、脫、摺衣服、扣釦子、拉拉鍊；透過「我也會」故事讓幼兒進行身體肢體律動的團體活動；主要繪本「小蝌蚪茶茶」，教師帶領幼兒到戶外踏查、尋找蝌蚪、觀察植物、餵食小動物……。藉由活動中教師記錄幼兒的興趣和學習情況，引導幼兒展開多元化的探索。

多多璐幼兒園　學年度 下學期 團體時間計畫表

班　　級	小班	幼兒年齡	3 歲	教　學　者	古嘉欣、朱芮雅
週　　次	第 1 週	活動日期	年 月 日	活動時間	30 分鐘
活動名稱	製作繪本賞析圖	KDIs	D. 語言、讀寫與溝通領域 21. 理解：幼兒理解語言		
		COR-A	語言、讀寫與溝通領域—M、傾聽和理解能力		
材料	主材料	小蝌蚪茶茶繪本			
	副材料	白板、白板筆、圖畫紙、彩色筆			

一、想法來源

讓幼兒能更了解繪本裡的角色、情節、背景等內容。

二、教學過程

開始：教師準備繪本（小蝌蚪茶茶）、白板、白板筆、圖畫紙、彩色筆。

中間：1. 教師詢問幼兒昨天分享的繪本《小蝌蚪茶茶》，你還記得嗎？

2. 教師提起幼兒對於故事的印象有哪些？

出現了哪些水中生物呢？（小蝌蚪、魚、蝦子、螃蟹）

牠們發生了什麼事？（小蝌蚪長腳了，牠不喜歡）

3. 教師將繪本賞析討論的「角色、背景、情節、題材、圖像」的字寫在白板上。

4. 教師開始與幼兒討論「角色→背景→情節→題材→圖像」。

5. 討論結束後，教師請幼兒拿起白紙與畫筆畫出自己最喜歡的部分，幼兒依自己的興趣選擇畫出「角色、背景、情節、題材、圖像」。

6. 幼兒分享自己的畫，教師和幼兒一起將圖歸類在繪本賞析海報上。

7. 教師引導幼兒說出角色、背景、情節……的繪本賞析圖。

結束：1. 幼兒收拾所使用的教材教具。

2. 討論將繪本賞析圖放置語文區。

三、延伸活動

將繪本賞析圖放置語文區，以供幼兒能隨時參考使用。

多多璐幼兒園　學年度　下學期　團體時間（戶外教學）計畫表

班　　級	小班	幼兒年齡	3 歲	教 學 者	古嘉欣、朱芮雅
週　　次	第 2 週	活動日期	年　月　日	活動時間	1.5 小時

活動名稱	尋找 小蝌蚪	KDIs	（A 組）G. 科學與科技領域 51. 自然和物理世界：幼兒蒐集關於自然和物理世界的知識 （B 組）G. 科學與科技領域 52. 工具和技術：幼兒探索和使用工具及技術
		COR-A	（A 組）科學與科技領域— DD、自然和物理世界 （B 組）科學與科技領域— EE、工具和技術

材料	主材料	撈魚網、篩子、觀察箱、水桶
	副材料	池塘、雞舍、山羊、稻田

一、想法來源

與幼兒分享繪本《小蝌蚪茶茶》，幼兒對池塘及蝌蚪非常有興趣，小芄主動說：「我家有很大的池塘喔！裡面有好多的蝌蚪。」於是我們就前往小芄家「哈嘎米商號」去找蝌蚪的蹤跡。【填寫校外教學活動申請表】

二、教學過程

開始：教師準備要帶的物品（撈魚網、篩子、觀察箱、水桶……），並叮嚀相關安全注意事項。

中間：1.幼兒觀察周遭環境有哪些動、植物的家，尋找小蝌蚪會住在哪裡呢？

　　　2.幼兒分成兩組（A 組參觀周遭環境、B 組觀察池塘）之後進行交換。

A 組：	B 組：
(1) 參觀雞舍看看母雞在做什麼呢？	(1) 幼兒拿自己撈蝌蚪的工具至池塘區。
(2) 幼兒拿芒草餵山羊吃。	(2) 教師提醒池塘的安全注意事項。
(3) 體驗走稻田田埂、觀察稻子的樣子。	(3) 幼兒觀察池塘有什麼？
(4) 到香蕉園看香蕉長出來的樣子。	(4) 幼兒觀察到有蝌蚪，便拿起自己的工具進行打撈。
(5) 去草莓區採草莓。	(5) 打撈完放置水桶，並數一數自己打撈到幾隻。

3. 兩組彼此分享撈到的蝌蚪有幾隻。

4. 教師與幼兒決議將撈起的蝌蚪帶回小兔班飼養。

　　結束：回到園所進行回顧畫與說出「今天看到了很多的蝌蚪在池塘游泳。」

三、延伸活動

　　將撈到的蝌蚪帶回學校飼養，讓幼兒觀察蝌蚪生長的變化與成長。

圖 4-34　體驗餵山羊

圖 4-35　幼兒在稻田間找尋小蝌蚪

圖 4-36　到池塘抓蝌蚪

多多璐幼兒園　學年度　下學期　小組時間計畫表

班　　級	小班	幼兒年齡	3歲	教 學 者	古嘉欣、朱芮雅
週　　次	第2週	活動日期	年　月　日	活動時間	30分鐘
活動名稱	飼養觀察小蝌蚪	KDIs	G 科學與科技領域 50.溝通想法：幼兒溝通他們對事物特徵的想法及事物如何運作		
		COR-A	科學與科技領域—CC、實驗、預測並得出結論		
材料	主材料	小蝌蚪、小魚、飼養箱、放大鏡、捕魚網、水			
	副材料	小石頭、水草			

一、想法來源

蝌蚪放在教室飼養後，幼兒提議要怎麼照顧蝌蚪呢？誰要照顧呢？怎麼照顧呢？於是將蝌蚪觀察箱放置學習區供幼兒輪流觀察與照顧。

二、教學過程

開始：教師事先將放大鏡、飼養箱、捕魚網準備好。介紹工具的名稱以及使用的方法。

中間：1.教師與幼兒討論帶回的蝌蚪、小魚要飼養在哪裡？幼兒說放水桶、飼養箱、遊戲場的生態池……，最後決定要將小蝌蚪放置飼養箱觀察。

2.教師與幼兒討論每天的照顧人員安排，最後決議每天6位幼兒進行觀察與記錄。

3.幼兒可以輪流使用放大鏡觀察小蝌蚪在飼養箱的生活，教師詢問要如何記錄小蝌蚪的生活呢？幼兒說：「用眼睛看、拿圖畫紙畫出蝌蚪在水裡的樣子、拿手機拍照、可以給蝌蚪蓋圖案章嗎……」

4.教師問蝌蚪要放在教室的哪裡呢？幼兒說可以放觀察區啊！大家決議將蝌蚪飼養箱放置觀察區。

結束：將飼養箱放置觀察區，並將觀察工具（例如：放大鏡、撈魚網……）擺放整齊。

三、延伸活動

教師依幼兒的想法設計「我是小小觀察員」紀錄單，幼兒可以每天進行觀察與記錄。

一、主題產生（A）

　　透過主要繪本《小蝌蚪茶茶》讓幼兒體驗，經過探索期的相關活動，幼兒產生興趣與想法，尤其是繪本裡茶茶和朋友們常常一起唱歌、跳舞，好像在開派對一樣，於是幼兒們討論什麼時間可以開派對，有人說：生日、兒童節、聖誕節，還有玩具分享日……都可以開派對。蒐集這些訊息後，對於主題的命名經過討論後提案為：(1) 我長大了；(2) 小蝌蚪；(3) 化裝舞會；(4) 音樂會，教師與幼兒討論其主題的可行性與可進行的相關活動後，最後決定由「化裝舞會」為發展主題。

二、想法激盪（B）

圖 4-37　幼兒的想法激盪

三、使用網絡圖組織想法形成概念（C）

舞會的前置作業
寫在日曆上、寫海報、
打電話、邀請卡、音樂

舉辦地點
音樂圖書室、西瓜廣場、
公主的大廳、扮演區

我的裝扮
超人、蜘蛛人、叢林特
工、漂亮的衣服、Elsa、
Anna 的衣物、蝴蝶結、很帥的
衣服、戒指、皇冠、口紅、高跟鞋、
裝飾頭髮

活動內容
生日宴會、結婚

圖 4-38　概念圖

四、活動設計與規劃（D）

化裝舞會

舞會的前置作業

03. 電影賞析—化裝舞會【團體】（KDI 5. 資源利用）

09. 舞會地點【團體】（KDI 22. 說話）

10. 海報設計【小組】（KDI 40. 藝術）

11. 邀請卡【小組】（KDI 29. 寫）

12. 舞台設計【小組】（KDI 5. 資源利用）

舉辦地點

17. 扮演區生日派對【小組】（KDI 54. 社區角色）

18. 西瓜廣場舞會【團體】（KDI 41. 音樂）

活動內容

13. 呼拉圈舞蹈派對【團體】（KDI 18. 身體覺察）

15. 青蛙的結婚派對【團體】（KDI 22. 說話）

16. 生日派對【團體】（KDI 13. 合作遊戲）

20. 我與好朋友的舞會【團體】（KDI 43. 扮演遊戲）

21. 化裝舞會【團體】（KDI 42. 動作）

21. 化裝舞會【團體】（KDI 42. 動作）

我的裝扮

01. 裝扮我的臉【小組】（KDI 18. 身體覺察）

02. 畫我身形【小組】（KDI 7. 自我認同）

04. 看著鏡子畫一畫【小組】（KDI 7. 自我認同）

05. 鏡子遊戲【小組】（KDI 34. 形狀）

06. 公主與王子【小組】（KDI 3. 扮演遊戲）

07. 我是超人【團體】（KDI 16. 粗動作技能）

08. 超能力特攻隊【團體】（KDI 13. 合作遊戲）

14. 我是小小服裝設計師【團體】（KDI 7. 自我認同）

19. 製作面具和頭套【小組】（KDI 5. 資源利用）

圖 4-39　活動設計與規劃

說明：在實際進行課程時，會依幼兒的回應及興趣做順序或內容上的調整，以及
為規劃期末潛能發表活動做準備。

五、高瞻關鍵發展指標之檢視（E）

領域	活動設計	數量
A. 學習方法	03. 電影賞析—化裝舞會【團體】（KDI 5. 資源利用） 12. 舞台設計【小組】（KDI 5. 資源利用） 19. 製作面具與頭套【小組】（KDI 5. 資源利用）	3
B. 人際關係與情緒發展	02. 畫我身形【小組】（KDI 7. 自我認同） 04. 看著鏡子畫一畫【小組】（KDI 7. 自我認同） 08. 超能力特攻隊【團體】（KDI 13. 合作遊戲） 14. 我是小小服裝設計師【團體】（KDI 7. 自我認同） 17. 扮演區生日派對【團體】（KDI 13. 合作遊戲）	5
C. 身體發展與健康	01. 認識自己【小組】（KDI 18. 身體覺察） 07. 我是超人【團體】（KDI 16. 粗動作技能） 13. 呼拉圈舞蹈派對【團體】（KDI 18. 身體覺察）	3
D. 語言、讀寫與溝通	09. 舞會地點【團體】（KDI 22. 說話） 11. 邀請卡【小組】（KDI 29. 寫） 15. 青蛙的結婚派對【團體】（KDI 22. 說話）	3
E. 數學	05. 鏡子遊戲【小組】（KDI 34. 形狀）	1
F. 創造性藝術	06. 公主與王子【小組】（KDI 3. 扮演遊戲） 10. 海報設計【小組】（KDI 40. 藝術） 18. 西瓜廣場舞會【團體】（KDI 41. 音樂） 20. 我與好朋友的舞會【團體】（KDI 43. 扮演遊戲） 21. 化裝舞會【團體】（KDI 42. 動作）	5
G. 科學與科技	飼養觀察小蝌蚪【小組】（KDI 45. 觀察）	1
H. 社會研究	17. 扮演區派對【小組】（KDI 54. 社區角色）	1

說明：高瞻關鍵發展領域的「E. 數學」領域，在動腦區有提供相關教具（數與量對應、拼圖、形狀對應），進行了與「32. 計數」、「35. 空間意識」有關的活動。「G. 科學與科技」領域，在觀察區可以進行相關的活動。「H. 社會研究」領域，在扮演區可以進行相關的活動。

六、計畫－工作－回顧

（一）計畫時間

教師與幼兒分成兩組，以遊戲性、啟發性的方式讓幼兒能專注進行計畫。

A組：【唱歌傳玩偶】一邊唱兒謠一邊傳遞玩偶，歌聲停止時，玩偶在誰手上，就可以先做計畫（圖4-40）。

圖4-40　A組教師以唱歌傳玩偶的方式進行計畫

B組：【抽姓名卡】抽幼兒姓名卡，抽到名字的幼兒可以玩「鱷魚咬咬玩具」，沒有被鱷魚咬到的幼兒可以進行計畫。

（二）工作時間

幼兒能自己選擇材料及專注操作教具，能與同儕互動，教師給予支持（圖4-41、4-42）。

圖4-41　演廚師

圖4-42　製作網子

241

（三）回顧時間

幼兒能說出計畫－工作的過程，教師引導幼兒發現問題（圖 4-43）。

圖 4-43 幼兒分享自己所建構的城堡，發現大小不一（沒有對稱），與實際參考圖的城堡不同

多多璐幼兒園 學年度 下學期 團體時間計畫表

班　　級	小班	幼兒年齡	3 歲	教　學　者	古嘉欣、朱芮雅
週　　次	第 3 週	活動日期	年　月　日	活動時間	30 分鐘
活動名稱	多多璐城堡	KDIs	G. 科學與科技領域 45. 觀察：幼兒觀察環境中的材料及過程		
		COR-A	科學與科技領域—— BB、觀察與分類		
材料	主材料	紙、筆、相機、望遠鏡			
	副材料	建築物相關設施如溜滑梯、翹翹板、盪鞦韆			

一、想法來源

蝌蚪茶茶繪本的情節裡有舞會，幼兒的舊經驗舞會都在城堡裡舉行，剛好我們的幼兒園也是一個城堡的建築，於是教師帶著幼兒去觀察學校城堡的規劃，小兔班的積木區也以城堡的主題為發展的方向。

二、教學過程

開始：教師和幼兒帶著紙、筆、相機、望遠鏡到學校的西瓜廣場。

中間：1. 教師帶全班一起到校園觀察多多璐幼兒園的建築。

2. 幼兒有人拿望眼鏡、有人自由走動去觀察。

3. 幼兒說：我看到了我們的學校像城堡一樣、我也有看見了橘色、綠色、白色的顏色、學校有三層樓、辦公室（左邊）和器材室（右邊）都是兩層樓（對稱）。

4. 教師將幼兒觀察到的拍照記錄。

5. 幼兒將自己的觀察畫出來。

6. 教師將拍到的照片投影在布幕上讓幼兒可以參考。

結束：幼兒分享自己的觀察畫。

圖 4-44　完成多多璐城堡圖

三、延伸活動

將多多璐城堡圖放置積木區，以供未來工作時間使用。

多多璐幼兒園　學年度 下學期 小組時間計畫表

班　　級	小班	幼兒年齡	3 歲	教 學 者	古嘉欣、朱芮雅
週　　次	第 3 週	活動日期	年　月　日	活動時間	30 分鐘
活動名稱	建構與對稱	KDIs	A. 學習態度領域 4. 問題解決：幼兒解決遊戲中遇到的問題		
		COR-A	學習態度領域—B、解決問題能力		
材料	主材料	城堡參考圖、單位積木、KAPLA 積木、紙盒積木、多種尺寸的自製紙地磚			
	副材料	動腦區建構型素材			

一、想法來源

幼兒在積木區工作時，發現城堡高高低低，搭建時很容易掉下來，以及對對稱的概念不清楚，於是和幼兒討論要如何蓋城堡才會穩固。

二、教學過程

開始：教師準備之前幼兒畫多多瑙幼兒園的參考圖。

中間：1.依據多多瑙幼兒園城堡參考圖，引導幼兒對稱的概念（兩邊要一樣、數量要一樣）。

2.與幼兒討論如何蓋城堡才會穩固，不會容易倒下來。幼兒說：下面要放大的積木、上面要放小的積木、不要蓋太高。

3.幼兒依據自己的想法來選擇積木或是自製教具建構，可以自己獨力完成建構城堡或是選擇與他人合作。

4.過程中觀察幼兒是否有困難，適時給予支持與鼓勵。

圖 4-45　教師引導幼兒對稱的概念

結束：幼兒展示自己的作品並分享建構的技巧與方法（下面要放大的積木，上面要放小的積木，並且要專心堆積木）。

三、延伸活動

教師將幼兒建構的作品拍照放置積木區，以供未來工作時間使用。

參、聚焦發展期

在聚焦發展期教師確定了主題——化裝舞會，讓幼兒看著鏡子畫自己的臉、成為我是小小服裝設計師、在電影賞析——化裝舞會後進行馬戲團的舞會等活動；在計畫－工作－回顧、小組時間、團體時間，幼兒在積木區建構時對城堡產生了興趣，教師帶幼兒觀察學校城堡建築、引發幼兒自主性地到美勞區畫出城堡、積木區建構城堡……。在積木區遇到的困難是對稱與橋梁搭建的問題，所以教師設計小組活動讓幼兒討論及解決問題。

多多璐幼兒園　學年度 下學期 團體時間計畫表

班　　級	小班	幼兒年齡	3 歲	教 學 者	古嘉欣、朱芮雅
週　　次	第 7 週	活動日期	年　月　日	活動時間	30 分鐘
活動名稱	03. 電影賞析——舞會	KDIs	A. 學習方法領域 5. 資源利用：幼兒蒐集與他們所在環境相關的資訊並建構想法		
		COR-A	學習方法領域—B、解決問題能力		
材料	主材料	化裝舞會相關影片、筆電、投影機			
	副材料	各樣的舞會衣服及配件			

一、想法來源

幼兒在扮演區工作時喜歡在梳妝台前裝扮要去參加舞會，幼兒對於「舞會」非常有興趣，想知道舞會是什麼？在舞會裡要做些什麼事？

二、教學過程

開始：教師準備影片、筆電、投影機、各樣的舞會衣服及配件。

中間：1. 欣賞影片。

2. 討論：

(1)什麼是舞會？幼兒說：大家都在跳舞、穿的很漂亮、穿的很帥、會有音樂、會有閃閃發亮的燈、會有點心跟飲料、有布置的場地⋯⋯。

(2)參加舞會要如何打招呼？如何邀請別人和自己跳舞？幼兒說：跟他說你好、自我介紹、要微笑、要敬禮邀請他跳舞並說我可以跟你一起跳舞嗎？

3. 幼兒穿上各樣舞會的衣服與配件進行扮演。

4. 教師引導幼兒實際示範參加舞會的禮儀。

5. 教師展示各樣的舞會衣服及配件，告知幼兒在工作時間可以使用。

結束：與幼兒討論舞會衣服及配件的放置處，決定放在扮演區。

三、延伸活動

將幼兒帶來的衣服及配件放置扮演區，以供未來工作時間使用。

多多璐幼兒園　學年度 下學期 團體時間計畫表

班　　級	小班	幼兒年齡	3 歲	教 學 者	古嘉欣、朱芮雅
週　　次	第 9 週	活動日期	年 月 日	活動時間	30 分鐘
活動名稱	04. 看著鏡子畫一畫	KDIs	B. 人際關係與情緒發展領域 7. 自我認同：幼兒有正向的自我認同		
		COR-A	社會研究領域─ FF、對自我及他人的認識		
材料	主材料	鏡子、圖畫紙、畫筆、幼兒成長照片			
	副材料	玻璃紙、色紙、膠水			

一、想法來源

　　幼兒在扮演區觀察箱看見小蝌蚪長腳了，幼兒說：「茶茶為什麼不喜歡自己的腳？」教師說：「茶茶覺得自己長腳很奇怪、很醜。」於是，教師設計小組活動，讓幼兒可以觀察自己、認識自己。

二、教學過程

　　開始：教師準備幼兒成長照片、鏡子、圖畫紙、畫筆。

　　中間：1. 幼兒看自己的成長照片（從嬰兒到小班的樣子），幼兒說：我頭髮變長了、身體長高了、眼睛變大了、睫毛長長了、有牙齒了、我越來越像爸爸了……。

　　　　　2. 幼兒自己拿鏡子觀看自己，並與其他幼兒互看，觀察相同與不同的特徵。幼兒說：我頭髮是長的你的是短的、我的眼睛比較大你的比較小、我們都是短頭髮……。

　　　　　3. 看著鏡子畫出自己的樣子，幼兒說：我的牙齒好白，頭髮是短的……。

　　　　　4. 幼兒拿自己畫的圖說出自己的特徵以及特別的地方。

圖 4-46　自己的樣子

　　結束：將幼兒畫的圖展示在美勞區，並收拾其他的物品。

三、延伸活動

活動結束之後，將鏡子放在動腦區（對稱遊戲），以供未來工作時間使用。

多多璐幼兒園　學年度　下學期　小組時間計畫表

班　　級	小班	幼兒年齡	3 歲	教學者	古嘉欣、朱芮雅
週　　次	第 10 週	活動日期	年　月　日	活動時間	30 分鐘
活動名稱	14. 我是小小服裝設計師	KDIs COR-A	B. 人際關係與情緒發展領域 7. 自我認同：幼兒有正向的自我認同 社會研究領域——FF、對自我及他人的認識		
材料	主材料	壁報紙、畫筆、服裝雜誌			
	副材料	玻璃紙、色紙、膠水、量尺、服裝雜誌			

一、想法來源

幼兒分享去參加舞會要穿的服裝以及配件，因此和幼兒討論我們來設計我們的衣服吧！

二、教學過程

開始：教師詢問幼兒化裝舞會你有想好你的裝扮了嗎？

中間：1. 教師先請幼兒選擇一張壁報紙，教師協助畫幼兒身形。

　　　2. 畫好後，讓幼兒看看自己身形的樣子，再開始思考自己化裝舞會的裝扮。

　　　3. 幼兒開始設計自己的化裝舞會的服裝，有幼兒說：我要扮演蜘蛛人、公主⋯⋯。

　　　4. 畫好之後，與全班分享自己化裝舞會的裝扮與想法。

圖 4-47　幼兒分享自己的裝扮

結束：幼兒將使用的工具（紙、筆⋯⋯）、設計圖收拾整理清潔。

247

三、延伸活動

　　幼兒服裝設計圖可放在扮演區，供幼兒能依據自己的興趣或參考其他幼兒的設計圖進行裝扮。

一、計畫－工作－回顧

（一）計畫時間

　　幼兒能自己說出計畫，並說出使用的材料和一起工作的幼兒姓名。

　　A組：【唸兒謠傳球】一
　　　　　邊唸兒謠一邊傳球，
　　　　　當唸完兒謠時，球
　　　　　在誰手上，就可以先
　　　　　做計畫（圖4-48）。

　　B組：【模型配對】教師
　　　　　用蔬果模型對應方
　　　　　式，當與教師手中一
　　　　　樣的即可進行計畫。

圖4-48　A組教師以「唸兒謠傳球」來進行計畫

（二）工作時間

　　工作時間幼兒會專注操作教材教具，與同伴合作完成作品，遇到困難尋求教師的協助（圖4-49、4-50）。

圖4-49　建構飯店

圖4-50　公主們邀請教師一起參加茶會

（三）回顧時間

能夠說出計畫工作的過程及使用了哪些材料，並說出問題（圖4-51）。

圖 4-51　幼兒回顧會說出：建構橋梁，發現用紙板搭的橋太軟了（不堅固），車子經過會掉下來？

多多璐幼兒園　學年度 下學期 小組時間計畫表

班　　級	小班	幼兒年齡	3 歲	教 學 者	古嘉欣、朱芮雅
週　　次	第 11 週	活動日期	年　月　日	活動時間	30 分鐘
活動名稱	橋梁搭建	KDIs	A. 學習方法領域 4. 問題解決：幼兒解決遊戲中遇到的問題		
		COR-A	學習方法領域— B、解決問題能力		
材料	主材料	單位積木、KAPLA 積木、紙盒積木、紙橋			
	副材料	參考圖			

一、想法來源

工作時間積木區搭建橋梁時，發現橋梁會一直掉下來，於是教師引導幼兒該如何搭建橋梁。

二、教學過程

開始：教師準備材料（單位積木、KAPLA 積木、紙盒積木、紙橋）。

中間：1.與幼兒討論橋梁為什麼會一直掉下來？

發現問題：用黑色紙板做的橋梁太軟，車子行駛時會塌下來。

2.討論：我們該如何解決呢？

3. 幼兒嘗試操作解決問題。

(1) 幼兒使用紙盒積木與體積較小的單位積木（圓柱體）做出橋墩，幼兒拿模型車子在上面行駛，但是橋還是容易斷。

(2) 幼兒嘗試體積較大的單位積木（長方體）製作橋墩，拿出模型車子行駛後，發現橋不容易斷。

結束：幼兒們將一起解決後的橋梁搭建與技巧跟大家分享，並收拾。

圖 4-52　幼兒嘗試操作解決問題

三、延伸活動

　　將幼兒完成後的橋梁拍攝下來作為設計圖，以供未來工作時間使用。

多多璐幼兒園　學年度 下學期 團體時間計畫表

班　　級	小班	幼兒年齡	3 歲	教 學 者	古嘉欣、朱芮雅
週　　次	第 12 週	活動日期	年　月　日	活動時間	30 分鐘
活動名稱	馬戲團的舞會	KDIs	F. 創造性藝術領域 42. 動作：幼兒透過動作表達和表徵任何他們的觀察、思考、想像和感覺		
		COR-A	創造性藝術領域──Z、律動		
材料	主材料	馬戲團音樂、馬戲團的動物棒偶、森林情境海報（音樂故事）			
	副材料	音響			

一、想法來源

　　延續「我是小小服裝設計師」，要準備開舞會囉！但之前必須先練習舞步，教師特別尋找了 5 首音樂，設計了活動，讓幼兒能隨著音樂自由展現肢體動作。

二、教學過程

　　開始：律動—音樂：「轉轉轉」。

　　中間：1.音樂故事：馬戲團的舞會

　　　　　　播放音樂「馬戲團」與森林情境海報搭配。

　　　　　2.聆聽與想像：

　　　　　　讓幼兒聆聽「大象」、「老虎」、「猴子」、「馬」、「熊」的音樂，

　　　　　　並透過教師的引導語，自由進行肢體動作的伸展。

　　結束：舒緩→播放音樂（大自然的孩子）

三、延伸活動

　　將森林情境海報放置語文區，以供未來計畫－工作－回顧使用。

肆、統整期

　　進入統整期時，幼兒已逐漸發展出各項高瞻關鍵能力，如「F. 創造性藝術── 43. 扮演遊戲：幼兒透過扮演遊戲表達和表徵任何他們的觀察、思考、想像和感覺」；計畫—工作—回顧、小組時間、團體時間，幼兒能合作完成作品及解決問題。為了化裝舞會，幼兒製作頭套與面具，也體驗了雨中的舞會，期末時幼兒自己選定了音樂、舞伴、服裝，進行一場快樂的化裝舞會，就像蝌蚪茶茶一樣鼓起勇氣和他的同伴們一起玩得很開心。

多多璐幼兒園　學年度 下學期 小組時間計畫表

班　　級	小班	幼兒年齡	3 歲	教 學 者	古嘉欣、朱芮雅
週　　次	第 15 週	活動日期	年　月　日	活動時間	30 分鐘
活動名稱	19. 製作面具與頭套	KDIs	A. 學習方法領域 5. 資源利用：幼兒蒐集與他們所在環境相關的資訊並建構想法		
		COR-A	學習方法領域—B、解決問題能力		

材料	主材料	各色海報紙、色紙、玻璃紙、紙盤、剪刀、棉花、白膠
	副材料	美勞區教材教具

一、想法來源

蝌蚪茶茶想找好朋友一起參加舞會，教師與幼兒討論茶茶有哪些好朋友，幼兒說出：「烏龜、螃蟹、章魚、小魚、小魟魚……」，幼兒說：「我們可以做面具，還有頭套。」

二、教學過程

開始：教師準備材料，並向幼兒介紹所有的素材。

中間：1. 幼兒自由選擇想使用的素材，以及要如何使用。

有幼兒選擇用手撕開海報紙的方式製作魚面具；也有選擇在色紙黏貼其他不同素材並貼在紙盤上，製作章魚頭套；還有人拿了玻璃紙覆蓋在眼睛上方想像著水中世界的模樣。也有幼兒選擇一起合作用白色壁報紙、水彩、剪刀、棉花……，完成了一隻大魟魚。

2. 幼兒向大家展示完成的作品。

結束：將剩下的素材收拾整齊並歸位，一起將教室整理乾淨並將完成的面具、頭套放在扮演區。

三、延伸活動

將幼兒完成的作品延伸到下次的團體活動。

圖 4-53　幼兒選擇使用玻璃紙

圖 4-54　頭套完成囉

多多璐幼兒園　學年度　下學期　團體時間計畫表

班　　級	小班	幼兒年齡	3 歲	教 學 者	古嘉欣、朱芮雅
週　　次	第 16 週	活動日期	年　月　日	活動時間	30 分鐘
活動名稱	20. 我與好朋友的舞會	KDIs	F. 創造性藝術領域 43. 扮演遊戲：幼兒透過扮演遊戲表達和表徵任何他們的觀察、思考、想像和感覺		
		COR-A	創造性藝術領域—AA、角色扮演		
材料	主材料	水中生物頭套、雨衣、雨傘、滑溜布、音響			
	副材料	小飛機			

一、想法來源

　　延續上次進行的活動所創作出水中生物的頭套與面具，小蝌蚪茶茶想要邀請好朋友們一起參加舞會，正好下雨，幼兒提議到綠地實際體驗雨中舞會。

二、教學過程

　　開始：教師準備幼兒自己創作的頭套、雨衣、雨傘、滑溜布及音響。

　　中間：1.幼兒穿上雨衣或是撐雨傘、戴上頭套，一起到綠地、脫掉鞋襪來進行活動。

　　　　　2.由幼兒選擇要玩的活動，並觀察幼兒是如何做決定。有幼兒隨著音樂自由擺動、有幼兒將滑溜布當成是伸展台，還有幼兒使用小飛機想像自己正快速地移動中。

　　　　　3.鼓勵幼兒說出進行活動時的感受、自己最喜歡哪一部分。

　　結束：1.脫下身上的雨衣，先留在戶外。

　　　　　2.將綠地上的滑溜布、小飛機收拾好。

圖 4-55　雨中跳舞

三、延伸活動

　　將雨衣、雨傘和其他材料留在戶外幾天，以便幼兒可以有一段時間重新創造他們自己的經驗。

253

多多璐幼兒園　學年度　下學期　團體時間計畫表

班　　級	小班	幼兒年齡	3 歲	教 學 者	古嘉欣、朱芮雅
週　　次	第 19 週	活動日期	年　月　日	活動時間	30 分鐘
活動名稱	21. 化裝舞會	KDIs	F. 創造性藝術領域 42. 動作：幼兒透過動作表達和表徵任何他們的觀察、思考、想像和感覺		
		COR-A	創造性藝術領域—Z、律動		
材料	主材料	各式各樣的舞會服裝與配件、舞會音樂			
	副材料	呼拉圈、彩帶			

一、想法來源

　　幼兒透過聚焦發展期，實際體驗舞會服裝設計、舞會禮儀、舞會的肢體動作、製作邀請卡等，幼兒想要舉辦一場舞會，邀請大家來參加舞會。

二、教學過程

　　開始：大家準備好今天自己的服裝，至等待區準備進場。

　　中間：1. 教師播放進場音樂，幼兒開心的進場。

圖 4-56　舞會開始

　　　　2. 教師說：「舞會開始囉，我們一起來跳舞吧！」小兔班的舞會開始啦！

　　　　3. 幼兒聽音樂，扮演自己喜歡的角色跳舞，「手舉高、在空中轉圈、向前走、向後走……」。

　　　　4. 幼兒找到自己的好朋友與他面對面牽著手，前後搖擺並唱著「mahola」。

圖 4-57　我與好朋友跳舞

　　結束：1. 幼兒分享：「我今天的裝扮是……，還有我的好朋友是……」。

　　2. 幼兒收拾整理服裝。

三、延伸活動

　　將幼兒穿過的服裝、道具放在扮演區以供使用。

一、計畫－工作－回顧

（一）計畫時間

　　幼兒能說出詳細計畫，並說出使用多元的材料，幼兒也能延續上次未完成的計畫。

　　　　A 組：【數字對應】拿到
　　　　　　　與教師相同數字的
　　　　　　　撲克牌之幼兒即可
　　　　　　　做計畫。

　　　　B 組：【學習區地圖】教
　　　　　　　師唱歌，唱到幼兒
　　　　　　　名字，幼兒即可使用
　　　　　　　學習區地圖路徑來
　　　　　　　做計畫（圖 4-58）。

圖 4-58　B 組幼兒以學習區地圖來說出自己的計畫

（二）工作時間

　　幼兒會專注操作教材教具，與同伴合作完成，遇到困難時會自行解決問題（圖 4-59、4-60）。

（三）回顧時間

　　幼兒能說出如何合作完成作品及如何解決問題，幼兒能說出使用材料的層次性，也提升思考與表達能力（圖 4-61）。

圖 4-59　棒偶說故事

圖 4-60　用猜拳決定先後順序

圖 4-61　水彩蠟筆畫

幼兒回顧：我先用蠟筆畫出城堡，然後再用水彩塗上顏色，先刷黃色的水彩，然後再用紫色的，現在已經乾了，還可以看到我的綠色城堡。

多多璐幼兒園　學年度 下學期 小組時間計畫表

班　　級	小班	幼兒年齡	3 歲	教 學 者	古嘉欣、朱芮雅
週　　次	第 21 週	活動日期	年　月　日	活動時間	30 分鐘
活動名稱	撲 克 牌──接龍	KDIs	E. 數學領域 31. 數字和符號：幼兒識別和使用數字和符號		
		COR-A	數學領域─ S、數字與數數		
材料	主材料	撲克牌、數字順序表			
	副材料	計分表			

一、想法來源

　　隨著幼兒對於數字概念的理解越來越熟悉，期初教師已經在動腦區放置撲克牌，運用小組時間引導幼兒玩抽鬼牌和比大小，接著要繼續規劃小組活

動帶幼兒玩接龍的遊戲。

二、教學過程

開始：教師準備撲克牌，以及數字順序表。教師先介紹撲克牌的花色與顏色、如何看數字順序表，以及進行的規則。

中間：實際讓幼兒進行玩接龍（一組以黑桃和愛心，另一組則以梅花和方塊來進行）。「這是愛心 5，5 的下面是 4，所以我要找愛心 4。」「對！7 的後面要放 8。」「啊！我沒有牌可以放。」幼兒可以自行操作，彼此提醒。

圖 4-62　將手中相同的撲克牌拿出來，再開始抽

結束：收拾撲克牌。

三、延伸活動

將撲克牌放入動腦區，以供計畫－工作－回顧使用。

多多璐幼兒園　學年度 下學期 團體時間計畫表

班　級	小班	幼兒年齡	3 歲	教 學 者	古嘉欣、朱芮雅
週　次	第 22 週	活動日期	年　月　日	活動時間	30 分鐘
活動名稱	青蛙跳水	KDIs	F. 創造性藝術領域 40. 音樂：幼兒透過二維及三維藝術的表現來表達他們的觀察、思考、想像和感覺		
		COR-A	創造性藝術領域─X、藝術		
材料	主材料	呼拉圈、糖果鼓、鼓棒、音樂圖譜			
	副材料	CD 音響、投影機、口哨與小狗（音樂故事）			

一、想法來源

教師發現因為繪本《小蝌蚪茶茶》，幼兒很喜歡在戶外活動時間學青蛙跳，

因此特別設計音樂教案，從問候、快節奏、音樂故事、歌唱、律動、樂器敲奏、舒緩、再見……。

二、教學過程

開始：律動—音樂：「碰碰碰」

★ 身體部位碰觸動作順序：頭 → 肩膀 → 手 → 膝蓋 → 腳 → 屁股 → 擁抱。

中間：1.音樂故事：「我也會」。

播放音樂「口哨與小狗」與音樂圖譜搭配。

依照繪本《我也會》搭配「口哨與小狗」音樂，教師敲奏糖果鼓進行音樂故事。

2.音樂圖譜：「青蛙跳水」

教師帶領幼兒一起指圖譜

★ 邀請幼兒上台一起指。

3.青蛙跳水

教師敲奏糖果鼓，唸「小青蛙小青蛙，一步一步來跳水，跳蹦蹦笑哈哈，聽到鼓聲就下水。」

圖 4-63　幼兒依照教師的鼓聲進行青蛙跳水

結束：舒緩→「大自然的幼兒」

★ 聆聽「大自然的幼兒」音樂，使用吹泡泡及精油釋放進行舒緩。

三、延伸活動

將青蛙的圖譜與兒謠及棒偶放置語文區，以供未來工作使用。

第三節 主題融入高瞻課程──中班課程實踐 示例

中班教學活動紀錄

預備期

- ☾ 選擇主要繪本（聽！那是什麼聲音？）
- ☾ 學習區教材教具準備與環境規劃
- ☾ 討論教學活動計畫
- ☾ 個別親師溝通

探索期

團體時間

- ◈ 孩子的舊經驗分享：周遭的聲音
- ◈ 繪本導讀：聽！那是什麼聲音？
- ◈ 探索、觀察、體驗、踏查：
  - ➤觀察—室內與室外的聲音。
  - ➤體驗—走入社區。

小組時間

- ◈ 我的耳朵最厲害

主題產生：有趣的聲音（A）
↓
相關想法激盪（B）
↓
使用網絡圖組織想法形成概念（C）
↓
活動設計（D）
↓
高瞻關鍵發展指標之檢視（E）

⇔

計畫－工作－回顧

- ✦ 進行計畫－工作－回顧

小組時間

- ✦ 我的計畫
- ✦ 有趣的人偶
- ✦ 水管鋪設

團體時間

- ✦ Life 音樂—三輪車
- ✦ 體能—滑步車、水谷式教具
- ✦ 認識淨水廠
- ✦ 小水滴哭什麼？
- ✦ 自來水的旅行

259

聚焦發展期

團體時間

◈ 聲音分類家
◈ 關於聲音的故事
◈ 聲音怎麼來
◈ 認識耳朵
◈ 空氣的重要性
◈ 音樂給我的感覺
◈ 身體的節奏

小組時間

◈ 身體的聲音
◈ 交通工具的聲音
◈ 動物的聲音
◈ 聽聽大自然
◈ 猜！這是什麼聲音
◈ 看得見的聲波
◈ 聲音蛇實驗
◈ 名畫有聲音
◈ 聲音圖譜

計畫－工作－回顧

✦ 依幼兒需求調整教材教具
　增加棒偶放入語文區讓幼兒進
　行故事創作
　美勞區增加製作黏土器具
✦ 依幼兒能力調整教材教具
　語文區增加狀聲詞轉盤
✦ 主題材料融入
　樂器（木鳥、手搖鈴、手鼓、小
　木琴、鈴鼓、鳥笛）、麥克風
　聲音的科學實驗（空氣、聲音
　蛇）
✦ 教材教具層次性
　一般拼圖→鏡像拼圖（對稱）
✦ 與人的合作性增加
　扮演區幼兒能主動尋找友伴一
　同進行樂器演奏

小組時間

✦ 聲音機關（一）
✦ 好吵好吵
✦ 小小音樂家
✦ 裝扮遊戲

團體時間

✦ Life 音樂─高高低低
✦ 體能─跳遠、踢球
✦ 我是歌手
✦ 點點玩聲音
✦ 我的聲音

統整期

團體時間
◈ 畫音樂
◈ 聲音告訴我
◈ 美妙的聲音饗宴

小組時間
◈ 蒐集聲音的故事
◈ 樂器 DIY
◈ 沒有聲音的語言
◈ 傳聲筒遊戲

計畫－工作－回顧
✦ 依幼兒需求調整教材教具
　　積木區增加 Kapla、自製交通標
　　誌
✦ 依幼兒能力調整教材教具
　　動腦區增加十的合成操作板
✦ 主題材料融入
　　扮演區增加樂譜架、樂譜卡
　　動腦區科學遊戲—傳聲筒
✦ 內容的延續性
　　狀聲詞轉盤→好玩的相反詞
✦ 教材教具層次性
　　積木區聲音機關的建構方式
　　（簡單→複雜）
✦ 與人的合作性增加
　　積木區聲音機關

小組時間
✦ 聲音機關（二）
✦ 草地音樂會

團體時間
✦ Life 音樂—合唱團
✦ 體能—躲避球、踢足球

261

壹、預備期

　　兩位班級教師依照高瞻塑造主動學習環境的要素（學習材料、操作、選擇、幼兒的語言以及成人的支持等）一同規劃學習環境，如計畫－工作－回顧及進行團體或小組時間時的活動位置、選擇適齡並能吸引幼兒探索和操作的教材教具等。接著藉由觀察幼兒的興趣，選定了主要繪本，展開日後從探索期→聚焦發展期→統整期，圍繞幼兒興趣並逐漸深入發展的融入高瞻主題課程。

　　另外，教師也會就班級經營與協同方式進行討論，並與家長進行個別的親師溝通，除了了解幼兒特質與家長需求，也向家長說明班級作息及配合事項，期望在良好的親師溝通與合作下能給予幼兒更好的培育環境。

一、選定主要繪本──聽！那是什麼聲音？

　　「轟隆～」的聲響由遠而近，引得幼兒抬頭仰望發出讚嘆聲，「哇～是飛機耶！」。

　　幼兒對聲音似乎有著天生的敏銳度與好奇心，任何聲響都能引起他們的注意，並讓他們小腦袋瓜開始天馬行空的想像：隔壁廁所的人在說什麼？那個車子為什麼聽起來開那麼快？

　　而對於製造聲音，幼兒更是樂此不疲！自己的身體、隨手拿起的物品都可以變成樂器。幾個幼兒在草皮上一邊唱歌一邊敲打鐵欄，聽起來也是很不錯呢！在教師觀察到幼兒的興趣後，便選擇了《聽！那是什麼聲音？》（江品儀著，張筱琦繪，小康軒出版社）作為主要繪本（圖4-64）。

圖 4-64　主要繪本

262

二、學習區教材教具準備與環境規劃

　　教師規劃學習區，依各區學習目標準備適合中班幼兒年齡與能力、興趣的教材教具，並隨著探索活動的開展，陸續將繪本主題有關的教材教具融入各學習區。

1. 美勞區：設置於靠近水區的空間，配合幼兒興趣和主題，提供多樣、開放性素材和相關工具書，如摺紙書等。

2. 語文區：利用櫃體隔出安靜、光線充足能舒適進行閱讀的角落、在適合幼兒拿的書架上提供適齡及與主題相關的繪本，如《自己的聲音》等，另擺設桌子讓幼兒操作各項語文教具和進行學習單記錄，如繪本棒偶、注音符號釣魚（圖 4-65）。

3. 動腦區：擺放具有數概念教具、桌遊、各種不同類型或材質的拼接與建構材料，和與主題聲音有關的科學實驗性教具，如傳聲筒等。

4. 積木區：給予能避開幼兒走動的寬敞空間，有豐富的配件（交通號誌、車子、植物等）、各式形狀大小的單位積木和木片、地墊及可供幼兒參考的建築照片（圖 4-66）。

5. 扮演區：提供和幼兒生活經驗貼近的道具、能自由裝扮的布料與服飾，形成主題後擺設相關道具，如麥克風、各式樂器。

圖 4-65　語文區

圖 4-66　積木區

三、協同教學（課程討論）

　　兩位教師需要經常溝通彼此的想法，除了學期初討論學習區的環境規劃、幼兒每日作息、了解每位幼兒特質及針對個別幼兒是否需要進行個別教育計畫外，為達到日後能進行良好的協同，教師間的協同模式也需要做討論（如如何進行團體或小組時間的教學協同）。

　　而在課程內容規劃上，根據幼兒名單進行分組觀察記錄、準備及製作主要繪本《聽！那是什麼聲音》的相關教材教具，初步計畫出幼兒學習成果在期末要如何呈現。例行性活動中，針對需要再培養幼兒的部分（如排隊、刷牙等）進行課程設計。兩位教師則利用每日於課餘時間進行當天教學省思以達到優質的班級經營。

四、個別親師溝通

　　教師除了透過每週的聯絡簿、簡訊、電話、晤談等能立即與家長溝通了解或解決幼兒在班級或家中的學習狀況和行為外，如中班幼兒開始會有較固定的友伴，遊戲時產生的問題，若沒有經由教師和家長說明清楚，可能會造成家長擔憂幼兒在班級內的人際交往情形。此外透過班級網頁、親子共讀、親子學習單（計畫－工作－回顧），每個學期初學校都會舉辦學校日等，家長可以了解孩子學習環境的更多面向，班親會還可以親自參與園所或班級的相關決策。

貳、探索期

　　進入探索期，便開始了配合幼兒興趣而選定主要繪本《聽！那是什麼聲音？》為想法來源的探索活動，如繪本導讀（從繪本文字及圖畫去尋找聲音）、聲音探索家（實際聆聽和探索周遭生活環境的聲音，學校→社區／家庭）等，藉由活動中教師觀察與記錄的幼兒興趣和學習情況，進一步形成主題，並延伸至聚焦發展期帶領幼兒利用團體或小組活動做更深入的學習。

　　此外，高瞻的計畫－工作－回顧也同時進行中，幼兒在經過規劃

的學習區環境裡培養主動學習、問題解決、人際互動等能力。而幼兒在計畫－工作－回顧中所遇到的問題，教師也會以小組方式進行問題解決或新教材教具介紹等活動，如「我的計畫」（解決無法在時間內完成工作的問題）。

一、計畫－工作－回顧

（一）計畫時間

幼兒分為兩組，透過教師以遊戲性的計畫方式引導說出計畫的內容，培養幼兒思考及表達的能力。

A 組：【神祕袋】幼兒將工作時會用到的一項教具或材料放至袋中，教師挑到該位幼兒的教具或材料便換他做計畫。

B 組：【照相】幼兒事先將工作時會用到的一項教具或材料用手機拍下，做計畫時教師隨機點選並展示幼兒拍的照片，是誰拍的就先做計畫（圖4-67）。

圖 4-67　B 組教師以照相的方式來進行計畫

（二）工作時間

幼兒專注執行計畫，教師在旁進行觀察與記錄，適時給予協助與支持（圖 4-68、4-69）。

（三）回顧時間

幼兒能說出計畫、工作時的過程及遇到的困難、如何修正（圖4-70）。

圖 4-68　幼兒尋求教師協助製作樹

圖 4-69　幼兒進行語言互動的合作性扮演遊戲

圖 4-70　幼兒敘述：「我在積木區用兩個紅色紙盒（當屋頂）和八個小長方體（當柱子），蓋了賣東西的攤子。原本想在攤子旁邊擺樹，但時間不夠所以沒做。」

高瞻幼兒園　學年度 下學期 小組時間計畫表

班　　級	中班	幼兒年齡	4 歲	教 學 者	陳雅馨、林中苓
週　　次	第 2 週	活動日期	年　月　日	活動時間	30 分鐘
活動名稱	我的計畫	KDIs	A. 學習方法領域 4. 問題解決：幼兒解決遊戲中遇到的問題 H. 社會研究領域 55. 做決策：幼兒參與製定班級的決策		
		COR-A	學習方法領域─ B、解決問題能力 社會和情緒發展領域─ G、社群		
材料	主材料	白板、白板筆、白紙、鉛筆、橡皮擦			
	副材料	各式紙類、彩色筆、色鉛筆、簽字筆			

一、想法來源

在計畫－工作－回顧時間，有幼兒會發生時間不夠的問題，例如：建構積

木花太長時間無法完成，進而影響他們進行回顧時的心情與參與度。

二、教學過程

開始：教師準備一位未完成的幼兒作品，以及白板、白板筆、白紙、鉛筆、橡皮擦。

中間：1. 教師請幼兒思考並嘗試回答作品未完成的原因（沒有專心做、幫別人做東西、臨時要加其他材料→時間不夠），教師將幼兒回答記錄在白板上。

　　　2. 和幼兒一同檢視時間不夠的原因，並討論出可能的解決辦法。

　　　　(1) 想好計畫然後把要做的事情畫下來，可以提醒自己（計畫表）。

　　　　(2) 和別人合作，尋求教師或同儕協助。

　　　　(3) 未完成的工作內容可以延續至下次計畫－工作－回顧時間。

　　　3. 讓幼兒嘗試利用畫畫的方式進行計畫。

　　　4. 幼兒分享其計畫內容。

結束：鼓勵幼兒利用想到的方法來解決工作沒完成的問題。

圖 4-71　幼兒將自己的計畫畫下來

三、延伸活動

將幼兒的計畫延伸到「幼兒計畫－工作－回顧表」使用。

高瞻幼兒園　學年度 下學期 高瞻小組時間計畫表

班　　級	中班	幼兒年齡	4 歲	教 學 者	陳雅馨、林中苓
週　　次	第 2 週	活動日期	年　月　日	活動時間	30 分鐘
活動名稱	有趣人偶	KDIs	F. 創造性藝術領域 40. 藝術：幼兒透過二維及三維藝術的表現來表達他們的觀察、思考、想像和感覺		

		C. 身體發展與健康領域 17. 精細動作技能：幼兒使用小肌肉表現出靈巧和手眼協調
	COR-A	創造性藝術─X、藝術 身體發展與健康領域─J、小肌肉動作

材料	主材料	罐子、黏土、裝飾物品、白膠、剪刀
	副材料	美勞區各式素材（黏土、筆類、紙類、工具類、環保素材、鬆散素材）

一、想法來源

在積木區建構的幼兒提出想要增加一些人物來裝飾，想到能夠在美勞區製作，但不知道該如何製作，教師便設計一堂運用美勞區素材製作人偶的課程，讓幼兒體驗創作。

二、教學過程

開始：教師與幼兒討論要製作的人偶種類？人有哪些結構？並且找一找美勞區可以用的素材。

中間：1.幼兒準備好自己的材料，進行自由創作。教師在過程中觀察幼兒使用的材料、製作的方式，引導幼兒呈現多元的素材創作。

2.幼兒分享自己製作的人偶，並提出遇到的問題於之後持續解決改善。幼兒說：「黏上去的物件容易掉下來。」「黏土調不出想要的顏色。」「黏土很難用出自己想要的形狀，而且越用越硬。」「剪刀剪不斷毛根。」……。

3.教師與幼兒討論遇到的問題可以如何解決。

「東西用白膠黏上去以後，手要壓著數到10。」「請老師製作調色卡給我們，這樣就可以看著卡片調出想要的顏色。」「搓黏土的技巧要多練習。」「使用剪刀的技巧要多練習。」

結束：請幼兒收拾所有的材料，並將環境整理乾淨。

三、延伸活動

將人偶擺放至積木區，以供未來工作時間使用。

高瞻幼兒園　學年度 下學期 團體時間計畫表

班　　級	中班	幼兒年齡	4 歲	教 學 者	陳雅馨、林中苓
週　　次	第 1 週	活動日期	年　月　日	活動時間	30 分鐘
活動名稱	繪本導讀	KDIs	D. 語言、讀寫與溝通領域 21. 理解：幼兒理解語言 26. 閱讀：幼兒因樂趣和信息而閱讀 F. 創造性藝術領域 40. 藝術：幼兒透過二維及三維藝術的表現來表達他們的觀察、思考、想像和感覺		
		COR-A	語言、讀寫與溝通領域─M、傾聽和理解能力		
材料	主材料	繪本《聽！那是什麼聲音？》、圖畫紙、彩色筆、膠水、海報			
	副材料	白板、白板筆、各式筆類、橡皮擦			

一、想法來源

　　配合幼兒的興趣，選定主要繪本為《聽！那是什麼聲音？》，引導幼兒閱讀及探索與繪本相關之活動。

二、教學過程

　　開始：教師準備繪本繪本《聽！那是什麼聲音？》、圖畫紙、彩色筆、膠水、海報。

　　中間：1. 教師展示繪本《聽！那是什麼聲音？》，請幼兒觀察繪本封面，引導幼兒預測繪本的內容。

　　　　　2. 教師一頁頁翻繪本讓幼兒讀圖，隨時觀察幼兒對圖片的反應並做重述，如幼兒說：「有直升機！」教師：「你看到了直升機。」

　　　　　3. 讀完圖，教師說故事，說完故事請幼兒回想所聽到的內容是否和預測的相同？不同處在哪裡？

　　　　　4. 引導幼兒了解故事的組成需要有角色、背景、情節、圖像⋯⋯，並以《聽！那是什麼聲音？》繪本做討論（教師做記錄）。

　　　　　5. 教師發下畫紙和畫筆，請幼兒自由選擇想畫出的組成要素，如角

269

色（小男孩和家人）、背景（房子、樹……）、情節（送貨員騎車、小男孩和媽媽站在陽台上……）。

6. 幼兒張貼自己所畫的圖到海報上，完成繪本賞析圖。

結束：收拾所有物品並歸位。

三、延伸活動

教師將繪賞析圖放置語文區供幼兒參考。

高瞻幼兒園　學年度 下學期 團體時間（戶外教學）計畫表

班　　級	中班	幼兒年齡	4 歲	教 學 者	陳雅馨、林中苓
週　　次	第 3 週	活動日期	年　月　日	活動時間	30 分鐘
活動名稱	聲音探索家	KDIs	C. 身體發展與健康領域 18. 身體覺察：幼兒知道關於他們的身體及如何在空間中將身體定位 G. 科學與科技領域 51. 自然和物理世界：幼兒蒐集關於自然與物理世界的知識		
		COR-A	身體發展與健康領域—I、大肌肉動作 科學與科技領域— DD、自然和物理世界		
材料	主材料	手機（錄音）、海報、奇異筆、遮陽帽子			
	副材料	可協助觀察的物品（如放大鏡）、圖畫紙、筆			

一、想法來源

閱讀《聽！那是什麼聲音？》之後，幼兒對於聲音敏感度開始提升，於是我們決定探索生活周遭的聲音，並與幼兒討論需要準備的物品及相關安全注意事項。

二、教學過程

開始：教師和幼兒討論觀察探索的路線（教室→校園各處→校園外）。

中間：1.從教室開始，請幼兒仔細聆聽圍繞在周遭的各種聲音，接著隨定好的路線進行，走出校園前教師叮嚀注意安全事項（如行走時不推擠、小心地上的坑洞或凸出物）。

2.過程中教師觀察幼兒聆聽聲音時的反應：是否有幼兒對於細微聲音特別敏銳；對於聲音大小的反應；幼兒模仿聲音時的方式。教師隨時將幼兒的回應記錄下來。

圖 4-72　教室內聽聲音

3.回到校園內，請幼兒坐在草地上，將自己所聽到的聲音畫在圖畫紙上。

結束：收拾好物品後，與大家進行回顧。

三、延伸活動

可將幼兒經驗延伸至團體、小組或計畫─工作─回顧時間。

二、主題產生（A）

透過主要繪本《聽！那是什麼聲音？》讓幼兒想像，經過小組時間（體驗）與團體時間的探索、體驗、踏查活動，幼兒產生興趣與想法，蒐集訊息後，對於主題的命名經討論後提案為：(1) 聲音好好玩；(2) 有趣的聲音；(3) 聲音好奇妙，經由票選後由「有趣的聲音」為發展主題。

三、想法激盪產生各種想法（B）

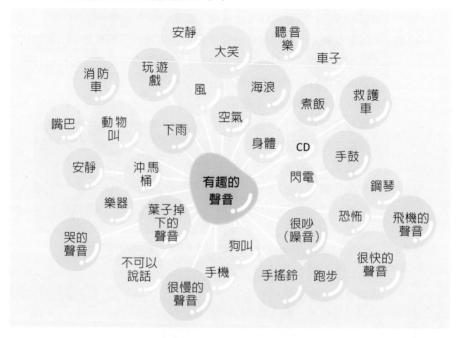

圖 4-73　幼兒的想法激盪

四、使用網絡圖組織想法形成概念（C）

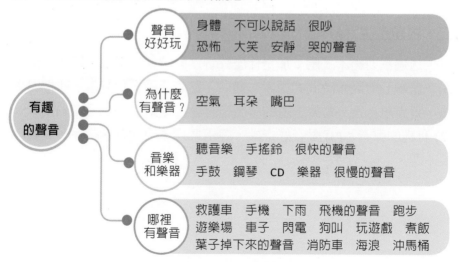

圖 4-74　概念圖

五、活動設計與規劃（D）

哪裡有聲音？

01. 聲音分類家【團體】
　　（KDI- A12. 建立關係、G46.
　　分類）
02. 身體的聲音【小組】
　　（KDI-C18. 身體覺察）
03. 交通工具的聲音【小組】
　　（KDI-E33. 部分和整體的關
　　係、H56. 地理）
04. 動物的聲音【小組】
　　（KDI- C16. 粗動作技能）
05. 聽聽大自然【團體】
　　（KDI-G45. 觀察、H58. 生態）
14. 蒐集聲音的故事【小組】
　　（KDI-D22. 說話）

聲音好好玩

06. 猜！這是什麼聲音？
　　【小組】
　　（KDI-D22. 說 話、F42. 動
　　作）
07. 關於聲音的故事【團體】
　　（KDI-D21. 理解）
15. 身體的節奏【團體】
　　（KDI-C18. 身體覺察）
16. 名畫有聲音【小組】
　　（KDI-B9. 情緒、E35. 空間
　　意識）
20. 聲音告訴我【團體】
　　（KDI-B14. 道德發展）
21. 沒有聲音的語言【小組】
　　（KDI-D30. 習得雙語）
22. 傳聲筒遊戲【小組】
　　（KDI-G50. 溝通想法）

有趣的聲音

音樂和樂器

13. 音樂給我的感覺【團體】
　　（KDI-B9. 情緒）
17. 聲音圖譜【小組】
　　（KDI-F40. 藝術）
18. 樂器 DIY【小組】
　　（（KDI-C17. 精細動作技能、
　　E37. 單位）
19. 畫音樂【團體】
　　（KDI-F40. 藝術 ）
23. 美妙的聲音饗宴【團體】
　　（KDI- F41. 音樂）

為什麼有聲音？

08. 聲音怎麼來？【團體】
　　（KDI-H53. 多元）
09. 認識耳朵【團體】
　　（KDI-C20. 健康行為）
10. 空氣的重要性【團體】
　　（KDI-A6. 省思）
11. 看得見的聲波【小組】
　　（KDI-G45. 觀察）
12. 聲音蛇實驗【小組】
　　（KDI-G47. 實 驗、G48. 預
　　測、G49. 得出結論）

圖 4-75　活動設計與規劃

說明：在實際進行課程時，會依幼兒的回應及興趣做順序或內容上的調整，以及
　　　為規劃期末潛能發表活動做準備。

六、高瞻關鍵發展指標之檢視（E）

領域	活動設計	數量
A. 學習方法	10. 空氣的重要性【團體】（KDI 6. 省思）	1
B. 人際關係與情緒發展	01. 聲音分類家【團體】（KDI 12. 建立關係） 13. 音樂給我的感覺【團體】（KDI 9. 情緒） 16. 名畫有聲音【小組】（KDI 9. 情緒） 20. 聲音告訴我【團體】（KDI 14. 道德發展）	4
C. 身體發展與健康	02. 身體的聲音【小組】（KDI 18. 身體覺察） 04. 動物的聲音【小組】（KDI 16. 粗動作技能） 09. 認識耳朵【團體】（KDI 20. 健康行為） 15. 身體的節奏【團體】（KDI 18. 身體覺察） 17. 樂器 DIY【小組】（KDI 17. 精細動作技能）	5
D. 語言、讀寫與溝通	06. 猜！這是什麼聲音【小組】（KDI 22. 說話） 07. 關於聲音的故事【團體】（KDI 21. 理解） 14. 蒐集聲音的故事【小組】（KDI-D 22. 說話） 21. 沒有聲音的語言【小組】（KDI 30. 習得雙語）	4
E. 數學	03. 交通工具的聲音【小組】（KDI 33. 部分和整體的關係） 15. 名畫有聲音【小組】（KDI 35. 空間意識） 18. 樂器 DIY【小組】（KDI 37. 單位）	3
F. 創造性藝術	06. 猜！這是什麼聲音【小組】（KDI 42. 動作） 17. 聲音圖譜【小組】（KDI 40. 藝術） 19. 畫音樂【團體】（KDI 40. 藝術） 23. 美妙的聲音饗宴【團體】（KDI 41. 音樂）	4
G. 科學與科技	02. 聲音分類家【團體】（KDI 46. 分類） 05. 聽聽大自然【團體】（KDI 45. 觀察） 11. 看得見的聲波【小組】（KDI 45. 觀察） 12. 聲音蛇實驗【小組】（KDI 47. 實驗、48. 預測、49. 得出結論） 22. 傳聲筒遊戲【小組】（KDI 55. 溝通想法）	5
H. 社會研究	03. 交通工具的聲音【小組】（KDI 56. 地理） 05. 聽聽大自然【團體】（KDI 58. 生態） 08. 聲音怎麼來？【團體】（KDI 53. 多元）	3

說明：「A. 學習方法」領域則多運用在計畫－工作－回顧時間，則不另外列出。

參、聚焦發展期

經過探索期的活動了解幼兒學習興趣後，在聚焦發展期教師確定了主題「聲音」與課程走向。教師除了設計符合高瞻關鍵發展指標（KDIs）主題相關的小組、團體活動外，如聲音分類家（將聲音依據來源做分類）、聲音怎麼來？（以科學方式探索聲音的振動現象）等。而為融入高瞻課程，教師也將與「聲音」主題有關的教材教具放至各學習區，讓幼兒能在計畫－工作－回顧時透過操作而發展出更貼近於幼兒「個人經驗」或「專長」等與聲音主題有關的活動，如聲音機關（個人經驗）、小小音樂家（個人經驗與問題解決）及我是歌手（專長與個人經驗）。

高瞻幼兒園　學年度　下學期　團體時間計畫表

班　　級	中班	幼兒年齡	4 歲	教　學　者	陳雅馨、林中苓
週　　次	第 8 週	活動日期	年　月　日	活動時間	30 分鐘
活動名稱	08. 聲音怎麼來	KDIs	H. 社會研究領域 53. 多元：幼兒們理解人們有不同的特徵，興趣和能力		
		COR-A	科學與科技領域— CC、實驗、預測並得出結論		
材料	主材料	小鼓、釋迦種子、音響			
	副材料	白板、白板筆、手機、可放在鼓面的材料（如保麗龍球）			

一、想法來源

教師先前分享聲音相關繪本《我的妹妹聽不見》時，有幼兒問：「妹妹怎麼會知道她抱的貓在叫？」還有「她用手摸收音機就可以聽到聲音嗎？」而在生活中，除了用耳朵聽、用眼睛看到別人嘴巴動而知道「有聲音」，我們還能夠透過什麼來感受到聲音的存在呢？

二、教學過程

開始：教師準備材料（小鼓、釋迦種子、音響……）

中間：1.和幼兒討論生活中的聲音有哪些？而那些聲音是從哪裡發出來的呢？我們為什麼會知道聲音呢？

2.讓幼兒體驗聲音的振動現象，並注意觀察幼兒反應（能否感覺到振動）：

(1) 請幼兒將手放在喉嚨上並發出啊的聲音。

(2) 鼓面上放釋迦種子，敲打鼓面時，釋迦種子會跳動。

(3) 請幼兒將手放在播放音樂的音響上。

3.進行完三個活動後，請幼兒分享自己的感受（要考慮幼兒可能不會使用「振動」一詞，而會用別的語詞來形容現象，如像地震一樣、手麻麻的……），教師引導幼兒了解此為聲音的振動現象，當聲音停止時，振動現象也會停止。

圖 4-76　啊阿～！喉嚨在振動

4.回顧繪本《我的妹妹聽不見》幼兒當時的提問，詢問幼兒是否知道為什麼妹妹感受的到貓在叫及收音機在播放聲音（因為感受到聲音的振動現象）。

結束：收拾所有的材料將環境整理整齊。

三、延伸活動

可延伸至計畫－工作－回顧及小組時間，讓幼兒體驗更多關於聲音振動現象的科學活動。

高瞻幼兒園　學年度 下學期 主題小組時間計畫表

班　　級	中班	幼兒年齡	4 歲	教 學 者	陳雅馨、林中苓
週　　次	第 12 週	活動日期	年　月　日	活動時間	30 分鐘
活動名稱	12. 聲音蛇實驗	KDIs	G. 科學與科技領域 47. 實驗：幼兒以實驗來測試他們的想法 48. 預測：幼兒預測他們期望發生什麼結果 49. 得出結論：幼兒基於他們的經驗和觀察得出結論		
		COR-A	科學與科技領域— CC、實驗、預測並得出結論		
材料	主材料	毛根、中間已挖空的紙杯、聲音蛇實驗紀錄表			
	副材料	其他材料（小保麗龍球、種子、紙片……等）			

一、想法來源

從「聲音怎麼來」的活動中，幼兒觀察到釋迦種子在被敲擊的小鼓上跳動，看到了聲音的振動現象，那聲音的大小聲是否會影響到振動現象有所不同呢？

二、教學過程

開始：教師向幼兒介紹聲音蛇（可透過對紙杯挖空處發出聲音而讓紙杯上的毛根移動）。

中間：1.請幼兒預測毛根會如何移動（跳起來、飛出去、旋轉、不動），並將個人預測先貼圓點貼紙在紀錄表上。

2.觀察幼兒彎曲毛根的方式（只用手還是會運用其他物品，如用筆來讓毛根彎曲），適時給予引導及協助。引導幼兒

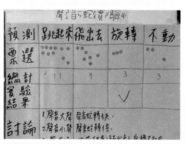

圖 4-77 「聲音蛇」實驗紀錄表

　　去嘗試聲音的大小是否也會影響毛根的移動方式（聲音越大旋轉越快）。

　　3. 請幼兒在實驗紀錄表上貼出毛根移動的方式（旋轉），討論實驗前後不同的原因，並請幼兒分享實驗的感受。

　　4. 讓幼兒自由選擇想擺放在紙杯上的材料，彼此觀察各式材料不同的移動方式。

結束：收拾所有的物品並歸位。

三、延伸活動

可準備能替代毛根的其他材料與此次實驗材料放在動腦區供幼兒進行實驗。

高瞻幼兒園　學年度 下學期 小組時間計畫表

班　　級	中班	幼兒年齡	4 歲	教 學 者	陳雅馨、林中苓
週　　次	第 14 週	活動日期	年　月　日	活動時間	30 分鐘
活動名稱	16. 名畫有聲音	KDIs	B. 人際關係與情緒發展領域 9. 情緒：幼兒覺知、辨識和調節自己的情感。 F. 創造性藝術領域 44. 藝術欣賞：幼兒欣賞創意藝術。		
		COR-A	人際關係與情緒發展領域 -D、情緒管理 創造性藝術領域—X、藝術		
材料	主材料	5 張名畫、罐子、黏土、裝飾物品、白膠、剪刀			
	副材料	美勞區各式素材（黏土、筆類、紙類、工具類、環保素材、鬆散素材）			

一、想法來源

聲音無所不在，我們平常都用耳朵在聆聽。有一天，班上有幼兒拿著《下雨天》一書跑來和教師分享：「裡面的雨看起來好大，應該會有打雷轟隆轟隆的聲音。」幼兒發現到原來看著圖片也能夠想像出畫面的聲音，因此

向幼兒分享有聲音的名畫，藉由欣賞請幼兒回應個人的感受。

二、教學過程

開始：教師在白板展示 5 張名畫（吶喊、蒙娜麗莎的微笑、喝苦艾酒的女人、掩面的老人、彈鋼琴的少女）。

中間：1.教師請幼兒觀察並說出感受，覺得這張名畫可能會有什麼樣的聲音？（如吶喊，他在尖叫！）教師注意觀察幼兒所使用的形容詞（如蒙娜麗莎的微笑，她後面的河離她很遠，所以河看起來小小的），以及非語言的表達方式（如擺哭臉）。將幼兒特別的回應記錄下來（如說吶喊的人只是在扮鬼臉）。

2.教師發下每人一張空白圖畫紙，由幼兒畫下人物、景象或景物，想想這張圖可能會發出什麼樣的聲音，最後請幼兒分享自己畫的圖。

結束：請作品未乾的幼兒將畫放在窗台晾乾，想展示的幼兒可請教師協助懸掛在美勞區展示架上，最後大家一起收拾物品並將環境整理乾淨。

三、延伸活動

可在美勞區繼續進行創作。

圖 4-78　鬧鐘在叫的聲音

圖 4-79　車子會按喇叭

高瞻幼兒園　學年度 下學期 小組時間計畫表

班　　級	中班	幼兒年齡	4 歲	教 學 者	陳雅馨、林中苓
週　　次	第 14 週	活動日期	年　月　日	活動時間	30 分鐘
活動名稱	17. 聲音圖譜	KDIs	F. 創造性藝術領域 41. 音樂：幼兒透過音樂表達和表徵任何他們的觀察、思考、想像和感覺		
		COR-A	創造性藝術領域─Y、音樂		
材料	主材料	繪本《點點玩聲音》、白板、白板筆、三角鐵、木琴			
	副材料	各式樂器			

一、想法來源

透過有聲音的畫作，幼兒發現畫面是能想像出聲音的。同時在語文區看到《點點玩聲音》一書，裡面有許多的點，覺得應該也有聲音，便詢問教師。教師藉此設計一堂有關聲音圖譜的課程讓幼兒探索體驗。

二、教學過程

開始：教師講述《點點玩聲音》，並與幼兒做互動。

中間：1. 教師討論是不是能運用點和線條創作我們的圖譜。

2. 敲擊各式樂器尋找適合的幾個來創作圖譜。

3. 決定樂器並一同運用線條（直線、斜線、波浪、鋸齒）以及點（大、小）來創作圖譜。

4. 教師用大家決定好的樂器敲奏節奏，讓幼兒找出相對應的圖譜。

5. 幼兒能夠自己找出與節奏相應的圖譜或看著圖譜敲出節奏。

結束：收拾物品（樂器、繪本……）並歸位。

三、延伸活動

將討論出的圖製作成圖譜卡，將於團體時間音樂活動使用。

圖 4-80　幼兒看圖譜敲出節奏（小鼓）

一、計畫－工作－回顧

（一）計畫時間

幼兒能自己說出計畫，並且能夠詳細說出使用的材料、一起工作的夥伴、工作的內容等等，有的幼兒也能使用計畫本，透過繪畫書寫自己的計畫（圖 4-81）。

A 組：【啟發性遊戲——排序】

教師準備數塊（紅、黃、藍），若幼兒能依照教師呈現的模組進行排序即可做計畫（如紅－黃－紅－黃－紅，幼兒會接黃色數塊）。

B 組：【數概念遊戲——骰子數數】教師甩骰子以順時針方向進行點數，點到與骰子上點數相同的幼兒即做計畫。

圖 4-81 有的幼兒使用計畫本在計畫時間說明

（二）工作時間

幼兒能專注於自己的工作、與同儕討論互動……依照自己的計畫進行工作，並能夠及時解決自己的問題（圖 4-82、4-83）。

（三）回顧時間

幼兒能說出計畫及工作的過程，或以小組合作分享創作的作品，省思並修正問題（圖 4-84）。

圖 4-82　幼兒進行打擊樂的體驗

圖 4-83　兩位幼兒合作進行象形文字對照卡

圖 4-84　幼兒敘述原先計畫是在語文區寫注音符號，將ㄥ和ㄢ寫在紙上後便和教師說想換區，後來她到美勞區利用小保麗龍球、吸管黏貼出ㄥ、ㄢ的形狀。（教師鼓勵幼兒可以跨區進行操作）

高瞻幼兒園　學年度 下學期 小組時間計畫表

班　　級	中班	幼兒年齡	4 歲	教 學 者	陳雅馨、林中莕
週　　次	第 11 週	活動日期	年　月　日	活動時間	30 分鐘
活動名稱	聲音機關（一）	KDIs	G. 科學與科技領域 47. 實驗：幼兒以實驗來測試他們的想法 48. 預測：幼兒預測他們期望發生什麼結果 49. 得出結論：幼兒基於他們的經驗和觀察得出結論		
		COR-A	科學與科技領域—CC、實驗、預測並得出結論		
材料	主材料	單位積木、KAPLA 積木、紙盒積木、小丑彈珠台			
	副材料	地墊、人物、石頭、花、草、樹、車子			

一、想法來源

　　經過先前「聲音探索家」中聽到水聲，延伸出幼兒在積木區建構「淨水廠」及「水管鋪設」的活動後，教師觀察到幼兒在積木區嘗試製造出不同的聲音，他們還注意到「小丑彈珠台」（彈珠隨著小丑杯子由高往下掉）也會有聲音。

二、教學過程

　　開始：教師準備教材（單位積木、KAPLA 積木、紙盒積木）。

　　中間：1. 教教師請幼兒在積木區尋找聲音？讓幼兒實際嘗試各種積木倒下的聲音（如單位積木、KAPLA……），聽聽這些聲音是否一樣？

　　　　　2. 透過觀察小丑彈珠台讓幼兒了解到彈珠從高處到低處會有聲音。引導幼兒如果我們要建構相似的機關可以怎麼做？並實際讓幼兒建構，教師注意可能會遇到的問題：高塔不夠堅固、軌道傾斜度、彈珠會亂滾。

　　　　　3. 幼兒分享建構出的聲音機關。

　　結束：一同收拾所有的材料並將其歸位。

圖 4-85　幼兒嘗試將高塔和斜坡做結合

三、延伸活動

　　幼兒經驗可運用在未來計畫－工作－回顧時間。

　　以下是計畫－工作－回顧時間，幼兒在積木區建構「聲音機關」的過程（圖 4-86 至 4-93）。

　　先前建構高塔時發現結構不穩，於是我們一起討論發現要堅固的話一層要有三塊 KAPLA，每層方向都要相反（直橫直橫……）。而且為了不讓彈珠亂滾，軌道還是要加圍牆。

　　之後大家開始嘗試如果排得更多聲音會變成什麼樣子呢？啪啪啪啪啪～好久好好玩。

　　除了單位積木，KAPLA 也可以排成一排，如果還有高有低會不會更好玩？像走樓梯一樣！

4/29

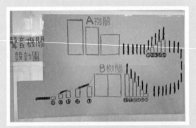

圖 4-86　積木排成一排（骨牌）真的很有趣，所以我們把它也加進了機關裡，大家還一起討論出設計圖

圖 4-87　按照設計圖來蓋，我們分工合作完成了

5/6

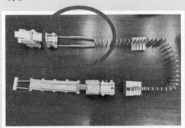

圖 4-88　軌道上只有薄薄的一層KAPLA，彈珠容易撞壞，而且沒辦法順利撞倒骨牌

圖 4-89　嘗試過後加強了軌道，增加底部引道，而且寬度要比彈珠小，彈珠才能順著引道走

5/20

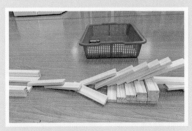

圖 4-90　彈珠成功順著引道走，並成功撞倒骨牌

圖 4-91　原先的設定希望骨牌能夠打到彈珠，讓彈珠滾到最後。但是彈珠太重了，骨排推不動

圖 4-92　找了好多不同的球來嘗試

圖 4-93　最後發現乒乓球最合適，夠大也夠輕

肆、統整期

　　幼兒於聚焦發展期透過計畫－工作－回顧、團體與小組活動時的大量實際操作，以及不斷的問題產生與解決，進入統整期時幼兒已逐漸發展出各項高瞻關鍵能力，如了解聲音的原理（G. 科學與科技）、懂得聆聽與欣賞音樂並能說出自我感受（B. 人際關係與情緒發展、F. 創造性藝術）等，而期末時的節奏樂演奏、積木區的聲音機關，更能展現出主題融入高瞻課程的學習成效。

一、計畫－工作－回顧

（一）計畫時間

　　幼兒能結合更多舊經驗提升計畫的複雜性，在這個階段的幼兒可以掌握一個計畫可能分成幾天完成；以團體合作的方式事先討論計畫內容並清楚分工且能詳述說出計畫。

　　A 組：【音樂性遊戲——聽音辨識圖卡】教師發下各種圖譜卡，幼兒仔細聆聽教師敲奏的節奏，若和自己的圖譜卡相符，即可說出計畫。

　　B 組：【語文性遊戲——好玩的相反詞】發給幼兒一人一張語詞卡，教師隨機抽取一張語詞卡，與教師語詞卡可以配對的幼兒即做計畫（如外面→裡面；雨天→晴天）（圖 4-94）。

（二）工作時間

幼兒能遵循自己的計畫進行工作，自己解決問題並和同儕互相討論。也能增加教具新玩法，或有更深入、更細微的創造表徵（圖4-95、4-96）。

（三）回顧時間

幼兒能敘述自己有意義的經驗，用各種不同的方式回顧（畫下回顧內容、學習單、計分表、紀錄表等）。主動分享自己或與同儕一起完成的作品並省思修正問題（圖4-97、4-98）。

圖 4-94　B組教師以「相反詞」的方式來進行計畫

圖 4-95　幼兒自己選擇不同樂器進行合奏。

圖 4-96　幼兒持續進行複雜的工作，將平面的雲梯車立體展開圖黏起來，並製作車上小配件。

圖 4-97　幼兒進行競賽類遊戲並記錄在自製的計分表上

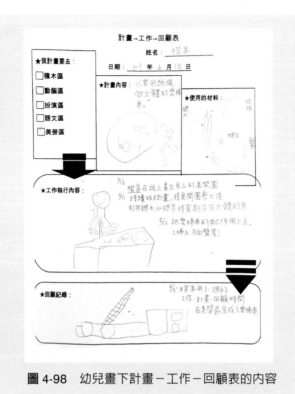

圖 4-98　幼兒畫下計畫－工作－回顧表的內容

高瞻幼兒園　學年度 下學期 小組時間計畫表

班　　　級	中班	幼兒年齡	4 歲	教 學 者	陳雅馨、林中苓
週　　　次	第 21 週	活動日期	年　月　日	活動時間	30 分鐘
活動名稱	聲音機關（二）	KDIs	E. 數學領域 35. 空間意識：幼兒們認識到人與物之間的空間關係		
		COR-A	數學領域—T、幾何：形狀及空間意識		
材料	主材料	單位積木、KAPLA 積木、紙盒積木			
	副材料	地墊、人物、石頭、花、草、樹、車子			

287

一、想法來源

在幾次建構聲音機關後，幼兒發現到一些問題，所以教師運用小組時間再次帶領幼兒進行討論。

二、教學過程

開始：教師準備材料（單位積木、KAPLA 積木、紙盒積木……）。

中間：1. 讓幼兒提出之前發現到的問題：

(1) 設計圖內容很多，自己沒辦法完成。

→聲音機關很大，我們可以多一點人一起蓋，每個人說出自己想要負責的地方並完成。

(2) KAPLA 一直倒。討論如何改進可以更好？

→排 KAPLA 骨牌的時候，要關電風扇，而且經過的幼兒要輕輕走路。

2. 按照想好的方法，大家一起嘗試看看是不是能成功。

3. 過程中還發現可以增加不一樣的聲音，像是運用不同的物件（磁片骨牌、鐵片）來增加聲音的多樣性。

結束：大家分享自己建構的作品。

圖 4-99　忘了怎麼蓋，再看一看設計圖

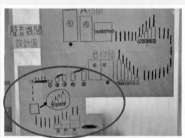

圖 4-100　新版聲音機關設計圖

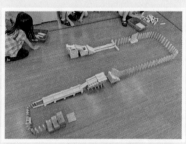

圖 4-101　新版聲音機關完成圖

高瞻幼兒園　學年度　下學期　主題團體時間計畫表

班　　級	中班	幼兒年齡	4 歲		教 學 者	陳雅馨、林中苓
週　　次	第 20 週	活動日期	年　月　日		活動時間	50 分鐘

活動名稱	23. 美妙的聲音饗宴	KDIs	F. 創造性藝術領域
			41. 音樂：幼兒透過音樂表達和表徵任何他們的觀察、思考、想像和感覺
		COR-A	創造性藝術領域—Y、音樂

| 材料 | 主材料 | 各式樂器、音樂故事海報、節奏卡、音響、桃花過渡樂曲 |
| | 副材料 | 白板、白板筆 |

一、想法來源

從期初就可以觀察到計畫－工作－回顧時在扮演區的幼兒對樂器演奏一直很有興趣。進行「小小音樂家」、「聲音圖譜」等探討合奏方式的小組活動後，幼兒在演奏樂器的能力有所提升，因此教師選擇了幼兒也熟悉的「桃花過渡」在音樂活動中嘗試進行全班合奏。

二、教學過程

開始：以快節奏律動進行肢體伸展。

中間：1. 教師展示音樂故事海報，一邊說著故事一邊帶著幼兒說出咒語找出藏在圖中的動物。（大象→長頸鹿→松鼠弟弟→貓）

2. 教師分別展示四種動物的節奏卡，引導幼兒先利用手搖鈴演奏各個動物的節奏。

大象	長頸鹿	松鼠弟弟	貓
♩♩	♫♩	♫♩	♩

3. 與幼兒一起討論出四個動物節奏卡分別可使用的樂器，觀察並引導使用樂器的正確方式。（大象—鈴鼓；長頸鹿—沙鈴；松鼠弟弟—木魚；貓—三角鐵）

4. 幼兒選擇想使用的樂器，教師引導幼兒依樂器分組後，搭配桃花過渡的音樂進行合奏。

圖 4-102　跟著節奏動一動

結束：送樂器回家。

289

第四節　主題融入高瞻課程——大班課程實踐示例（一）

大班教學活動紀錄

預備期

- ◖ 選定主要繪本（我是風）
- ◖ 學習區教材教具準備與環境規劃
- ◖ 教學活動計畫
- ◖ 親師溝通

探索期

團體時間

- ◈ 幼兒的舊經驗分享
- ◈ 繪本導讀／賞析：我是風
- ◈ 探索、觀察、體驗、踏查（充實先備經驗）
  - ➤探索風在哪裡？
  - ➤鹿野高台探索

小組時間

- ◈ 吹泡泡
- ◈ 風馳飛車

主題產生：神奇的風（A）
↓
相關想法激盪（B）
↓

計畫－工作－回顧

- ✦ 進行計畫－工作－回顧

小組時間

- ✦ 製作人偶（積木區）

團體時間

- ✦ 音樂：高高低低
- ✦ 體能：水谷式教具（走、跑、跳、攀爬）

計畫－工作－回顧

- ✦ 依幼兒需求調整教材提供益智型的教具，如象棋、跳棋、撲克牌
- ✦ 依幼兒能力調整教材提供規則性的教具，如你問我答、記憶遊戲

探索期

使用網絡圖組織想法形成概念
（C）
↓
活動設計（D）
↓
高瞻關鍵發展指標之檢視（E）

✦ 主題材料融入
提供科學性的教具，如風向
儀、降落傘
✦ 內容的延續性
搭配學習單、記分紀錄表
✦ 教材層次性
撲克牌接龍→比大小
✦ 與人的合作性增加
拚圖、小書創作

聚焦發展期

團體時間
◈ 風速分級表
◈ 風對人類的好處和壞處
◈ 手搖氣球
◈ 飛舞的尾巴
◈ 風之谷（影片欣賞）

小組時間
✦ 斜坡地形建構
✦ 積木區設計圖
✦ 小書創作
✦ 風之谷繪本創作

小組時間
◈ 風的家族—風的分類
◈ 北風和太陽
◈ 和風玩遊戲
◈ 風箏飛高高
◈ 風向儀
◈ 旋轉吧！風車
◈ 陀螺吹吹吹
◈ 空氣砲打怪獸
◈ 降落傘實驗

團體時間
✦ 音樂：蘆笛之舞音樂欣賞
✦ 體能：跳格子
✦ 園長奶奶說故事

統整期

團體時間

◈ 風阻遊戲
◈ 潛能發表─風之谷
◈ 風力發電
◈ 傳播花粉及種子（蒲公英）
◈ 風發脾氣的時候

小組時間

◈ 風乾了更好吃
◈ 風兒對你說
◈ 升空吧！熱氣球

計畫－工作－回顧

✦ 依幼兒需求調整教材
　 大富翁、五子棋
✦ 依幼兒能力調整教材
　 姓名筆劃練習、注音符號
　 遊戲
✦ 主題材料融入
　 顯微鏡
✦ 內容的延續性
　 故事編創
✦ 教材層次性
　 撲克牌：十的合成→大老二
✦ 與人的合作性增加
　 戲劇扮演

小組時間

✦ 風車房子（木工區）
✦ 風之谷（積木區）

團體時間

✦ 風之谷（劇本）
✦ 音樂：風之精靈
✦ 體能：滑步車

壹、預備期

　　清楚規劃學習區，放置吸引幼兒、適合大班層次的多元且足夠的教材教具，選定主要繪本，教師進行課程討論，並邀請家長個別親師溝通，引發幼兒展開學習探究。

一、選擇主要繪本──我是風

　　我是風，愛玩的風，風喜歡找朋友，和大自然玩遊戲。現在的幼兒都生活在高高的大樓裡，鋼筋水泥阻隔了探索大自然的奧祕，不知道有沒有心情閉上眼睛吹吹風、看看雲。《我是風》（李紫蓉、許文綺著，愛智）這本圖畫書的文字以散文方式呈現，輕鬆優美。教師選擇了《我是風》當主要繪本，帶著幼兒去觀察、體驗、踏查，並結合在地文化「鹿野高台風之谷的熱氣球」，進行一系列的實驗，與體驗大自然的千變萬化，引領幼兒去尋找風的存在，也讓風肯定自己的存在（圖 4-103）。

圖 4-103　主要繪本

二、學習區教材教具準備與環境規劃

　　教師規劃學習區，依各區學習目標準備適合大班幼兒年齡與能力、興趣的教材教具，如扮演區幼兒最有興趣的還是裝扮與食物操作，所以教師提供披風、襯衫、頭套、項鍊……，和真實食材（如米飯、海苔、蛋……）、壽司模型，供幼兒進行扮演遊戲，並隨著探索活動的開展，陸續將繪本主題有關的教材教具融入各學習區。

　　1. **扮演區**：師生共繪與風相關的布幕情境（樹、蜜蜂），以及幼兒自製的紙飛機、風車、雲、蝴蝶，再加上樂器風鈴，教具櫃

裡提供有風車、竹蜻蜓、泡泡水、電風扇、風箏、紙飛機、飛盤、氣球……（圖 4-104、4-105）。

2. **美勞區**：依環保素材、自然素材、鬆散材料、各式紙類、工具等分類方式提供多元的材料（圖 4-106）。

3. **語文區**：提供聽、說、讀、寫的教材教具、如聽桌、寫桌、演桌與相關的教材教具（圖 4-107、4-108）。

4. **動腦區**：提供規則性教具、益智型教具與相關的學習單讓幼兒能回顧並記錄（圖 4-109 至 4-111）。

5. **積木區**：提供多元的積木，如大單位積木、小單位積木、Kapla 積木、光影積木及各式配件等（圖 4-112）。

圖 4-104　扮演區

圖 4-105　扮演區情境與配件

圖 4-106　美勞區

圖 4-107　語文區

圖 4-108　演桌

圖 4-109　動腦區

圖 4-110　益智性教具

圖 4-111　規則性教具

圖 4-112　積木區

三、協同教學

　　兩位教師討論進行學習區環境規劃，了解每位幼兒特質，尤其是班級內有注意力不集中、發展遲緩，以及有亞斯柏格特質的特殊幼兒，理解他們的需求並擬定相應的策略，在緊密的親師溝通幫助下更加了解幼兒，準備合適的教材教具、課程內容規劃（以小組活動與團體活動提升技能、啟發幼兒思考與邏輯、增進幼兒合作能力、培養幼兒的情感與自我認同）。班級經營除了有師生教室清潔分配、責任的

295

培養，也加入幼小銜接的準備，例如：班級每日準時獎金策略，讓幼兒能調整作息外，每個月存的錢在班內進行購買日，讓幼兒從小培養理財與消費的能力，並從中獲得成就感。班級經營方式也會依實際情況，透過每日的省思來做調整，是一個持續運作的過程。

四、個別親師溝通

家長和教師是關係密切的教育合夥人，可以透過各種管道如每週的聯絡簿、簡訊、電話，還有班級網頁、家長網路群組，讓教師和家長更有效率地進行溝通，對於班級中幼兒發生的特殊情況，如突發的身體健康問題、與同儕間的社會行為等，教師除了第一時間發現並做即時處理，在了解事件後針對個別處理方法及流程知會家長，並請家長協助關心。此外，每個學期初學校會舉辦班親會，家長可以了解幼兒學習環境的更多面向，透過班親會還可以親自參與園所或班級的相關決策，在親師緊密的合作支持下，創造親、師、生三方共贏。

貳、探索期

藉由主要繪本《我是風》讓幼兒進行觀察、探索、體驗、踏查等活動，發現幼兒的興趣與想法，產生主題「神奇的風」所發展的小組、團體等活動，而在計畫－工作－回顧中幼兒依興趣選擇教材教具專注操作，在教師的支持下發展自發性的探索及延伸。

一、計畫－工作－回顧

（一）計畫時間

教師與幼兒分成兩組，以遊戲性、啟發性的方式讓幼兒能專注進行計畫，例如：圖文對應、故事接龍……，並依幼兒個別的興趣、自己的想法來做計畫。幼兒說出自己的計畫時，教師透過開放性提問，支持幼兒計畫的完整性，並記錄下來（圖 4-113、4-114）。

（二）工作時間

　　幼兒置身於主動學習的環境中，透過相關的材料、自己的選擇、動手操作、教師引導幼兒之間互動的語言，並在教師的觀察下支持幼兒的發展（圖 4-115 至 4-118）。

（三）回顧時間

　　讓幼兒說出從計畫到工作的過程、使用的材料，以及作品名稱。幼兒分享故事內容，教師提問，幫助幼兒提升思考、表達能力（圖 4-119、4-120）。

圖 4-113　【圖文對應】教師抽到風的卡片，拿到風的文字的幼兒可先做計畫

圖 4-114　【故事接龍】教師說出故事的開頭，先接的幼兒先計畫，再依序往後接龍說故事並做計畫

圖 4-115　幼兒能依自己的興趣選擇教具

圖 4-116　工作時間教師給予幼兒支持

圖 4-117　幼兒專注於操作積木來建構房子

圖 4-118　幼兒在扮演區進行合作性遊戲

圖 4-119　幼兒：「我的作品是『豬』，我用色紙沾白膠把養樂多瓶包起來，豬的臉是用養樂多的洞放在色紙上描，再剪下來貼上去，用黏土搓圓圓當豬的眼睛，再用彩色筆畫出鼻子跟嘴巴，剪四個一樣長的毛根用白膠黏在下面當豬的腳，再用毛根弄捲捲的黏在後面當豬尾巴。」

圖 4-120　幼兒：「我在語文區看了『風的力量』，原來風會做很多事，會變成龍捲風、下雨、下雪。」教師：「風只會隨便亂吹，漫無方向？」幼兒：「不是，其實風會從空氣多的地方往空氣少的地方吹。」

多多璐幼兒園　學年度 下學期 團體時間計畫表

班　　級	大班	幼兒年齡	5 歲	教 學 者	
週　　次	第 1 週	活動日期	年　月　日	活動時間	30 分鐘
活動名稱	繪製繪本賞析圖	KDIs	F. 創造性藝術 40. 藝術：幼兒透過二維及三維藝術的表現來表達他們的觀察、思考、想像和感覺		

<table>
<tr><td></td><td colspan="2" align="center">COR-A　　創造性藝術領域─X、美術</td></tr>
</table>

材料	主材料	繪本《我是風》、繪本賞析學習單、海報紙、色鉛筆、彩色筆、蠟筆、鉛筆、擦子
	副材料	美勞區教材教具

一、想法來源

為了讓幼兒更加熟悉故事角色、背景、情節、題材、圖像等等，教師想帶領幼兒一起製作繪本賞析海報。

二、教學過程

開始：教師準備材料（繪本《我是風》、海報紙、色鉛筆、彩色筆、蠟筆、鉛筆、擦子）。

中間：1.與幼兒一起複習繪本內容（角色：小女孩和昆蟲）、背景（房子、樹……）、情節（小女孩彈琴，被風吹……）……，讓幼兒分組選擇想畫的內容。

　　　2.有幼兒拿取彩色筆、鉛筆來畫出小女孩，以及拿剪刀將畫好的部分進行剪貼……。

　　　3.教師展開已備好的繪本賞析海報，讓幼兒張貼自己所畫的圖到海報上的位置，教師寫上主題「我是風」及箭頭，共同完成繪本賞析圖。

圖 4-121　全班一起合作完成的繪本賞析圖

結束：1.收拾所有物品並歸位。

　　　2.將完成後的繪本賞析圖放置語文區。

三、延伸活動

將繪本賞析圖放語文區供幼兒未來學習區時間使用。

表 4-1　多多璐幼兒園　學年度 校外教學活動【河馬班】申請表

項目	內　　容				
活動名稱	◆探索風在哪裡				
活動時間	◆　　年　　月　　日上午 09：00 至 10：00（共計 1 小時）				
活動地點	◆ 多多璐→鐵路步道→多多璐				
活動交通	去程	■步行		班級教師	■
	回程	■步行		班級教師	■
帶隊教師	領隊		隨隊	行政支援需求	
預計參加人員	幼兒	30 人		照顧者	4 人
事前準備	地形勘查	■是 □否	完成日期 109.2.6	班級教師	
	參觀路線圖	■是 □否	完成日期 109.2.6	班級教師	
活動計畫					
教學目的	◆此次配合教學內容，與幼兒沿著鐵路步道尋找風在哪裡。				
活動流程	◆想法來源：幼兒有了先前到校園尋找風的經驗後，產生想要到其他地方尋找風的想法，還有哪些地方可以讓我們找到風呢？並與幼兒討論需要準備的物品，以及相關安全注意事項。 ●開始：準備物品，叮嚀安全相關事項。 ●中間：1.沿校園旁鐵路步道，觀察路旁的特殊建築與景觀、找找哪裡有風？ 　　　　2.依自己的想法實行如何捉風的體驗。 ●結束：沿原路走回園所，進行回顧與分享活動。				
備　　註	◆活動成果彙整，製作電子檔（照片）資料存入班級活動照存查。				
申　請　人				園　長	

◆戶外教學：與幼兒共構行前計畫，進行觀察、探索、體驗、踏查。（本園教師自行研發，配合法規要求校外教學活動申請表，並融入高瞻團體時間教案格式。）

多多璐幼兒園　學年度 下學期 團體時間計畫表

班　　級	大班	幼兒年齡	5 歲	教　學　者	
週　　次	第 2 週	活動日期	年　月　日	活動時間	09：00 至 10：00
活動名稱	探索風在哪裡	KDIs	G. 科學與科技領域 51. 自然和物理世界：幼兒蒐集關於自然與物理世界的知識		
		COR-A	科學與科技領域— DD、自然和物理世界		
材料	主材料	網子、紙袋、塑膠袋、風車、風箏、泡泡水			
	副材料	手機、水壺			

一、想法來源

幼兒有了先前到校園尋找風的經驗後，產生想要到其他地方尋找風的想法，還有哪些地方可以讓我們找到風呢？並與幼兒討論需要準備的物品，以及相關安全注意事項。

二、教學過程

開始：教師準備物品（網子、紙袋、塑膠袋、風車、風箏、泡泡水），並叮嚀相關安全注意事項。

中間：1.開始沿著校園旁鐵路步道，觀察路旁的特殊建築與景觀，找找哪裡有風？

有幼兒看到風車造型的房子，分享：「之前我跟爸爸媽媽有來這邊吃過東西喔！」走到堤防：「我有來過這裡，我們還帶著我們家的狗一起來散步。」「那裡有牛在吃草！」

2.依自己的想法實行如何捉風的體驗（如用網子、紙袋、用手……）以及其他相關的活動。

有幼兒用網子捉風，有的試著用紙袋、塑膠袋來捉風；還有幼兒在放風箏和玩吹泡泡。

結束：收拾物品後回到園所進行回顧與分享活動。

三、延伸活動

發現幼兒特別對泡泡有興趣，教師設計活動，讓幼兒能實際操作與體驗風的流動。

圖 4-122　風車造型的房子

圖 4-123　用袋子捉風

多多璐幼兒園　學年度 下學期 團體時間（戶外教學）計畫表

班　　級	大班	幼兒年齡	5 歲	教 學 者	
週　　次	第 4 週	活動日期	年　月　日	活動時間	一整天
活動名稱	鹿野高台探索風	KDIs	C. 身體發展與健康領域 16. 粗動作技能：幼兒在使用他們的大肌肉時表現出力量、靈活、平衡和持久性		
		COR-A	身體發展與健康領域—I、大肌肉動作		
材料	主材料	地圖、風箏、泡泡水、滑草工具、風車			
	副材料	手機			

一、想法來源

先前欣賞風的相關影片經驗，連結幼兒舊經驗的分享：臺東的熱氣球與飛行傘，教師決定設計戶外教學活動，帶著幼兒一同搭乘遊覽車前往臺東著名的旅遊勝地 —— 鹿野高台熱氣球區進行探索、踏查與體驗。並事先與幼兒討論行前計畫、可以進行的活動（如：吹泡泡、放風箏、滑草、玩風車……）、攜帶的物品（如泡泡、滑草工具、風車……）以及安全相關事項（遊戲安全、乘車安全）。

二、教學過程

開始：叮嚀幼兒相關安全注意事項（遊戲安全、乘車安全）以及介紹地形概況（滑草區、熱氣球區、飛行傘區、高眺亭區……）。

中間：1. 幼兒以分組方式進行。

(1) 觀察：草坡、山谷、高眺亭、周邊道路、設施等等。

(2) 探索：風從哪裡來？斜坡的坡度？山的形狀？飛行傘、熱氣球？雲的變化？鳥的飛翔？

(3) 體驗：吹泡泡、放風箏、滑草、玩風車、躺在草坡上感受風、在草地上翻滾、在高眺亭上用餐、休息，從高處欣賞鹿野高台的景色。

2. 幼兒用跑步的方式來感受風。幼兒滑草時卡在一半，後來有請朋友幫忙推，終於順利滑下來了。全部幼兒躺在草地上，有風吹過來，好舒服喔！跟在學校裡的感覺都不一樣。

結束：有哪些發現可以放到學習區？幼兒說可以把風箏、風車、泡泡水放在扮演區。

三、延伸活動

將相關材料帶至扮演區以供未來工作時間使用。

圖 4-124　有風的時候加快腳步跑步，風箏就能飛高了

圖 4-125　躺在草地上享受舒服的風，欣賞雲朵

二、主題產生（A）

透過主要繪本《我是風》讓幼兒想像，經過小組時間（實驗與體驗）與團體時間的探索、體驗、踏查活動，幼兒產生興趣與想法，蒐集訊息後，對於主題的命名經討論後提案為：(1) 風的旅行；(2) 神奇的風，經由與幼兒討論主題的可行性後，決定以「神奇的風」為發展主題。

三、想法激盪產生各種想法（B）

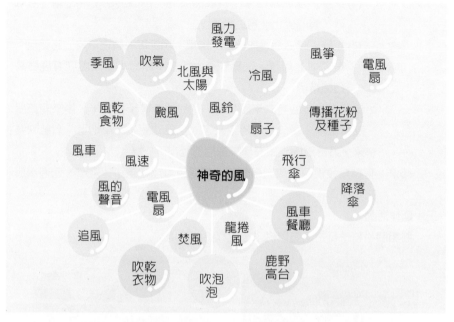

圖 4-126　幼兒的想法激盪

四、使用網絡圖組織想法形成概念（C）

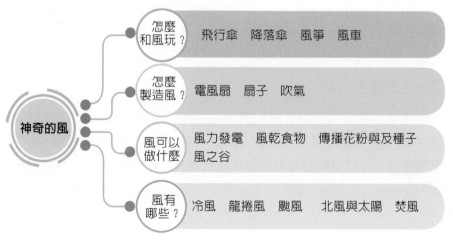

圖 4-126　概念圖

五、活動設計與規劃（D）

風有哪些？

01. 風的家族——風的分類【小組】
　　（KDI 46. 分類）
02. 北風和太陽【小組】
　　（KDI 26. 閱讀）
03. 風速分級表【團體】
　　（KDI 31. 數字和符號）
17. 傳播花粉及種子【團體】
　　（KDI.22. 說話）
18. 風發脾氣的時候【團體】
　　（KDI.22. 說話）

怎麼和風玩？

05. 和風玩遊戲【小組】
　　（KDI 17. 精細動作技能）
06. 風箏飛高高【小組】
　　（KDI 16. 粗動作技能）
11. 旋轉吧！風車【小組】
　　（KDI 17. 精細動作技能）
13. 製作降落傘【小組】
　　（KDI 48. 預測）
14. 降落傘實驗【小組】
　　（KDI 47. 實驗、49. 得出
　　結論）
16. 風阻遊戲【團體】
　　（KD I39. 資料分析）

神奇的風

風可以做什麼？

09. 風向儀【小組】
　　（KDI 57. 歷史）
10. 風之谷 (影片欣賞)【團體】
　　（KDI 21. 理解）
19. 風乾了更好吃【小組】
　　（KDI 13. 合作遊戲）
20. 風力發電【團體】
　　（KDI 21. 理解）
21. 風兒對你說【小組】
　　（KDI 22. 說話）
22. 潛能發表——風之谷【團
　　體】（KDI 43. 扮演遊戲）
23. 升空吧！熱氣球【小組】
　　（KDI 40. 藝術）

怎麼製造風？

07. 手搖氣球【團體】
　　（KDI 16. 粗動作技能）
08. 飛舞的尾巴【團體】
　　（KDI 39. 資料分析）
12. 陀螺吹吹吹【小組】
　　（KDI 4. 問題解決）
15. 空氣砲打怪獸【小組】
　　（KDI 8. 勝任感）

圖 4-128　活動設計與規劃

說明：在實際進行課程時，會依幼兒的回應及興趣做順序或內容上的調整，以及
　　　為規劃期末潛能發表活動做準備。

六、高瞻關鍵發展指標之檢視（E）

領域	活動設計	數量
A. 學習方法	12. 陀螺吹吹吹【小組】（KDI 4. 問題解決）	1
B. 人際關係與情緒發展	15. 空氣砲打怪獸【小組】（KDI 8. 勝任感） 19. 風乾了更好吃【小組】（KDI 13. 合作遊戲）	2
C. 身體發展與健康	05. 和風玩遊戲【小組】（KDI 17. 精細動作技能） 06. 風箏飛高高【小組】（KDI 16. 粗動作技能） 07. 手摃氣球【團體】（KDI 16. 粗動作技能） 11. 旋轉吧！風車【小組】（KDI 17. 精細動作技能）	4
D. 語言、讀寫與溝通	02. 北風和太陽【小組】（KDI 26. 閱讀） 04. 風對人類的好處和壞處【團體】（KDI 22. 說話） 10. 風之谷（影片欣賞）【團體】（KDI 21. 理解） 17. 傳播花粉及種子【團體】（KDI 22. 說話） 18. 風發脾氣的時候【團體】（KDI 22. 說話） 20. 風力發電【團體】（KDI 21. 理解） 21. 風兒對你說【小組】（KDI 22. 說話）	7
E. 數學	03. 風速分級表【團體】（KDI 31. 數字和符號） 08. 飛舞的尾巴【團體】（KDI 39. 資料分析） 16. 風阻遊戲【團體】（KDI 39. 資料分析）	3
F. 創造性藝術	18. 風發脾氣的時候【團體】（KDI 22. 說話） 22. 潛能發表——風之谷【團體】（KDI 43. 扮演遊戲） 23. 升空吧！熱氣球【小組】（KDI 40. 藝術）	3
G. 科學與科技	01. 風的家族——風的分類【小組】（KDI 46. 分類） 13. 製作降落傘【小組】（KDI 48. 預測） 14. 降落傘實驗【小組】（KDI 47. 實驗、49. 得出結論）	3
H. 社會研究	09. 風向儀【小組】（KDI 57. 歷史）	1

說明：在高瞻關鍵發展領域的「H. 社會研究」領域，在這學期的相關活動較少，但在上學期的主要繪本《逛街》已進行了與「54. 社區角色」、「55. 做決策」、「56. 地理」、「57. 歷史」有關的活動。「A. 學習方法」領域則多運用在計畫－工作－回顧時間，則不另外列出。

參、聚焦發展期

在計畫－工作－回顧、小組時間、團體時間中拓展幼兒學習經驗，促成更多有意義和複雜的遊戲。

一、計畫－工作－回顧

（一）計畫時間

教師增加豐富的材料提供有趣的地方供幼兒做計畫，給幼兒有計畫性的遊戲與經驗，仔細聆聽幼兒的計畫，在教師的支持下擴充他們的想法（圖 4-129）。

（二）工作時間

依幼兒需求能力調整教材教具，讓幼兒置身在高瞻課程的重要經驗，參與不同遊戲形式及型態，觀察、聆聽，並了解幼兒正在做什麼，根據幼兒正在進行的遊戲提供新的想法（圖 4-130、4-131）。

圖 4-129　幼兒事先完成計畫表：當幼兒描述計畫時，教師適時詢問與計畫細節相關的開放性問題

（三）回顧時間

回溯幼兒從計畫到工作執行的歷程，進行作品分享、省思與修正（圖 4-132、4-133）。

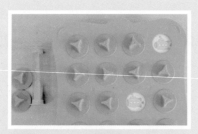

圖 4-130　記憶遊戲

圖 4-131　風向儀

圖 4-132　幼兒回顧省思：我計畫要蓋斜坡，蓋好之後，發現太窄了，所以我下次要把斜坡變寬

圖 4-133　3/16 計畫→工作→回顧。計畫時間：幼兒說：「之前我在積木區建構斜坡，但是我發現做的太窄了，今天我想要去積木區建構斜坡，這次要把斜坡變寬。」
工作時間：幼兒與同組幼兒一起合作，分工合作建構斜坡、高眺亭、停車場……，開始執行計畫。
回顧時間：幼兒回顧：「我用紙盒積木、單位積木、KAPLA 積木把斜坡變寬了。」「可是我發現我建構的斜坡，高低有落差，但是不知道該怎麼辦？」後來教師利用下次的小組時間來進行引導。

多多璐幼兒園　學年度 下學期 小組時間計畫表

班　　級	大班	幼兒年齡	5 歲	教 學 者	
週　　次	第 7 週	活動日期	年　月　日	活動時間	30 分鐘
活動名稱	斜坡地形建構	KDIs	E. 數學領域 34. 形狀：幼兒辨識、命名和描述形狀 47. 實驗：幼兒以實驗來測試他們的想法		
		COR-A	科學與科技領域— CC、實驗、預測並得出結論		
材料	主材料	球、滑步車、單位積木、自製紙盒積木、木板、KAPLA 積木			
	副材料	積木區配件			

一、想法來源

1. 自從至鹿野高台進行戶外教學後，教師觀察幼兒開始會在積木區利用各式積木堆疊在一起，試圖建構出斜坡地形的建築。

2. 在戶外活動時間，有幼兒觀察到城堡門的無障礙坡道。

二、教學過程

開始：教師準備材料（球、滑步車、單位積木、自製紙盒積木、木板、KAPLA 積木）。

中間：1.幼兒以球來做實驗，平面則球不易滾動；斜面則球自行滾動。以滑步車來做實驗，不用腳滑，就可以自動滑下去。

2.回到教室後，讓幼兒以自己的方式利用各種材料進行操作。

3.幼兒在建構的過程能以不同的積木素材，例如：大單位積木當支撐（4 個積木、3 個、2 個、1 個）自然產生斜度，自製紙盒積木來建構坡面，用木板銜接紙盒積木的斜坡，有高低落差之處則以 KAPLA 積木來當緩衝，讓斜坡與地面的銜接是平的。

圖 4-134　用球來進行斜坡實驗

三、延伸活動

可運用在動腦區，進行斜坡滑行實驗，讓幼兒體驗並觀察相同的物品（如小球、小車），在不同坡度的斜坡上滑行的速度快慢；或在積木區進行建築物及斜坡的結合建構。

圖 4-135　改用滑步車體驗速度　　圖 4-136　斜坡建構

多多璐幼兒園　學年度 下學期 團體時間計畫表

班　　級	大班	幼兒年齡	5 歲		教 學 者	
週　　次	第 10 週	活動日期	年　月　日		活動時間	30 分鐘
活動名稱	園長奶奶說故事	KDIs	D. 語言、讀寫與溝通 21. 理解：幼兒理解語言			
		COR-A	語言、讀寫與溝通領域─ M、傾聽和理解能力			
材料	主材料	繪本《圖書館老鼠》，和作家面對面教具				
	副材料	語文區其他繪本				

一、想法來源

高瞻的團體時間包含：故事、音樂、體能……，且每年園長奶奶都會進入每個班級說故事給幼兒聽，期望讓幼兒有不同的體驗。

二、教學過程

開始：教師準備繪本《圖書館老鼠》和教具。

中間：1.讓幼兒觀察繪本圖像，詢問幼兒在繪本封面看見了什麼呢？接著介紹書名、作者、繪者後進行故事的閱讀。

2.園長唸出故事內容，問幼兒看到故事的哪些圖畫（如老鼠、圖書館裡有各類不同的故事書……）藉此讓幼兒能夠理解故事情節。

3.進行「和作家面對面」活動，讓幼兒猜猜看躲在裡面的作家是誰？

4.討論：如果你是作家，你想要寫什麼樣的書？是什麼樣的內容？「小書就是要寫我知道的事。」「我可以寫在家裡的事情。」「可以寫在學校跟小朋友一起做的事。」

結束：與幼兒討論，將此繪本放置在語文區。

三、延伸活動

將與幼兒討論的內容延伸到下次的小組活動，讓幼兒進行小書創作。

圖 4-137　和作家面對面

圖 4-138　看看神祕的作家是誰？

多多璐幼兒園　學年度 下學期 小組時間計畫表

班　　級	大班	幼兒年齡	5 歲	教 學 者	
週　　次	第 10 週	活動日期	年　月　日	活動時間	30 分鐘
活動名稱	小書創作	KDIs	D. 語言、讀寫與溝通領域 22. 說話：幼兒使用語言表達自己		
		COR-A	語言、讀寫與溝通領域—L、語言表達能力		

材料	主材料	繪本《圖書館老鼠》、紙、各式筆類、自編小書參考
	副材料	美勞區教材教具

一、想法來源

語文區有提供多元書籍（如遊戲書、韻文、故事、散文、知識概念……），幼兒在上次聽了園長奶奶說的故事後，就想要嘗試自己當作者，寫一本自己的小書。

二、教學過程

開始：教師準備各種自編小書，以及其他材料。

中間：1.教師翻閱自編小書，介紹關於書的知識（封面、書名、封底、繪者……）。

圖 4-139　小書完成

2.請幼兒思考自己的故事內容。有幼兒分享：「我想寫我進行計畫－工作－回顧的故事。」「我想要寫我們家出去玩的事情。」「我想要寫我最喜歡的電影明星米奇的故事。」

3.幼兒開始進行創作自己的小書。

4.小書完成後，閱讀自己的小書給大家聽。

圖 4-140　介紹自己的小書

結束：討論將自己創作的小書放在語文區的書架上。

三、延伸活動

延伸幼兒創作故事小書的興趣，將自創小書放入語文區，以供未來工作時間使用。

多多璐幼兒園　學年度 下學期 小組時間計畫表

班　　級	大班	幼兒年齡	5 歲	教 學 者	
週　　次	第 11 週	活動日期	年 月 日	活動時間	30 分鐘
活動名稱	風之谷繪本創作	KDIs	F. 創造性藝術 40. 藝術：幼兒透過二維及三維藝術的表現來表達他們的觀察、思考、想像和感覺		
		COR-A	創造性藝術領域—X、美術		
材料	主材料	紙張、筆（彩色筆、水彩、鉛筆、簽字筆……）			
	副材料	美勞區教材教具			

一、想法來源

幼兒對跟風相關的各種活動產生興趣，延續「園長奶奶說故事」到「小書創作」的經驗，幼兒想創作出「風之谷的故事」和「表演劇本」，於是教師與幼兒發揮想像以接力的方式完成故事內容。

二、教學過程

開始：教師準備之前已討論好的故事內容以及材料（彩色筆、水彩、鉛筆、簽字筆……）。

中間：1. 幼兒分組將故事內容分段、分組選擇創作內容（角色、背景……）、繪製情節。

2. 幼兒用各種不同素材，例如：彩色筆、水彩、鉛筆、簽字筆……繪製圖畫。

3. 教師將完成的圖畫集結成冊。

4. 繪本「風之谷」產出。

結束：1. 一起收拾所有材料、整理環境。

2. 討論將繪本「風之谷」放在語文區。

三、延伸活動

將完成的繪本「風之谷」放在語文區供未來學習區時間使用。

圖 4-141　幼兒分組繪製故事裡的圖像

圖 4-142　「風之谷」內容

圖 4-143　「風之谷」內容

圖 4-144　「風之谷」封面

多多璐幼兒園　學年度 下學期 團體時間計畫表

班　　級	大班	幼兒年齡	5 歲	教 學 者	
週　　次	第 14 週	活動日期	年　月　日	活動時間	30 分鐘
活動名稱	〈蘆笛之舞〉音樂欣賞	KDIs	F 創造性藝術 41. 音樂：幼兒透過音樂表達和表徵任何他們的觀察、思考、想像和感覺		
		COR-A	創造性藝術領域──X、美術		
材料	主材料	音響、圖畫紙、彩色筆、〈蘆笛之舞〉音樂			
	副材料	美勞區素材			

一、想法來源

　　進行「風之谷」劇本討論時，有討論到表演時要搭配音樂，因此教師以柴可夫斯基的樂曲〈蘆笛之舞〉，引發幼兒聆聽與想像。

二、教學過程

開始：教師準備音樂、音響，以及所需之材料。

中間：1. 教師配合〈蘆笛之舞〉旋律講述牧羊女在風中歡快地吹著蘆笛的音樂故事。

2. 播放〈蘆笛之舞〉音樂，請幼兒聆聽旋律，依感受畫出線條（音樂圖畫）。

3. 請幼兒分享音樂圖畫。

結束：1. 討論將音樂圖畫放在扮演區。

2. 將〈蘆笛之舞〉音樂、音響放入扮演區。

圖 4-145　幼兒隨著音樂畫出音樂圖畫

三、延伸活動

延伸音樂圖畫，設計之後的團體活動，配合音樂想像並展現肢體動作。

多多璐幼兒園　學年度　下學期　小組時間計畫表

班　　級	大班	幼兒年齡	5 歲	教 學 者	
週　　次	第 9 週	活動日期	年　月　日	活動時間	30 分鐘
活動名稱	13. 製作降落傘	KDIs	G. 科學與科技 48. 預測：幼兒預測他們期望會發生什麼		
		COR-A	科學與科技領域—CC、實驗、預測並得出結論		
材料	主材料	影片（製作降落傘）、塑膠紙、毛線、剪刀、圓形鐵片、預測票選海報			
	副材料	美勞區教材教具			

一、想法來源

幼兒由於先前在鹿野高台看見飛行傘的啟發，產生對於降落傘的興趣，於是教師設計活動，讓幼兒能實際操作與體驗。

二、教學過程

開始：教師準備製作降落傘的材料，並觀賞有關「製作降落傘」的影片。

中間：1.請幼兒先預測「三角形」、「正方形」、「圓形」不同形狀的傘面，哪一種會最慢落下？大部分的幼兒都是猜「正方形」，幼兒認為看起來正方形的面積比較大。

　　　2.幼兒開始製作降落傘，幼兒可自由選擇自己的降落傘傘面是什麼形狀。

結束：1.收拾完畢後進行分享與回顧。

　　　2.將完成的降落傘放置在動腦區展示區。

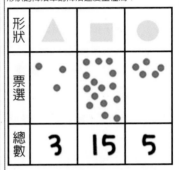

圖 4-146　進行實驗預測

幼兒：「正方形看起來最大，下來的速度會最慢。」

圖 4-147　製作降落傘

三、延伸活動

1. 將預測票選海報放置在動腦區。

2. 完成的降落傘，延伸到下次的活動，讓幼兒進行降落傘實驗。

3. 將相關材料提供至美勞區供未來學習區時間使用。

多多璐幼兒園　學年度 下學期 小組時間計畫表

班　　級	大班	幼兒年齡	5 歲	教 學 者	
週　　次	第 10 週	活動日期	年　月　日	活動時間	30 分鐘
活動名稱	14. 降落傘實驗	KDIs	G. 科學與科技 47. 實驗：幼兒以實驗來測試他們的想法 49. 得出結論：幼兒基於他們的經驗和觀察得出結論		
		COR-A	科學與科技領域— CC、實驗、預測並得出結論		
材料	主材料	幼兒自製的降落傘、預測票選海報、學習紀錄表、筆			
	副材料	海報、彩色筆			

一、想法來源

延續上次幼兒的預測「不同形狀的傘面哪一種最慢落下」，所以進行實際操作與票選活動，分組進行實驗、實驗結果記錄，並完成實驗學習單，讓幼兒從遊戲中培養科學實驗觀。

二、教學過程

開始：教師準備幼兒自製的降落傘，展示預測票選海報，請幼兒再次回顧之前的預測內容。

中間：1. 大家一起到固定式遊樂場來進行實驗。

2. 由 3 人一組，來開始進行實驗。

(1) 大家拿降落傘的高度要一樣。

(2) 要數到 3 才可以放掉。

3. 操作實驗結果並完成海報紀錄。

4. 回教室完成學習紀錄表。

結束：1. 收拾並分享自己的學習紀錄表。

2. 相關材料放置動腦區。

三、延伸活動

將相關材料提供至美勞區與動腦區供未來學習區時間使用。

圖 4-148　降落傘實驗

圖 4-149　將每組實驗以速度排序記錄下來，實驗結果：正方形的降落傘最慢降落

肆、統整期

透過計畫－工作－回顧、小組時間、團體時間，參與不同形式的遊戲型態，實現幼兒的多元成果。

一、計畫－工作－回顧

（一）計畫時間

鼓勵幼兒討論材料和使用的空間，提醒幼兒之前已著手進行的活動，讓幼兒寫下自己的計畫，適時調整幼兒計畫的能力，以團隊合作的方式進行計畫，結合更多的舊經驗提升計畫的複雜層次（圖4-150）。

（二）工作時間

　　幼兒隨著自發性的學習，能夠掌握整個遊戲情境或活動；漸次的挑戰幼兒的想法與邏輯推理能力；並且鼓勵幼兒操作教具並完成搭配的學習單；有機會讓幼兒解決自己遭遇的問題和阻礙，如材料（不足時找替代品……）、動作（技巧不足、穩定度不夠……），或是與其他幼兒的互動（社會衝突）（圖4-151、4-152）。

圖 4-150　已形成團隊合作共同討論計畫

圖 4-151　扮演區依據自編的劇本來進行角色扮演

圖 4-152　同儕主動參與協助（美勞區創作）

（三）回顧時間

　　幼兒的回顧能力會隨著時間而增加了區與區的結合，可以觀察到幼兒的精細建構與同儕合作能力的提升；教師針對在工作時間所觀察到的做出明確的評論，以及如何澈底執行回顧時間與運用不同方式鼓勵及支持策略（圖 4-153 至 4-156）。

圖 4-153　風之谷（積木、動腦與美勞結合）

圖 4-154　加油站（積木與動腦結合）

圖 4-155　7-11（積木與美勞結合）

圖 4-156　建構高瞻幼兒園（左前、右後）

多多璐幼兒園　學年度　下學期　團體時間計畫表

班　　級	大班	幼兒年齡	5 歲	教　學　者	
週　　次	第 12 週	活動日期	年　月　日	活動時間	30 分鐘
活動名稱	風之谷 （劇本）	KDIs	D. 語言、讀寫與溝通領域 23. 詞彙：幼兒理解和使用各種字詞和片語		
		COR-A	語言、讀寫與溝通領域—L、語言表達能力		
材料	主材料	白板、白板筆			
	副材料	紙張、筆			

一、想法來源

　　繪本融入高瞻課程架構圖的統整期裡已經預定的潛能表演，經過故事創作

　　培養幼兒的想像力、肢體表演，並延伸期末的畢業典禮來進行戲劇演出的潛能發表會。

二、教學過程

　　開始：教師準備材料。

　　中間：1. 教師與幼兒討論繪本與劇本的不同。

　　　　　(1) 繪本就是讓人家說故事，劇本是拿來演戲的。

　　　　　(2) 劇本裡面會有音樂，在演戲的時候就會播放出來。

　　　　　(3) 演戲的人還要穿上裝扮的服裝。

　　　　　(4) 幼兒會按照順序出來，不會隨便想出來就出來。

　　　　2. 開始將風之谷創作故事討論變成戲劇演出劇本。

　　　　　(1) 幼兒將故事情節分為四幕（公主和她放牧的羊兒住在風之谷、有一天髒空氣闖入了風之谷，新鮮空氣與髒空氣相對抗，新鮮空氣贏了，風之谷又恢復了往日的平靜）。

　　　　　(2) 幼兒會選擇角色（公主、羊兒、新鮮空氣、髒空氣……）。

　　　　　(3) 幼兒會創作肢體動作。

　　　　3. 劇本完成。

　　結束：討論將劇本放在扮演區。

三、延伸活動

　　1. 將劇本放在扮演區供未來學習區時間使用。

　　2. 配合此次討論的音樂，延伸到下次的活動，讓幼兒進行音樂欣賞。

多多璐幼兒園　學年度 下學期 團體時間計畫表

班　　級	大班	幼兒年齡	5 歲		教　學　者	
週　　次	第 15 週	活動日期	年　月　日		活動時間	30 分鐘
活動名稱	風之精靈	KDIs	F. 創造性藝術 42. 動作：幼兒透過動作表達和表徵任何他們的觀察、思考、想像和感覺			
		COR-A	創造性藝術領域—Z、律動			
材料	主材料	音響、〈蘆笛之舞〉音樂				
	副材料	樂器（鼓、三角鐵、沙鈴……）				

一、想法來源

　延續〈蘆笛之舞〉音樂欣賞，幼兒想要將〈蘆笛之舞〉音樂旋律與「風之谷」劇本的肢體動作做搭配。

二、教學過程

　開始：教師準備音樂，以及樂器。

　中間：1. 教師再次配合〈蘆笛之舞〉旋律講述音樂故事。

　　　　2. 幼兒依音樂故事內容中的角色、背景、感受，進行肢體動作創作與樂器操作。

　　　　　(1) 有些幼兒扮演羊兒假裝在草地上悠哉吃草，有的躺著、坐著、跑來跑去。

　　　　　(2) 可以操作鼓、三角鐵……代表打雷了，有些扮演羊兒會害怕的聚在一起。

　　　　3. 教師播放音樂，讓幼兒能依自己所聆聽到的音樂進行肢體創作。

　　　　4. 幼兒回顧參與肢體創作的過程並說出感受。

　　　　　(1) 我覺得當羊兒跟著音樂跳來跳去、吃草，感覺很輕鬆。

　　　　　(2) 我覺得當公主的人要很會跳舞，當羊兒在吃草的時候，公主要去找羊兒一起玩，那裡的節奏很難，我都不會跳。

　　　　　(3) 我覺得當空氣，雙手拿著布，跟著音樂一起擺動身體很好玩。

圖 4-157　使用樂器製造音效（打雷、下雨……）

　結束：將樂器歸位，音響和〈蘆笛之舞〉的音樂都放入扮演區。

三、延伸活動

　與幼兒討論，搭配〈蘆笛之舞〉的音樂進行「風之谷」故事的改編，將改編後的劇本放入學習區，以供未來工作時間使用。

多多璐幼兒園　學年度 下學期 團體時間計畫表

班　　級	大班	幼兒年齡	5 歲	教 學 者	
週　　次	第 24 週	活動日期	年 月 日	活動時間	30 分鐘
活動名稱	18. 潛 能 發表── 風之谷	KDIs	F. 創造性藝術 43. 扮演遊戲：幼兒透過扮演遊戲表達和 　　表徵任何他們的觀察、思考、想像和 　　感覺		
		COR-A	創造性藝術領域── AA、角色扮演		
材料	主材料	服裝、道具			
	副材料	音響設備、音樂、錄音檔案			

一、想法來源

幼兒透過計畫－工作－回顧時間已經十分熟悉了「風之谷」的劇情，也在團體時間一起搭配音樂和服裝練習，最後配合學校的行事曆在 7/13 進行成果發表。

二、教學過程

開始：教師準備各角色（娜烏西卡、王蟲、風、軍隊……）需要的道具、服裝、物品，以及幫幼兒化裝。

中間：1. 家長到現場欣賞表演並給予幼兒熱情掌聲鼓勵。

　　　2. 幼兒在舞台上表現自然、肢體動作熟練，演出「風之谷」：風之谷的娜烏西卡公主是一位善良、聰明及勇敢的 6 歲女孩，擅於駕馭噴氣式滑翔車，還擁有和風溝通的能力。

　　　　娜烏西卡和風搭配著〈蘆笛之舞〉的音樂輕快的跳著舞。突然開始閃電打雷（髒空氣進入），多魯美奇亞軍隊在酷夏娜的指揮下，戰艦及艦艇很快飛入風之谷，而軍艦所散發出來的髒空氣，也汙染了整個環境，公主因為吸入太多的有毒氣體，而無法呼吸。新鮮空氣聽到公主的求救聲趕來救她，於是，與有毒的氣體開始對抗……。新鮮的空氣戰勝了，風之谷又恢復成原本的風貌。

結束：家長給予掌聲與回饋。

　　　「公主的臉部表情非常的生動，肢體動作優雅。」

　　　「當新鮮空氣跟髒空氣在對抗時，隨著音樂強弱隊形的變化有層次，看到每位幼兒在舞台上展現自信。」

圖 4-158　髒空氣出現了

圖 4-159　新鮮空氣與髒空氣對抗

二、全園性活動──潛能發表會活動花絮～森林鐵匠（蘋果班）

1. 於期末邀請家長入園了解幼兒學習課程：教師用簡報說明從預備期→探索期→聚焦發展期→統整期，將繪本主題融入高瞻課程，有系統、有層次、有脈絡的發展歷程，由幼兒自己說明成果創作過程。

2. 把計畫－工作－回顧在工作時間創作的作品呈現在校園各處，像藝術一樣讓孩子對生活事物產生美感的想法（圖 4-160 至4-163）。

圖 4-160　森林鐵匠（節奏樂）

圖 4-161　風的旅行

圖 4-162　毛毛蟲變蝴蝶　　　　圖 4-163　和風玩遊戲

 ## 第五節　主題融入高瞻課程 —— 大班課程實踐示例（二）

大班教學活動紀錄

預備期

- ☾ 選定主要繪本（十二生肖的故事）
- ☾ 學習區教材教具準備與環境規劃
- ☾ 教學活動計畫
- ☾ 個別親師溝通

探索期

團體時間
- ◈ 幼兒的舊經驗分享
- ◈ 繪本導讀與賞析
- ◈ 探索、觀察、體驗、踏查：
  探索日晷
- ◈ 十二生肖兒歌

小組時間
- ◈ 動物模仿秀
- ◈ 認識日期與時間
- ◈ 創意沙漏
- ◈ 十二生肖呼拉圈小組競賽

計畫－工作－回顧
- ✦ 進行計畫－工作－回顧

小組時間
- ✦ 成語接龍
- ✦ 象棋遊戲
- ✦ 圖卡對應

團體時間
- ✦ Life 音樂－十二生肖
- ✦ 體能－滑步車好好玩

325

探索期

主題產生：十二生肖（A）
↓
相關想法激盪（B）
↓
使用網絡圖組織想法形成概念
（C）
↓
活動設計（D）
↓
高瞻關鍵發展指標之檢視（E）

聚焦發展期

團體時間
◆ 十二生肖音樂故事
◆ 閱讀傳說故事
◆ 龍的傳說故事
◆ 認識古代與現代建築
◆ 服裝體驗
◆ 認識賽程表
◆ 認識節氣（繪本）
◆ 后羿射日
◆ 跑步接力賽
◆ 拔河比賽

小組時間
◆ 動物接龍比賽
◆ 討論比賽項目
◆ 認識時鐘
◆ 柚子與月餅—中秋
◆ 獎盃製作

計畫－工作－回顧
✦ 依幼兒需求調整教材教具
　增加科學性教材：天秤數一數
✦ 依幼兒能力調整教材教具
　提供規則性遊戲
　棋藝類：黑白棋、象棋、撲
　克牌遊戲
　桌遊類：疊疊樂、多寶牌
✦ 主題材料融入
　唐詩三百首、傳統故事、服
　飾融入扮演區
✦ 內容的延續性
　搭配學習單紀錄、動腦區競
　賽遊戲紀錄
✦ 教材教具層次性
　象棋比大小→暗棋、五子棋
　→圍棋

聚焦發展期

◈ 我的生肖樹
◈ 我的週曆
◈ 服裝體驗
◈ 新劇本的繪製
◈ 新劇本的扮演

✦ 與人的合作性增加
　討論與操作：積木區建構

小組時間

✦ 積木區設計圖
✦ 積木區建構廟宇（地板、樓梯的問題解決）

團體時間

✦ Life 音樂－大家快樂的打鼓
✦ 體能－躲避球
✦ 認識古代建築物
✦ 傳統樂器
✦ 小小詩人－唐詩

統整期

團體時間

◈ 環保十二生肖過聖誕
◈ 年獸來了
◈ 歡慶過新年
◈ 誰來比一比－班級競賽
◈ 歡樂慶元宵
◈「誰來娶親」期末成果發表會

小組時間

◈ 冬至搓湯圓
◈ 敲鑼又打鼓－認識傳統樂器
◈「誰來娶親」創意競賽

計畫－工作－回顧

✦ 依幼兒需求調整教材教具
　幼小銜接：注音遊戲、名字對應
✦ 依幼兒能力調整教材教具
　字典、文字圖卡認讀
✦ 主題材料融入
　傳統樂器融入扮演區
✦ 內容的延續性
　扮演區改編故事
✦ 教材教具層次性
　撲克牌遊戲：排七、大老二、抽鬼牌

327

統整期

✦ 與人的合作性增加
　合作演出戲劇
小組時間
✦ 積木區建構（時間與合作分
　配問題解決）
✦ 古代小社區建構
團體時間
✦ Life 音樂─樂器王國
✦ 體能─樂樂棒球

壹、預備期

　　教師協同準備學習區環境，放置吸引幼兒、適合大班層次的多元教材教具，例如：天秤重量概念教具、姓名筆畫仿寫……，接著透過選定適合大班年齡的主要繪本，並期望幼兒能夠在探索期、聚焦發展期依照興趣去發展更深入的學習，並且在統整期有所成果。另外，教師也對於幼兒的能力、興趣進行課程的討論與規劃，並與家長進行個別的親師溝通，了解幼兒的特質與家長的期待，並且在學期中與家長合作帶領幼兒有更好的學習表現。

一、選擇主要繪本《十二生肖的故事》

　　傳說中的十二個生肖說：很久很久以前，人們總是忘記自己出生在哪一年，也算不清自己究竟幾歲，於是玉皇大帝辦了一個渡河比賽……。教師希望透過繪本帶領幼兒發展活動，例如：競賽活動、理解時間概念、認識傳統文化……。

二、學習區教材教具準備與環境規劃

教師規劃學習區：依各區學習目標準備適合大班幼兒年齡與能力、興趣的教材教具，並隨著探索活動的開展，陸續將主題有關的教材教具融入各學習區。

1. **扮演區**：提供多元的服飾、裝扮配件，增加真實的道具提供幼兒進行扮演遊戲，在主題繪本方面，教師蒐集中國風的配件布置環境，例如：燈籠、舞龍、旗幟等等（圖 4-164）。

2. **美勞區**：依環保素材、自然素材、鬆散材料、各式紙類、工具等分類方式，提供多元的材料供給幼兒在美感創作時使用（圖 4-165）。

3. **語文區**：依照聽、說、讀、寫、演的能力提供相關的教材教具，例如：音響、圖卡、故事書、學習單、偶台，以及與繪本主題相關的，例如：象形文字對應卡。

4. **動腦區**：(1) 建構型教具：樂高積木、雪花片、聰明棒；(2) 益智型教具：撲克牌、象棋、天秤、拼圖……提供多元的教具能夠操作、遊戲，並提供相關的學習單讓幼兒能回顧並記錄。

5. **積木區**：提供多元的積木與配件，例如：木頭積木、紙盒積木、木板、Kapla 積木、塑膠板、花草、人偶，也依繪本主題提供相關的圖片參考，例如：涼亭、廟宇、三合院等。

6. **木工區**：提供防護衣物、各式的木板、木塊與鋸子、鐵鎚、釘子等的工具材料。

圖 4-164　扮演區全景　　　　圖 4-165　美勞區全景

三、協同教學（課程討論）

　　兩位教師討論進行學習區環境規劃，例如：教室情境的風格以及如何蒐集相關材料、學習區內應增減哪些配件（語文區裡閱讀區的地墊、美勞區增加摺紙區或串珠區、扮演區使用中國風素材裝飾）。了解每位幼兒特質：班級內較浮躁的幼兒需要特別注意、多加引導不擅言詞的幼兒語文表達的能力、某些幼兒處理情緒的表現不佳應如何對應……。親師溝通：認識家長並且透過多元的方式進行溝通。準備教材教具：設想幼兒的學習目標並自製相關的教具，例如：象形文字的對應圖卡、象棋大小對應表，或者尋找適合大班能力的教具，例如：天秤數數、多片的拼圖。課程內容規劃：培養大班幼兒更多的生活自理能力（擦桌子、掃地……）、準備幼小銜接的能力（認識自己的名字、責任的培養、情緒能力的調節）。班級經營省思：一起探討課程的適當性與幼兒的學習成效，透過多方面的討論達成共識，引導幼兒擴展學習領域。

四、個別親師溝通

　　透過家長與教師的互動與配合，可以協助幼兒有更佳的學習成效，於是教師透過多方面的管道與家長進行個別親師溝通，也讓親師溝通能更加具有效率。以下為與家長各式的溝通方式：透過與家長晤談了解幼兒的特質、家長對幼兒的期許、與家長討論幼兒行為問題的策略與配合事項等等。每週的親職手冊（聯絡簿）內容有：(1) 教師手寫幼兒行為的訊息（在校所學、行為表現）；(2) 親職教育相關文章；(3) 班級教學紀錄單；(4) 幼兒行為能力評核勾選表（家長與教師一起勾選相關問題的答案，如：廁後是否會確實洗手、有沒有吃蔬菜水果、是否會扭毛巾……），教師也透過簡訊、電話還有班級網頁、家長網路群組等方式與家長進行雙向溝通，例如：疫情肆虐的時節，教師與家長密切聯繫，了解幼兒的接觸史、旅遊史並密切關注幼兒的防疫工作落實。每個學期初學校都會舉辦親師座談會，讓家長可以了解

孩子學習環境的更多面向。與家長維持良好的親師溝通，更能讓家長
放心將幼兒交給教師，讓幼兒能夠在親師合作下有更全方位的學習。

貳、探索期

　　探索期為整個教學過程的開展，繪本產生主題後，教師會引導幼
兒深入進行小組、團體時間，接著透過幼兒已十分熟悉的計畫－工
作－回顧、團體、小組活動，開展一系列的探索與學習。我們也在探
索期發展校外的探索體驗及相關延伸活動。此時可以先觀察、發現幼
兒的興趣，並且在聚焦發展期帶領幼兒繼續延伸、學習。

一、計畫－工作－回顧

（一）計畫時間

　　教師與幼兒分成兩組，以遊
戲性、啟發性的方式讓幼兒能專
注進行計畫。

圖 4-166　B 組教師以抽姓名卡
後，打電話給幼兒來進行計畫

　　　A 組：【唱歌】教師抽出姓
　　　　　　名卡，與幼兒唱打招
　　　　　　呼歌後即可做計畫。
　　　B 組：【打電話】教師抽
　　　　　　姓名卡後，打電話給
　　　　　　幼兒即可做計畫（圖
　　　　　　4-166）。

（二）工作時間

　　讓幼兒專注操作教材教具，在工作中能夠自主選擇材料、與同儕
互動，教師從中觀察並給予支持（圖 4-167、4-168）。

（三）回顧時間

幼兒能說出計畫、工作的過程，並且省思、解決問題（圖 4-169）。

圖 4-167　操作座標空間概念教具

圖 4-168　操作過程中，教師給予幼兒支持

圖 4-169　語文區幼兒回顧：「我是 104 年出生的，所以我是屬羊的。我的爺爺是在 44 年出生，他跟我一樣都是屬羊的喔！」

多多璐幼兒園　上學期　團體時間（戶外教學）計畫表

班　級	河馬班	幼兒年齡	大班（5-6 歲）	教 學 者	衣純伶、張玉鈴
週　次	第 3 週	活動日期	年　月　日	活動時間	90 分鐘
活動名稱	探索日晷	KDIs	G. 科學與科技領域 45. 觀察：幼兒觀察環境中的材料及過程		
		COR-A	科學與科技領域—BB、觀察與分類		

材料	主材料	紀錄表、相機、圖畫紙、筆
	副材料	放大鏡、尺

一、想法來源

1. 幼兒發現故事中使用動物來記住年分，且幼兒對於時間的變換轉變沒有很了解，所以我們一起來探究時間的變化與紀錄。

2. 幼兒先觀賞古代的時鐘（日晷）影片經驗後，有了想要實際觀察日晷的想法，因此，教師告訴幼兒臺東的史前博物館有日晷可以觀察，於是我們進行戶外教學到史前博物館一窺究竟。【填寫校外教學活動申請表】

二、教學過程

開始：教師提醒相關安全注意事項。

中間：1.到史前博物館廣場，觀察日晷的外觀。

　　　幼兒說：「有一個圓圓的盤子跟時鐘很像。」「日晷的旁邊有十二個柱子。」

　　　2.觀察日晷旁的十二石柱。

　　　幼兒說：「我發現日晷旁圍繞著十二個柱子，每個柱子的樣子都長一樣，都是用石頭做的。」「石柱是不是代表時鐘 1 到 12 ？」「我看到石柱都是一樣高的。」「石柱是不是代表十二個生肖，就像《十二生肖的故事》裡的十二生肖嗎？」

　　　3.觀察日晷的影子的變化。

　　　幼兒說：「我有看到日晷的影子有長、有短。」「剛剛看到影子在兩個點點的中間，我們觀察完繞了一圈石柱以後，影子已經跑到第二個點後面。」「太陽越過來後，影子就變越短。」「我在地上的影子越長，日晷的影子卻越來越短。」

　　　4.走訪史博館迷宮，並且尋找教師事先放置的十二生肖圖卡。

結束：進行回顧畫與分享活動。

三、延伸活動

教師配合課程另外規劃認識節氣、日曆、週曆、月曆等等，學習區也增加體驗教具（農民曆、十二月分節氣表……）

多多璐幼兒園　學年度 上學期 小組時間計畫表

班　　級	河馬班	幼兒年齡	大班（5-6 歲）	教 學 者	衣純伶、張玉鈴
週　　次	第 3 週	活動日期	年　月　日	活動時間	30 分鐘
活動名稱	認識日期與時間	KDIs	E. 數學領域 31. 數字和符號：幼兒識別和使用數字和符號		
		COR-A	數學領域─ W、數據分析		

材料	主材料	日曆、彩色筆、橡皮擦、蠟筆、紙張
	副材料	放大鏡、尺

一、想法來源

為了讓幼兒更理解時間變化，我們透過每天的撕日曆以及在學校的一日流程，看見了時間在改變，但幼兒不夠了解日曆上的訊息，所以教師設計活動讓幼兒進行探索與體驗。

二、教學過程

開始：教師準備日曆。

中間：1.教師翻開日曆，引起幼兒產生好奇，並詢問幼兒今天是幾年幾月幾日。

2.介紹日曆的結構（認識年月日）。

3.辨識日曆的星期、六日週末假期、國定假日、節氣……。

4.「我會看日曆」圈圈看：幼兒一人拿一張日曆，當教師說：「月分 / 日期 / 星期……」，幼兒能依序圈出來。

結束：幼兒能夠介紹自己手上的日曆並回顧。

三、延伸活動

將日曆擺放在各學習區，以供未來工作時間使用。

多多璐幼兒園　學年度 上學期 小組時間計畫表

班　　級	河馬班	幼兒年齡	大班（5-6 歲）	教 學 者	衣純伶、張玉鈴
週　　次	第 3 週	活動日期	年　月　日	活動時間	30 分鐘
活動名稱	創意沙漏	KDIs	C. 身體發展與健康領域 17. 精細動作技能：幼兒使用小肌肉表現出靈巧和手眼協調		
		COR-A	身體發展與健康領域—J、小肌肉動作		
材料	主材料	寶特瓶、瓶蓋、顏料、布膠帶、吸管、紙板、廣告顏料			
	副材料	沙子、水、米、紅豆、綠豆、膠帶、玻璃瓶、養樂多瓶、剪刀			

一、想法來源

　　從「探索日晷」活動中，幼兒觀察到晷針隨時間變化而不同，於是產生了對於時間的興趣，教師設計活動，觀看製作沙漏的影片後，讓幼兒動手進行製作，從活動中更認識時間的變化。

二、教學過程

　　開始：教師準備影片、材料（寶特瓶、瓶蓋、顏料、布膠帶、吸管、紙板、廣告顏料）並介紹其名稱。

　　中間：1.播放「製作沙漏」影片。

　　　　　2. 兩人一組互相合作依照沙漏製作的步驟進行。

　　　　　3.讓幼兒自由選擇沙漏瓶子大小、內容物（如顏料水、米、綠豆）進行沙漏製作。

　　　　　4. 幼兒能說出自製沙漏遇到的困難和問題以及如何解決。

　　　　　　「布膠帶沒有黏好，結果豆子都灑了出來，後來就重新再黏好。」

　　　　　　「罐子裡放豆子和放米，聲音聽起來是不一樣的。」

　　結束：1. 收拾與整理。

　　　　　2. 將製作出來的沙漏放到學習區（動腦區）使用

三、延伸活動

　　1. 將製作出來的沙漏放到動腦區可以進行計時比賽。

　　2.將沙漏的製作材料放置於美勞區，幼兒可以依興趣再去製作不同的沙漏。

多多璐幼兒園　學年度　上學期　團體時間計畫表

班　　級	河馬班	幼兒年齡	大班（5-6 歲）	教　學　者	衣純伶、張玉鈴
週　　次	第 4 週	活動日期	年　月　日	活動時間	30 分鐘
活動名稱	十二生肖呼拉圈小組競賽	KDIs	B. 人際關係與情緒發展領域 13. 合作遊戲：幼兒參與合作遊戲		
		COR-A	社會和情緒發展領域— F、與其他的幼兒建立社交關係		

材料	主材料	呼拉圈、賽程表
	副材料	三角錐

一、想法來源

　　繪本《十二生肖的故事》中，動物們進行一場生肖渡河比賽，因此，在分享繪本後，引發幼兒對競賽活動的興趣，於是教師利用呼拉圈想讓幼兒進行趣味競賽。

二、教學過程

　　開始：教師準備呼拉圈、賽程表。

　　中間：1. 與幼兒討論比賽的內容與規則。

　　　　　2. 請幼兒協助在地上排呼拉圈，擺出彎彎曲曲的路。

　　　　　3. 幼兒依 ABCD 分成四組，並以兩組、兩組比賽的方式定勝負。

　　　　　4. 兩組比賽隊伍排隊分別排在路徑的兩端，另外兩團為啦啦隊加油團。

　　　　　5. 當教師說開始時，由隊伍的第一人開始跳呼拉圈走到兩人碰面的位置並進行猜拳。

　　　　　6. 猜拳後，輸的人離開呼拉圈路徑，贏的人可以繼續往前跑，猜拳輸的隊伍那方的第一人開始跳呼拉圈前進，直到再次在路徑中遇上對手並猜拳，以此方式進行。

　　　　　7. 猜拳勝利且一直過關斬將直到走到呼拉圈路徑的敵方陣營即可得分。

　　　　　8. 第一場比賽結束後，換剩餘的兩隊進行第二場比賽，接著由兩場勝利的隊伍進行冠軍賽。在每一場比賽結束後，教師帶領幼兒一

起在賽程表上寫下勝利晉級的隊伍，接下來的比賽皆如此，直到冠軍產生。

9. 比賽後發現問題，例如：為什麼輸了？贏得比賽的技巧是什麼？並且能夠依賽程表說明比賽結果。

圖 4-170　幼兒能解釋賽程表

結束：教師與幼兒一起協助收拾呼拉圈與場地整理。

三、延伸活動

教師發現幼兒對「比賽」活動有極高的興趣，而且也想要延伸其他的體能活動，所以我們再次討論與規劃其他運動競賽。

二、主題產生（A）

　　透過主要繪本《十二生肖的故事》幼兒認識了時間並從中漸漸有了過去、未來、建築、生肖排名等概念，團體時間我們踏查了史前博物館的日晷，同時發現「時間、年分、月分、節氣」息息相關，又經過小組時間探索週曆、體驗時間變化、製作沙漏活動，幼兒產生對古代、時間的興趣和想法，蒐集訊息後，對於主題的命名經討論後提案為：(1) 古時候的祕密；(2) 十二生肖，在教師與幼兒討論其主題的可行性與可進行的相關活動後，決定由「十二生肖」為發展主題。

三、想法激盪產生各種想法（B）

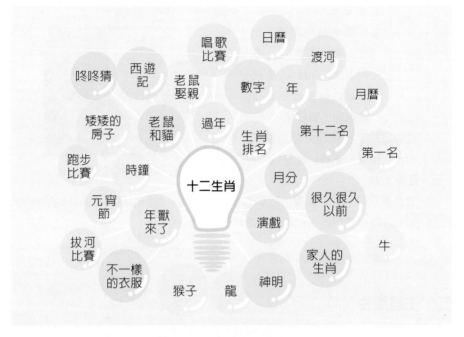

圖 4-171　幼兒的想法激盪

四、使用網絡圖組織想法形成概念（C）

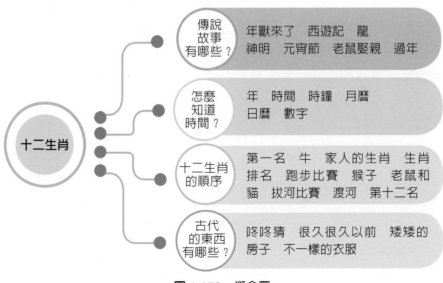

圖 4-172　概念圖

五、活動設計與規劃（D）

傳說故事有哪些？

2. 閱讀傳說故事【團體】
　（KDI 28. 書的知識）
3. 龍的傳說故事【團體】（KDI 21. 理解）
11. 后羿射日【團體】（KDI 26. 閱讀）
18. 新劇本的繪製【小組】（KDI 40. 藝術）
19. 新劇本的扮演【小組】
　（KDI 43. 扮演遊戲）
22. 年獸來了【團體】（KDI 23. 詞彙）
25. 「誰來娶親」創意競賽【小組】
　（KDI 55. 做決策）
28. 「誰來娶親」期末成果發表會【團體】
　（KDI 43. 扮演遊戲）

古代的東西有哪些？

4. 認識古代與現代建築【團體】
　（KDI 57. 歷史）
17. 服裝體驗【團體】
　（KDI 17. 精細動作技能）
24. 敲鑼又打鼓－認識傳統樂器
　【小組】（KDI 42. 動作）

十二生肖

怎麼知道時間

8. 認識時鐘【小組】
　（KDI 31. 數字和符號）
9. 認識節氣 (繪本)【團體】
　（KDI 45. 觀察）
10. 柚子與月餅 - 中秋【小組】
　（KDI 49. 得出結論）
16. 我的週行事曆【小組】
　（KDI 37. 單位）
20. 冬至搓湯圓【小組】
　（KDI 52. 工具和技術）
23. 歡慶過新年【團體】
　（KDI 3. 參與）
27. 歡樂慶元宵【團體】
　（KDI 54. 社區角色）

十二生肖的順序

1. 十二生肖音樂故事【團體】（KDI 41. 音樂）
5. 動物接龍比賽【小組】（KDI 31. 數字和符號）
6. 討論比賽項目【小組】（KDI 55. 做決策）
7. 認識賽程表【團體】（KDI 39. 資料分析）
12. 跑步接力賽【團體】（KDI 13. 合作遊戲）
13. 拔河比賽【團體】（KDI 16. 粗動作技能）
14. 獎盃製作【小組】（KDI 17. 精細動作技能）
15. 我的生肖樹【小組】（KDI 32. 計數）
21. 環保十二生肖過聖誕【團體】（KDI 40. 藝術）
26. 誰來比一比－班級競賽【團體】（KDI 9. 情緒、10. 同理）

339

圖 4-173　活動設計與規劃

說明：在實際進行課程時，會依幼兒的回應及興趣做順序或內容上的調整，以及為規劃期末潛能發表活動做準備。

六、高瞻關鍵發展指標之檢視（E）

領域	活動設計	數量
A. 學習方法	23. 歡慶過新年【團體】（KDI 3. 參與）	1
B. 人際關係與情緒發展	12. 跑步接力賽【團體】（KDI 13. 合作遊戲） 26. 誰來比一比 —— 班級競賽【團體】（KDI 9. 情緒、10. 同理）	2
C. 身體發展與健康	13. 拔河比賽【團體】（KDI 16. 粗動作技能） 14. 獎盃製作【小組】（KDI 17. 精細動作技能） 17. 服裝體驗【團體】（KDI 17. 精細動作技能）	3
D. 語言、讀寫與溝通	2. 閱讀傳說故事【團體】（KDI 28. 書的知識） 3. 龍的傳說故事【團體】（KDI 21. 理解） 11. 后羿射日【團體】（KDI 26. 閱讀） 22. 年獸來了【小組】（KDI 23. 詞彙）	4
E. 數學	5. 動物接龍比賽【小組】（KDI 31. 數字和符號） 7. 認識賽程表【團體】（KDI 39. 資料分析） 8. 認識時鐘【小組】（KDI 31. 數字和符號） 15. 我的生肖樹【小組】（KDI 32. 計數） 16. 我的週行事曆【小組】（KDI 37. 單位）	5
F. 創造性藝術	1. 十二生肖音樂故事【團體】（KDI 41. 音樂） 24. 敲鑼又打鼓 —— 認識傳統樂器【小組】（KDI 42. 動作） 21. 環保十二生肖過聖誕【團體】（KDI 40. 藝術） 18. 新劇本的繪製【小組】（KDI 40. 藝術） 19. 新劇本的扮演【小組】（KDI 43. 扮演遊戲） 28. 「誰來娶親」期末成果發表會【團體】（KDI 43. 扮演遊戲）	5

G. 科學與科技	9. 認識節氣——閱讀繪本【團體】（KDI 45. 觀察）	3
	10. 柚子與月餅——中秋【小組】（KDI 49. 得出結論）	
	20. 冬至搓湯圓【小組】（KDI 52. 工具和技術）	
H. 社會研究	4. 認識古代與現代建築【團體】（KDI 57. 歷史）	4
	6. 討論比賽項目【小組】【KDI 55. 做決策】	
	25.「誰來娶親」創意競賽【小組】（KDI 55. 做決策）	
	27. 歡樂慶元宵【團體】（KDI 54. 社區角色）	

說明：「A. 學習方法」領域多運用在計畫－工作－回顧時間，以上只列出 1 項。

參、聚焦發展期

　　聚焦發展期，教師觀察幼兒的興趣，也融入自己的想法，透過一次次的計畫－工作－回顧、小組、團體活動，從發現問題並且一起學習如何解決的過程，幼兒與教師都從中有了更多的收穫與學習，例如：積木區的建構由幼兒從繪本中的發想來發展，蓋廟宇（原為繪本中的天庭圖像）、湖泊、竹林、古式建築——三合院、迷宮（探索期的興趣延伸），透過觀察與一次次建構、討論慢慢地修正並且加入更多的細微表徵，慢慢地完整了作品。

一、計畫－工作－回顧

（一）計畫時間

　　採用啟發性的遊戲方式，幼兒能自己說出計畫，並且能夠詳細說出使用的材料、一起工作的夥伴、工作的內容等等，大班的幼兒也會使用計畫本，透過繪畫書寫自己的計畫。

　　A 組：【故事接龍】教師先以說故事開頭，幼兒依照自己所拿到的圖卡接續故事，說完就能說出計畫。

　　B 組：【象棋比大小】教師抽兩張姓名卡，請兩位幼兒依照象棋的大小來做計畫（圖 4-174）。

（二）工作時間

幼兒能專注於自己的工作、與同儕討論互動⋯⋯依照自己的計畫進行工作，並能夠及時解決自己的問題（圖 4-175、4-176）。

（三）回顧時間

幼兒能說出計畫及工作的過程，或以小組合作分享創作的作品，省思修正問題（圖 4-177）。

圖 4-174　B 組教師以象棋比大小的方式來進行計畫

圖 4-175　象棋比大小 —— 搭配象棋表進行遊戲

圖 4-176　木工區幼兒討論要做書架，並進行分工

圖 4-177　幼兒回顧蓋出了對稱的廟宇，但是蓋二樓會一直倒，而且看圖片發現廟底下應該要加地板，有高度才能蓋樓梯。教師與幼兒決定利用小組時間來討論如何增加地板及蓋樓梯

多多璐幼兒園　學年度 上學期 小組時間計畫表

班　　級	河馬班	幼兒年齡	大班（5-6 歲）	教 學 者	衣純伶、張玉鈴
週　　次	第 12 週	活動日期	年　月　日	活動時間	30 分鐘

活動名稱	積木區建構廟宇（地板、樓梯的問題解決）	KDIs	F. 創造性藝術領域 40. 藝術：幼兒透過二維及三維藝術的表現來表達他們的觀察、思考、想像和感覺
		COR-A	創造性藝術領域─X、藝術

材料	主材料	參考圖、繪本、紙盒積木、單位積木、KAPLA 積木、塑膠板
	副材料	動腦區的建構型教具（H 型教具、樂高……）

一、想法來源

教師發現在多次的計畫－工作－回顧時，幼兒無法建構出廟宇或者是不滿意廟宇的建構，例如：沒有地板的高度蓋不出來樓梯……，於是教師以小組帶領幼兒討論材料的使用與建構。

二、教學過程

開始：教師準備材料（參考圖、繪本、紙盒積木、單位積木、KAPLA 積木、塑膠板）。

中間：1. 教師再次展示廟宇的圖片，讓幼兒更加仔細觀察。

2. 透過觀察發現廟宇的特徵，幼兒說：地板有高度、有階梯、斜面的屋頂、尖尖的角、有一個大門口……。

3. 讓幼兒自由運用材料嘗試建構廟宇。

　　(1) 有幼兒運用各種大小的紙盒積木，大的用三個做廟的地板，中的做隔間、小的蓋廟的二 樓、三樓……最底下用大紙盒積木做地板，有了高度後，用 KAPLA 積木做出階梯，可以讓人走上去。

　　(2) 還有用木頭積木做大門口以及圍牆。廟宇的門口與大門口需要對齊與對稱也很重要。

　　(3) 還有幼兒用 KAPLA 積木排斜斜的屋頂、尖尖的角則用 H 型教具建構。

　　　4.幼兒能說出建構的過程，並且了解下次再建構的順序。

結束：一起將所使用的材料歸位。

三、延伸活動

幼兒能將建構廟宇的能力在積木區展現，並且帶領其他不會的幼兒進行建構。

多多璐幼兒園　學年度 上學期　團體時間計畫表

班　　級	河馬班	幼兒年齡	大班（5-6 歲）	教　學　者	衣純伶、張玉鈴
週　　次	第 10 週	活動日期	年　月　日	活動時間	30 分鐘
活動名稱	12. 跑步接力賽	KDIs	B. 人際關係與情緒發展領域 13. 合作遊戲：幼兒參與合作遊戲		
		COR-A	社會和情緒發展領域—F、與其他的幼兒建立社交關係		
材料	主材料	接力棒、哨子、紀錄板、馬表			
	副材料	比賽號碼背心、棒次表、筆			

一、想法來源

之前玩呼拉圈競賽後，大家對體育競賽也十分感興趣，幼兒說：體育場那裡很適合運動，於是我們決定將教室移動到體育場去發展更多有趣的多項活動。最後幼兒決定比賽項目（接力賽、拔河）後，我們在戶外時間進行多次的練習，包含接力賽的交接棒、團隊的默契，接著我們到體育場一起競賽。

二、教學過程

開始：教師準備接力棒、哨子、紀錄板、馬表。

中間：1.進行熱身活動練習接力。

　　　2.將幼兒分成兩隊參賽者（各 12 位）與啦啦隊（6 位），並依照棒次在各自位置準備。

　　　3.棒次 1、5、9 在起跑點準備

　　　　棒次 2、6、10 在一百公尺處準備

　　　　棒次 3、7、11 在兩百公尺處準備

棒次 4、8、12 在三百公尺處準備

4. 教師拿好馬表和紀錄板，並在參賽者準備好後，吹哨子，正式開始比賽，參賽者依棒次開跑並交接。

5. 兩隊的第 12 棒是誰先抵達終點為優勝者，教師在紀錄板上寫下兩隊比賽的時間。

6. 幼兒能回顧說出競賽的感受，例如：緊張、刺激……，進行賽後檢討：為什麼會輸？為什麼會贏？

結束：回到學校能畫出體驗的過程。

三、延伸活動

可延伸至扮演區競賽活動。

多多瑠幼兒園　學年度 上學期 小組時間計畫表

班　　級	河馬班	幼兒年齡	大班（5-6 歲）	教 學 者	衣純伶、張玉鈴
週　　次	第 16 週	活動日期	年　月　日	活動時間	30 分鐘
活動名稱	15. 我 的生肖樹	KDIs	E. 數學領域 32. 計數：幼兒計數東西		
		COR-A	數學領域— S、數字與數數		
材料	主材料	農民曆、出生年分對照表、十二生肖海報、圓點貼紙、海報紙、學習單			
	副材料	鉛筆、彩色筆、蠟筆、空白紙張			

一、想法來源

幼兒在語文區發現了農民曆，裡面有「生肖與年齡的對照」能調查自己和家人是屬什麼生肖，因此教師設計了「家人是什麼生肖」的假日學習單讓幼兒進行調查；最後將生肖表進行統計成為我的生肖樹。

二、教學過程

開始：教師準備農民曆、出生年分對照表、十二生肖海報、圓點貼紙、海報紙、學習單、筆。

中間：1.請幼兒說出自己是幾年出生？屬什麼生肖呢？

2. 拿出假日學習單，分享家人生肖是屬於哪一個？

3. 幼兒拿取圓點貼紙進行生肖統計，並貼在教師設計好的海報上。

4. 海報完成後進行計數，哪一個生肖最多、哪一個最少？

結束：收拾完畢後進行分享和回顧。

三、延伸活動

能將製作出來的生肖樹放置在語文區。

圖 4-178　我們的生肖樹

多多璐幼兒園　學年度 上學期 小組時間計畫表

班　　級	河馬班	幼兒年齡	大班（5-6 歲）	教 學 者	衣純伶、張玉鈴
週　　次	第 17 週	活動日期	年　月　日	活動時間	30 分鐘
活動名稱	16. 我的週行事曆	KDIs	E. 數學領域 37. 單位：幼兒理解並使用單位的概念		
		COR-A	數學領域—U、測量		
材料	主材料	各式日曆、月曆、週曆、年曆、週曆表格			
	副材料	橡皮擦、鉛筆、彩色筆、蠟筆、色鉛筆、圖畫紙			

一、想法來源

古代用生肖記錄時間，我們用什麼記錄時間呢？教師先以每日的問候時間介紹日曆上每個數字的意義，接著帶領幼兒來認識週曆，並且把一週的事件做記錄。

二、教學過程

開始：教師準備各式日曆、月曆、週曆、年曆、橡皮擦、鉛筆等物品。

中間：1.教室裡掛著日曆與月曆，教師說明一張日曆記錄「一日」、一張月曆記錄「一個月」，那記錄一週的是什麼呢？是「週曆」。

2.參考直式與橫式的週曆。並且以週三為基準，來介紹週一、週二是「以前」，週四之後叫做「以後」。

3.討論了整週的事件之後，教師在白板上引導幼兒一起完成範例：填上日期、星期以及記錄整週事件。

4.發下設計好的表格，提供幼兒可以自己填寫（可參考白板上的紀錄）。

5.幼兒在週曆表格畫出或寫出下一整週的事件。

結束：收拾完畢後進行分享和回顧。

三、延伸活動

表格提供在語文區，幼兒能自己到語文區完成自己的週曆紀錄。

多多璐幼兒園　學年度 上學期 小組時間計畫表

班　　級	河馬班	幼兒年齡	大班（5-6歲）	教 學 者	衣純伶、張玉鈴
週　　次	第 17 週	活動日期	年　月　日	活動時間	30 分鐘
活動名稱	17. 服裝體驗	KDIs	C. 身體發展與健康領域 17. 精細動作技能：幼兒使用小肌肉表現出靈巧和手眼協調		
		COR-A	身體發展與健康領域—J、小肌肉動作		
材料	主材料	古代服裝、現代衣服			
	副材料	帽子、綁帶、扇子、配件			

一、想法來源

幼兒在扮演區以《十二生肖的故事》進行扮演遊戲，例如：看公告、在茶館討論、渡河比賽……，也在繪本中發現繪本裡的服飾和現在的衣服不一樣，所以教師準備了古代的服裝提供幼兒體驗，且能提供給日後在扮演區角色扮演使用。

347

二、教學過程

　　開始：教師準備各種服裝（古代服裝、現代服裝）與其他搭配的服裝（帽
　　　　　子、綁帶、扇子、配件）。

　　中間：1.請幼兒觀察服裝的特別
　　　　　　之處並說出來。

　　　　　2.教師介紹古代服裝的由
　　　　　　來，以及衣服穿著的方
　　　　　　法。例如：胸口的右邊
　　　　　　的線要和腋下的線綁起
　　　　　　來，右邊腰部也需要和
　　　　　　左邊拉過來的線綁起
　　　　　　來。

圖 4-179　穿著古代服裝

　　　　　3.幼兒輪流體驗穿著衣物，
　　　　　　互相幫忙，一起拍照。

　　　　　4.幼兒分享穿上古代服飾的感受、說明服裝的特色。

　　結束：一起將衣服整理好並摺好。

三、延伸活動

　　裝扮放置於扮演區，延伸到角色扮演的服裝。

多多璐幼兒園　學年度 上學期 小組時間計畫表

班　　級	河馬班	幼兒年齡	大班（5-6 歲）	教　學　者	衣純伶、張玉鈴
週　　次	第 19 週	活動日期	年　月　日	活動時間	30 分鐘
活動名稱	18. 新劇本的繪製	KDIs	F. 創造性藝術領域 40. 藝術：幼兒透過二維及三維藝術的表現來表達他們的觀察、想像和感覺		
		COR-A	創造性藝術領域—X、藝術		
材料	主材料	白板、白板筆、故事書（十二生肖的故事、老鼠娶親）、圖畫紙、筆			
	副材料	美勞區教材教具			

一、想法來源

　　教師帶領幼兒一起討論兩本繪本《十二生肖的故事》、《老鼠娶親》中的情節要素。我們要將「娶親」與「比賽」的情節結合，並討論產生新劇本，接著進行劇本繪製與體驗。

二、教學過程

　　開始：教師準備繪製的材料與道具以及圖畫紙、畫筆。

　　中間：1.重述新劇本的故事內容、角色、情節⋯⋯。

　　　　　2.讓幼兒自由選擇要繪製的內容，以及要獨立完成一頁或是與其他幼兒合力完成。

　　　　　有幼兒選擇要自己要畫出角色（村長、女兒、參賽者（十二生肖動物）、迎親隊伍⋯⋯）。

　　　　　有幼兒合作畫出背景，選用鉛筆、簽字筆、水彩來進行繪製。

　　　　　3.將劇本命名為「誰來娶親」並且與大家分享。

　　　　　4.由教師將幼兒作品集結成冊。

　　結束：收拾使用過的用具並歸位、整理環境。

圖 4-180　幼兒進行繪製劇本

三、延伸活動

　　將完成的劇本放置於扮演區。

多多璐幼兒園　學年度 上學期 小組時間計畫表

班　　　級	河馬班	幼兒年齡	大班（5-6 歲）	教 學 者	衣純伶、張玉鈴
週　　　次	第 19 週	活動日期	年　月　日	活動時間	30 分鐘
活動名稱	19. 新劇本的扮演	KDIs	F. 創造性藝術領域 43. 扮演遊戲：幼兒透過扮演遊戲表達和表徵任何他們的觀察、思考、想像和感覺		
		COR-A	創造性藝術領域— AA、角色扮演		

材料	主材料	白板、白板筆、故事書（十二生肖的故事、老鼠娶親）
	副材料	圖畫紙、筆

一、想法來源

教師帶領幼兒一起討論兩本繪本《十二生肖的故事》、《老鼠娶親》中的情節要素。我們要將「娶親」與「比賽」的情節結合，並討論產生新劇本，接著進行劇本繪製與體驗。

二、教學過程

開始：教師準備了各角色扮演的服裝與道具。

中間：1.幼兒分配角色，有人飾演村長、新娘、參賽者……。

2.穿上扮演角色需要的頭套或服裝，如新娘頭上要戴紅布，要穿上漂亮的裙子，參賽者戴上動物頭套……。

3.開始進行扮演遊戲，如村長要說：我的女兒要出嫁了，我要幫她舉辦一個招親比賽！參賽者：聽說村長女兒很漂亮，我要去參加比賽！……

4.幼兒回顧扮演遊戲的過程及遇上的問題。

(1) 招親比賽的內容是要比什麼？→我們可以來討論看看，還要講好規則。

(2) 大家都想要當新娘怎麼辦？→因為不會只演一次，可以輪流。

結束：將扮演的服裝與道具收拾好、摺好，並歸位。

三、延伸活動

幼兒發現戲劇中會遇到不知道要比賽的內容，於是延伸與幼兒一起討論要進行什麼比賽項目以及規則。

肆、統整期

來到了統整期，幼兒的能力也有更進一步的發展，如已經熟悉競賽性遊戲的規則、能夠更加熟練的操作工具、對於合作遊戲更能夠透過溝通解決遇到的問題……，例如：初期的小組活動象棋介紹，中期幼兒搭配象棋大小圖表進行遊戲，期末已清楚象棋遊戲規則，可以不需要協助能進行遊戲。

　　另外學校每年都會舉辦的成果發表會，教師將幼兒在學期中的興趣（扮演遊戲）結合成表演演出，配合關鍵發展指標的創造性藝術（41. 音樂、42. 動作、43. 扮演遊戲）轉換成精彩的戲劇表演，讓幼兒能夠站上舞台培養自信。

一、計畫－工作－回顧

（一）計畫時間

　　幼兒能結合更多舊經驗提升計畫的複雜性，在這個階段的幼兒可以掌握一個計畫可能分成幾天完成；以團體合作的方式事先討論計畫內容並清楚分工且能詳細說出計畫。

　　A 組：【唐詩接龍】教師抽詩名，由拿到第一句詩詞的幼兒唸出來並做計畫（圖 4-181）。

　　B 組：【秤重比較】教師抽幼兒姓名卡，讓兩人使用秤重機比較各自的物體重量，物品較重的人先做計畫。

（二）工作時間

　　幼兒能遵循自己的計畫進行工作，自己解決問題並和同儕互相討論。也能增加教具新玩法，或有更深入、更細微的創造表徵（圖 4-182、4-183）。

（三）回顧時間

　　幼兒能敘述自己有意義的經驗，用各種不同的方式回顧（畫下回顧內容、學習單、計分表、紀錄表等）。主動分享自己或與同儕一起完成的作品並省思修正問題（圖 4-184）。

圖 4-181　A 組教師以唐詩接龍的方式來進行計畫

圖 4-182　語文區將文字與象形字配對

圖 4-183　美勞區——古代房子

圖 4-184　幼兒回顧：「作品有三合院、廟宇、湖泊、竹林……，但是像三合院沒辦法在時間內完成，是時間不夠或分工有問題。」

多多璐幼兒園　學年度　上學期　小組時間計畫表

班　　級	河馬班	幼兒年齡	大班（5-6 歲）	教 學 者	衣純伶、張玉鈴
週　　次	第 26 週	活動日期	年　月　日	活動時間	30 分鐘
活動名稱	積木區建構（時間與合作分配問題解決）	KDIs	G. 科學與科技領域 49. 得出結論：幼兒基於他們的經驗和觀察得出結論		
		COR-A	科學與科技領域— CC、實驗、預測並得出結論		

材料

主材料　單位積木、紙盒積木、KAPLA 積木、疊疊樂積木、彩色積木

副材料　動腦區建構型教具、美勞區作品

一、想法來源

在計畫－工作－回顧時間，幼兒發現湖泊、竹林等其他的建構不夠完整，遇到了時間不夠或是分工有問題的狀況，希望下次能夠把「古代小社區」完成，所以我們利用小組時間討論如何分配工作，希望在時間內能建構出最棒的作品。

二、教學過程

開始：教師準備各項材料（單位積木、紙盒積木、KAPLA 積木、疊疊樂積木、彩色積木）。

中間：1.討論工作時間積木區幼兒為何無法完成計畫？

幼兒說：因為要建構有三合院、湖泊、廟宇、竹林……，時間不夠用。我們可以用合作的方式來完成。

2.分配工作：「三合院→有 3 棟房子 3 人完成」、「迷宮→1 人」、「觀景台→1 人」、「竹林→1 人」、「湖泊→2 人」、「廟宇→2 人」。

3.幼兒能清楚分工後要建構的內容、能專注地進行建構，過程中教師也會給予支持與鼓勵。

4.作品完成的幼兒能主動協助其他幼兒，並且使用配件連結成「古代小社區」。

5.幼兒能夠回顧自己的作品，並且詳細敘述增加與改變的過程。

結束：一起收拾，將所有的教材教具歸位。

圖 4-185　完整建構圖

圖 4-186　更新設計圖

多多璐幼兒園　學年度　上學期　小組時間計畫表

班　　級	河馬班	幼兒年齡	大班（5-6歲）	教 學 者	衣純伶、張玉鈴
週　　次	第 20 週	活動日期	年　月　日	活動時間	30 分鐘
活動名稱	25. 誰來娶親創意競賽	KDIs	H. 社會研究領域 55. 做決策：幼兒參與制定班級的決策		
		COR-A	社會和情緒發展領域— G、社群		
材料	主材料	白板、白板筆、海報紙、彩色筆			
	副材料	尺、奇異筆、彩色筆、紀錄表			

一、想法來源

幼兒發現戲劇中會遇到不知道要用什麼競賽，於是延伸與幼兒一起討論要進行什麼比賽以及比賽規則。

二、教學過程

開始：教師準備材料（白板、白板筆、海報紙、彩色筆……）

中間：1.討論：有什麼想玩的遊戲或有趣的比賽嗎？有沒有想在扮演劇情中融入什麼比賽元素呢？

2.幼兒提議有興趣的比賽，如唱歌、跳舞、比力氣、唸唐詩……。

3.進行投票表決。經過統整、投票決議四種比賽：唱歌、猜拳、腕力、唸唐詩。

4.討論每個比賽的規則，如唱歌比賽的標準、比力氣要遵守的規則。

結束：1.將比賽項目及規則海報放置於扮演區。

2.收拾紀錄表（計分表、賽程表）和筆類，並歸位。

圖 4-187　教師以海報記錄討論結果

三、延伸活動

1. 將海報放置於扮演區，提供幼兒扮演使用

2. 為了記錄比賽，所以教師也教幼兒使用計分表與賽程表。

多多璐幼兒園　學年度 上學期 團體時間計畫表

班　　級	河馬班	幼兒年齡	大班（5-6 歲）	教 學 者	衣純伶、張玉鈴
週　　次	第 23 週	活動日期	年 月 日	活動時間	30 分鐘

活動名稱	26. 誰來比一比 ── 班級競賽	KDIs	B. 人際關係與情緒發展領域 9. 情緒：幼兒覺知、辨識和調節自己的情感 10. 同理：幼兒表現出對他人的同理
		COR-A	社會和情緒發展領域─ D、情緒管理 社會和情緒發展領域─ H、解決衝突

材料	主材料	班牌、比賽背心、拔河繩、紀錄表、筆、馬表
	副材料	三角錐、獎盃、相機

一、想法來源

幼兒對於比賽非常熱情，於是教師們計畫要舉辦大班班級的競賽，一起透過比賽來增加競賽的刺激以凝聚班級的團結，也培養幼兒對於比賽應該要有「勝不驕、敗不餒」的良好態度。

二、教學過程

開始：教師準備班牌、比賽背心、拔河繩、紀錄表、筆、馬表等物品。

中間：1. 說明比賽的項目有接力競賽和拔河競賽。

2. 兩班各拿著班牌、一起呼喊隊呼，接著進行暖身運動，準備進行比賽。

(1) 接力競賽：兩個班級依照棒次到各自預備的位置，聽到哨音開始進行比賽。以先抵達終點的班級獲勝。

(2) 拔河競賽：參賽者依照隊伍站到拔河繩兩端，聽裁判的哨音進行比賽，哪個隊伍先將繩子上的標示拉到隊伍前的基準線則獲勝。

3. 幼兒能夠回顧比賽的感受，以及檢討比賽輸贏的關鍵。

輸或贏重要嗎？幼兒說：「雖然輸了，但是我們還是要繼續多練習，下次可以再找他們比賽。」「就算是贏了，也不可以笑別人，因為這次我們贏了，也許下次會是別人贏。」

結束：一起收拾物品並回學校。

355

三、延伸活動

回到學校後請園長奶奶頒發獎盃給優勝班級。

圖 4-188　園長奶奶頒發自製獎盃

多多璐幼兒園　上學期　團體時間計畫表

班　　級	河馬班	幼兒年齡	大班（5-6歲）	教 學 者	衣純伶、張玉鈴
週　　次	第 24 週	活動日期	年　月　日	活動時間	30 分鐘
活動名稱	27. 歡樂慶元宵	KDIs	H. 社會研究領域 54. 社區角色：幼兒理解到人們在社區裡有不同的角色和功能		
		COR-A	社會研究領域— FF、對自我及他人的認識		
材料	主材料	紅褲子、背心、小布球、椅子（綁上兩根棍子）、各式樂器（木魚、鈸、鼓、手鼓……）、燈籠、旗子、舞獅、樹葉			
	副材料	音響、鞭炮音效、麥克風、娃娃、頭巾			

一、想法來源

已經熟悉了日曆、週曆、月曆，我們把節慶、節氣活動也記錄在月曆上，並且由教師帶領幼兒一起進行體驗活動。臺東在元宵節最有名的就是祈福繞境以及寒單爺，分享了相關的故事、影片，我們就帶領幼兒一起來體驗。

二、教學過程

開始：教師準備裝扮服裝，讓幼兒們換上。

中間：1.元宵炸寒單：幼兒輪流穿上紅褲、背心站到轎子上扮演寒單爺，其他幼兒當炮手一起向寒單爺丟小布球當做是鞭炮，並且搭配鞭炮音效增加效果。

2.繞境遊行：幼兒分配好工作拿取自己所需要的道具，組成一長串的遊行隊伍（一個鼓、四個手鼓、四個木魚、四個鈸、舞獅兩個、一個寒單爺、四個扛轎子、四個拿燈籠、四個拿旗子），接著沿著舊鐵道繞附近的小社區一圈回到校園。

3.幼兒能分享活動過程的趣事與困難（一邊走路一邊打樂器節奏很不整齊、擔心跟不上隊伍……）。

結束：收拾教材教具並歸位。

三、延伸活動

延伸到扮演區。

多多璐幼兒園　上學期　團體時間計畫表

班　　級	河馬班	幼兒年齡	大班（5-6 歲）	教 學 者	衣純伶、張玉鈴
週　　次	第 25 週	活動日期	年　月　日	活動時間	30 分鐘
活動名稱	28.「誰來娶親」期末成果發表會	KDIs	F. 創造性藝術領域 43. 扮演遊戲：幼兒透過扮演遊戲表達和表徵任何他們的觀察、思考、想像和感覺		
		COR-A	社會研究領域—FF、對自我及他人的認識		
材料	主材料	服裝、道具（旗子、樂器、轎子、扇子……）			
	副材料	音響設備、音樂、錄音檔案			

一、想法來源

幼兒透過計畫—工作—回顧時間已經十分熟悉了誰來娶親的劇情，所以導致大部分的幼兒對於到扮演區工作的興趣減少了，教師也想帶領幼兒有更加不一樣的扮演遊戲呈現，於是與幼兒一起討論並完成新的劇本，並在 1 月 22 日進行成果發表。

二、教學過程

開始：教師準備各角色（村長、新娘、參賽者、村民、舞者……）需要的道具、服裝、物品，以及幫幼兒化裝。

357

中間：1.家長到現場欣賞表演並給予幼兒熱情掌聲鼓勵。

2.幼兒在舞台上表現自然、肢體動作熟練，演出「誰來娶親」：
村長貼公告舉辦一場歌舞賽，贏得比賽的人能夠娶回「漂亮的新娘」，村民一起去看公告，有的人太害羞、有的人躍躍欲試。比賽當天，除了村長、新娘之外，還請了三位裁判，參賽者帶來了勁歌熱舞，還有參賽者搞錯了以為是唸唐詩比賽……，在講評時，裁判給予參賽者技術指導，展現其專業水準。歌舞比賽最後是由第 4 組參賽者準備了多元、豐富、精彩的表演內容和道具，得到了優勝，可以娶回新娘，揭開新娘面紗時，才發現原來新娘長得一點也不好看。

結束：家長給予掌聲與回饋。

「表演內容好有趣，有讓人意想不到的結果。」

「三位裁判非常的有專業水準，講評時在舞蹈動作部分還會給予技術指導，真的很棒！」

「唸唐詩比賽那段，參賽者的服裝很『特殊』、內容逗趣很搞笑。」

圖 4-189　二號參賽者以唸唐詩參賽與資格不符，無法入選

圖 4-190　四號參賽者勁歌熱舞增加道具，豐富精彩

高瞻課程與家庭的合作

CHAPTER 5

第一節　讓家長參與主動學習

　　「學校應該逐漸地跳脫出家庭生活的影響；它應該承接
並持續兒童在家中已熟悉的活動……深入並拓展兒童在家庭
中所培養的價值觀，是學校的職責。」

約翰・杜威（John Dewey, 1897）

　　有人說「扮演父母是人生最壯麗的演出」、「當了爸爸媽媽才知
道當父母的重責大任」。對於學齡前的幼兒而言，家庭教育扮演著極
為重要的角色，因此父母若能充分了解這個階段幼兒的生理與心理的
特徵與發展，也要不斷地學習、吸收有關育兒正確知識，有智慧、有
愛心，才能讓幼兒健全成長。因此當每個寶貝們帶著家中滿滿的愛進
到幼兒園來，也感受到爸爸媽媽殷切的期待與關愛，教師們也希望能
與家長們進行面對面溝通（了解孩子的個人特質、家長的教養觀念、
親師如何相互配合……），藉由雙向的溝通與親師攜手合作，為孩子
的成長營造良好的氛圍，讓育兒成為一件充滿成就感的事。

　　為了讓本園家長了解高瞻課程，以及如何讓高瞻教育原則運用到
家庭的日常生活中，所以本園定期邀請家長參與高瞻課程說明會，運
用主動學習法來支持家庭的參與。

一、班親會

　　學校日活動內容安排，通常會先與全園教師進行討論並規劃，於
每學年度的第一學期開學一個月內辦理，讓家長有機會了解本園的教
育理念、園務行政作業（家長須知、收退費事項），讓家長認識教室
環境規劃、了解班級經營和小朋友的學習狀況，家長也想與教師個別
談論孩子們的教養問題，所以提供親師溝通管道，建立家長與園所之
間的教育夥伴關係極為重要。

二、親職手冊的規劃及功能

親職手冊是將幼兒在本園有關的活動及幼兒行為等學習成長過程呈現給家長，其目的是要使學校教育延伸至家庭，讓家長可以和教師、孩子同步成長（圖 5-1 至 5-5）。

內容包含：

1. 家長須知、行事曆（學期初張貼於親職手冊內，清楚了解幼兒入園後各項事宜及親師配合事項、本學期的全園性活動）。

2. 每週活動訊息。

3. 親師聯絡欄：給家長的話（教師簽名）、給教師的話（家長簽名）。

4. 適合親師閱讀文章摘錄或教養觀念摘錄（加上簽名及寫心得）。

5. 教學活動紀錄：將每月教學歷程與家長分享（家長可以回饋心得）。

★每週五固定讓小朋友帶回「親職手冊」、「親子共讀（繪本）」，每兩個月發回「幼兒學習歷程檔案」，請家長唸給小朋友聽，小朋友也要「督促」（提醒）爸媽簽名，於每星期一帶回交還給教師。

圖 5-1　親職手冊封面及封底設計

圖 5-2　給家長們的話

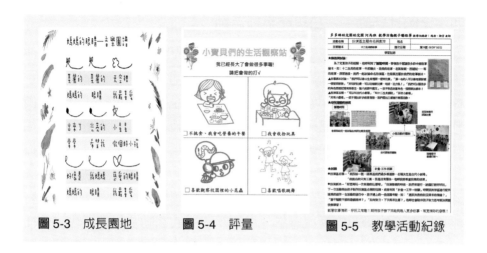

| **圖 5-3 成長園地** | **圖 5-4 評量** | **圖 5-5 教學活動紀錄** |

三、親子共讀

閱讀可以增加幼兒表達的詞彙量，提升幼兒的認知、語言發展，啟發想像力和創造力，就如美國教育學家霍莉斯·曼曾說：「沒有書的家就像一間沒有窗戶的房子。」所以一個喜愛閱讀的幼兒，他會隨著閱讀書本所展開思考、想像的語意遨遊在浩瀚宇宙中，生命因此豐富而無限。

本園提供豐富的故事繪本，每週五會讓幼兒自己計畫挑選繪本，回家和家長進行共讀，增加情感交流，建立親密的親子關係，提升閱讀的興趣；教師也會根據幼兒的年齡（大班）設計不同形式的閱讀學習單，從簡單到複雜、漸進式、有層次的發展（圖 5-6 至 5-8）。

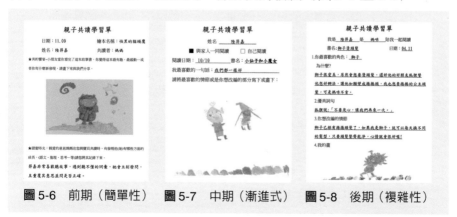

| **圖 5-6 前期（簡單性）** | **圖 5-7 中期（漸進式）** | **圖 5-8 後期（複雜性）** |

363

四、全園性活動──母親節系列活動

在學齡前幼兒探索家庭角色時，他們首先關注家庭成員和他們彼此的責任。依據高瞻關鍵發展指標（KDIs）「社會研究」54.社區角色：提供機會了解家庭中和家庭之外的角色和責任。透過推動「母親節創意學習活動」，幼兒體驗一日媽媽活動、畫話我媽媽、閱讀母親節相關繪本後，教師規劃在團體時間與幼兒計畫邀請母親入園，討論出以「親子共讀」、「親子插花」、「親子烹飪」、「親子瑜珈」、「洗腳表孝心」、「親子按摩」展現愛的行動，讓學習活動更多元、更有趣，以表達對母親的愛與感恩，增進親子間的互動及親密關係，並從中發展正向的親子關係，重視親子之間重要的學習過程，親師共同關懷，家園攜手合作，孩子成長更快樂（圖 5-9 至 5-14）。

表 5-1　母親節感恩系列活動

主題	活動內容	地點	配合事項
親子共讀（細語時光）	在媽咪繪本細語後，寶貝們能用什麼方式來表達自己的感謝呢？	故事屋	★ 請媽咪與寶貝一同計畫，「勾選」要參與的活動： □ 親子共讀 □ 親子插花 □ 親子烹飪（甜、鹹） □ 親子瑜珈 □ 洗腳表孝心 □ 親子按摩
親子插花（「馨」花朵朵開）※ 家長須自備花瓶容器	替美麗的康乃馨製作一個心意滿滿的創意花瓶。	音樂教室	
親子烹飪	展現媽咪與寶貝的合作無間，香噴噴的點心出爐囉！	一樓值班教室	
親子瑜珈	與媽咪一同讓身體 fun 輕鬆～	多功能教室	
洗腳表孝心	配合兒歌「洗腳歌」，讓孩子有機會為您按摩辛勞的雙腳，親自為母親仔仔細細洗腳、擦腳。	二樓教室	
親子按摩	辛勞的您，準備來放鬆一下囉！讓寶貝有機會為您服務！	一樓教室	

圖 5-9　親子閱讀

圖 5-10　親子插花

圖 5-11　親子烹飪

圖 5-12　洗腳表孝心

圖 5-13　親子瑜珈

圖 5-14　親子按摩

五、教學觀摩分享

　　高瞻教學架構最重要的是每日例行活動的計畫－工作－回顧為孩子的學習中心，在團體時間所發展的 Life 音樂（聽、唱、動、畫、演）等，教師引導幼兒主動學習，細心觀察並做記錄，支持幼兒的發展。

本園在期末特別邀請家長入園了解高瞻課程主動學習，近距離（工作時可以進入學習區）觀摩幼兒在園所的學習成果，讓家園一起攜手共築孩子成長的喜悅。

六、幼兒學習歷程介紹

每學期末邀請家長入園，分別以大班的孩子擔任小小解說員，介紹主動學習的歷程，從課程的緣起及活動過程中呈現積木區的創作、語文區自製小書以及扮演區戲劇的表演等……；或由班級教師運用簡報的方式與家長分享幼兒這學期的學習過程，簡報中可以看出教師的支持與引導，孩子在操作的過程中專注力及學習層次的發展，也讓家長更加了解高瞻課程模式如何有系統的培養幼兒主動學習的態度。

七、計畫－工作－回顧延伸到家庭

讓家庭參與高瞻的關鍵是本園提供了各種機會及活動讓父母參與，讓家長有機會看到孩子在幼兒園的表現，期待幼兒在家中也能像在園所有意義地設定他的計畫目標、專注執行他們的工作內容，反思曾經做過的事，在類似的情形下「計畫－工作－回顧」的流程，反映出透過這樣的經驗孩子們學到了什麼。本園鼓勵家庭成員參與課堂活動，同時幫助家庭支持自己的孩子在家的發展，以下有一些在家庭中運用「計畫－工作－回顧」這個流程的案例提供參考：

（一）全園性活動 —— 萬聖節活動案例

給家長的通知——如何進行『計畫—工作—回顧』

親愛的家長，您好：

高瞻課程希望每個孩子都能成為一個積極主動的學習者。從自己計畫、發展和反思的活動中進行學習。因此在每日例行活動時就會以「計畫（Plan）－工作（Do）－回顧（Review）」作為學習核心，在這個過程中幼兒對於接下來要進行的活動可以自己做出選擇和規劃，決定要採取的行動，並全心投入活動當中，最後和同伴以

及教師一起分享他在活動過程中的經歷和感受。經由幼兒每天在幼兒園進行的計畫－工作－回顧，多多璐·高瞻的幼兒已經非常熟悉這樣的學習方式。現在我們希望能把「計畫－工作－回顧」的精神延續到家庭，讓幼兒在家的日常生活中也能持續地主動進行學習，且期待家庭與幼兒園間的合作更爲順利。

萬聖節即將來臨，這一天大部分的歐美家庭，不論大人或小孩都可以盡情搞怪。當我們在教導孩子認識國外習俗及體驗不同文化的慶典時，不僅學到創意的遊戲，還要讓孩子感受到西方節慶的氣氛。今年萬聖節的裝扮不限主題，期待大家能以特別的裝扮來呈現、一起上街要糖去。我們這次就請爸爸媽媽和幼兒在家用「計畫（由家長與寶貝共同做計畫）－工作（發揮巧思，創作萬聖節裝扮）－回顧（協助寶貝從計畫到工作的過程中去敘述與省思）」的方式進行。

計畫：

家長提問幼兒説出計畫內容，您可以這樣問孩子：

1. 你想要裝扮萬聖節的哪個角色？

2. 你要穿上什麼樣的服裝、道具、配件？

3. 你要怎麼準備？（自製或購買？）

工作：

家長要陪伴孩子進行工作並執行計畫（協助幼兒完成服裝、道具、配件……製作或購買）。

回顧：

1. 請幼兒説出計畫－工作的過程。

2. 請幼兒説出過程中的感受。

3. 遇到什麼困難，如何解決？

★ 請家長協助幼兒完成學習單，畫出來、寫下來或用拍照來記錄。

PS. 如果您想要在家裡進行計畫－工作－回顧（例如：晚餐、假日郊遊、家庭日、生日、節慶、清潔家裡……），期待與我們分享您們是怎麼辦到的！

367

多多璐·高瞻幼兒園○年○月○日

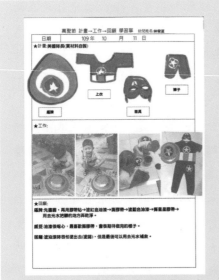

圖 5-15　小亘裝扮「美國隊長」　　**圖 5-16**　小家裝扮「火」

（二）幼兒在家主動學習

　　以下是家長對幼兒在家中主動學習展現的回饋。

小堯（5 歲 3 個月）的計畫表

　　一套有效的教學，是讓學習者學以致用，將所學運用在生活中。

　　「計畫、工作、回顧」，高瞻教學法的主要理念，從哥哥進入幼兒園開始，每次的班親會，教師們都會不斷地說明這套高瞻教學法，就算是成人，我們也都還持續進行著這套模式，如同出門旅遊需要行程表，每日的工作需要自己安排好工作進度表。

　　今天下班前，我也做好下班以後的家事安排：買便當回家，趁他們在玩的時間揉麵糰，接著讓他們泡澡玩水，我一邊麵糰整形，然後今天讓他們睡媽媽的房間，我一邊陪睡一邊摺衣服。

　　晚餐後，哥哥先說要玩槍戰，我為了完美執行計畫，也提議等一下可以泡澡，沒想到剛進入大班的弟弟立刻畫了一張計畫表，「媽咪，這是我等一下的計畫：先跟哥哥玩槍戰，然後哥哥幫我一

起收拾樂高，等 8 點的時候，我們再上樓泡澡玩水，泡澡完喝牛奶。」於是，兄弟二人開始客廳版生存遊戲，弟弟畢竟只有 5 歲，不敵哥哥的火力，槍戰到一半，自顧自的玩起還散落在地板上的樂高積木，失去敵人的哥哥等了一會，漸漸不耐煩，對著弟弟大吼：「你到底還要不要玩啊？」

　　此時，正在廚房處理麵糰的我，為了阻止一場風雨欲來的兄弟爭吵戰，靈機一動，對著弟弟喊話：「計畫是說要玩槍戰，不是樂高積木喔！」弟弟只好再度回到他的堡壘，與哥哥來場終局之戰。

　　接下來的泡澡、麵糰整形、摺衣服、陪睡，則如我計畫般，確實執行。

　　睡前，問弟弟對於今晚這個計畫及實際執行的情形有什麼感想？

　　弟弟：「沒有。」

　　我　：「可是你玩槍戰玩到一半的時候跑去玩樂高耶！玩樂高又不是在計畫裡面的事情，這樣是不是沒有專注執行計畫呢？」

　　弟弟：「因為我本來不想玩槍戰，但哥哥說要一起玩，才配合他的。」

　　我　：「你的意思是，是為了要配合哥哥才計畫玩槍戰的？」

　　弟弟：「對啊！」

　　我　：「那我們下次做計畫的時候，不要配合別人，做一個自己真正想要的計畫好嗎？」

　　弟弟：「好！」

　　但由於我的計畫完美執行，回顧今晚，還是令人感到美好。

圖 5-17　計畫表

主動學習在我家

　　每次參與這種學期期末的分享會，總是想大大地稱讚：「教師們！真是辛苦了！」小孩子不教他，其實他一樣可以健康的長大，但花心力、有系統、有計畫性的教學，又可以讓孩子開心的做中學，是我覺得高瞻很強大的地方。

　　四個孩子的加總，我已出入高瞻幼兒園近10年了，這10年來，我不斷地被複習「計畫－工作－回顧」的教育理念，也從一開始的懷疑，到理解，到現今的肯定。我很確定的是，高瞻的方針「計畫－工作－回顧」是值得被推崇的，不過說真的，我大概是老二畢業後（出入高瞻5、6年後），才真的有感覺，那是因為我剛好有別的朋友的孩子們（他校的）一起常碰面常相處，所以自然而然地跟他校的孩子有了明顯的比較。我發現我的孩子即使畢業上小學了，在家裡做勞作、看書，或想執行一個任務，仍然看得到「計畫－工作－回顧」的影子，尤其是勞作部分甚是明顯，姊妹之間先討論、畫草稿，準備材料、工具，接著迅速、專心的完成，做不夠好不順利時會請姊姊或大人幫忙再改善，這個過程不就是每天在幼兒園練習的「計畫－工作－回顧」嗎？原本我覺得沒什麼，覺得這些好像是理所當然的成長，但我發現朋友的孩子（他校的）就不是這樣（共有5位），那些孩子看到什麼就跟風什麼，比較沒有主見，勞作的過程中一直很被動的需要別人在旁參與，感覺很容易放棄，但又羨慕別人可以完成。因此我發現，主動完成「計畫－工作－回顧」的孩子，在手作實做部分很容易成功並有優越感，這是孩子產生自信心的好方式。這個理念，不只是孩子們受惠，其實大人也很受用啊！

　　高瞻加油！期待更多家長跟我一樣體會到這教育方針的美好！還有，教師們，真心感謝您們！辛苦啦！

第二節　與社區合作的教育方案

壹、幼兒園課程與社區合作方案

　　本園的社區裡有鐵路步道、公園、多樣的植物、裝置藝術，隨著季節的變化呈現不同的景致，鄰近的麵包店每到出爐時間總會傳來陣陣的香氣。以幼兒園為出發點，向東出發有全聯超市、早餐店、麥當勞、中華路商店、鐵道藝術村。往東北方向走，有縣長公館、享溫馨會館、兒童故事館。向西順勢而走，發現有一間賴馬繪本館座落在此，館面玻璃櫥窗上的噴火龍十分吸睛，還有一座太平溪第一鐵路橋，位於太平溪上，聽著溪水潺潺、望著綠草如蔭，是學子、上班族騎自行車通勤的重要路段，也是許多民眾散步、運動必經路段，還有馬蘭驛站是馬蘭舊車站，是很多人生命記憶中很重要的場景。離開了臺東市，往北的方向前進，那裡有一座吸引愛追求冒險的人必定朝聖的景點——鹿野高台，每年暑假舉辦的熱氣球嘉年華活動，吸引世界各國前來參展，開啟臺東邁向國際化的視野。臺東獨特的地理環境與文化背景，造就了多元的發展，也吸引我們一次又一次的帶著幼兒探索、踏查，豐富幼兒的五感經驗（圖 5-18）。

圖 5-18　多多璐的社區重點地圖

貳、課程與社區共育發展

共育發展，其中的關鍵在於「共」，學校為教育的主體，整合社區資源，社區與課程相互配合，一起為共同的目標——促進幼兒身心和諧的發展努力，以密切的合作，提升幼兒的成長與增進教育的高品質發展。

本園每學期都會挑選適合幼兒年齡的繪本故事，並將主要繪本融入高瞻課程的團體時間，教師帶著幼兒到社區進行觀察、探索、體驗、踏查……，滿足幼兒對這個世界的好奇心，這符合了高瞻關鍵發展領域的社會研究前言：「幼兒從一出生就進入社會研究，也開始探索他們的世界，通過與成年人和同齡人互動、在假扮遊戲中扮演不同的角色、閱讀書籍、探索藝術，以及進行實地考察，來了解人類的多樣性。幼兒對社會研究的知識建立在他們與幼兒園環境中人員和材料的互動上，也逐漸了解更多關於不斷擴大的社區，並最終將自己視為公民。」

一、結合繪本與社區資源進行的校外教學活動

（一）賴馬繪本館

從本園出發，沿著鐵路步道走，會看見一間房子有一面充滿童趣的櫥窗，上面有一隻別有特色的噴火龍，強烈的畫風讓人一眼就知道這是賴馬先生的作品，這間房子正是賴馬繪本館。

賴馬繪本館內有豐富的繪本資源，於是本園從中選擇合適的繪本融入課程，也因幼兒喜愛賴馬的繪本，對賴馬的世界充滿好奇，所以安排了「尋找賴馬」、「探索賴馬的祕密」等活動，滿足幼兒的願望。

值得一提的是，賴馬先生也是本園的幼兒家長，在教學資源的提供上給予不遺餘力的支援，以緊密的合作達到家庭、社區、學校互惠互利的效果。

多多瑙幼兒園　學年度　下學期　團體時間計畫表

班　級	海豚班	幼兒年齡	4-5 歲	教 學 者	
週　次	第 2 週	活動日期	月　日	活動時間	1 小時
活動名稱	尋找賴馬	KDIs	H. 社會研究領域 54. 社區角色：幼兒理解到人們在社區裡有不同的角色和功能		
		COR-A	社會研究領域－FF. 對自我及他人的認識		
材料	主材料	麥克風道具、賴馬繪本館內相關繪本。			
	副材料	著色紙、桌遊、無毒蠟筆			

一、**想法來源**

　　幼兒從繪本中產生對於作者賴馬的興趣，好奇想要了解賴馬叔叔的更多事情，於是安排尋找賴馬活動。

二、**教學過程**

　　開始：準備好要使用的道具，
　　　　　出發前往賴馬故事館。

　　中間：1. 賴馬叔叔分享故事。

　　　　　2. 當小小記者問賴馬叔
　　　　　　叔問題、抱賴馬叔
　　　　　　叔。

　　　　　3. 玩賴馬繪本館內的桌
　　　　　　遊。

　　結束：收拾後請幼兒回顧當日
　　　　　參與活動的過程。

圖 5-19　小小記者會

三、**延伸活動**

　　在下次小組時間讓幼兒合作完成賴馬繪本館路線圖。

多多璐幼兒園　學年度　下學期　團體時間計畫表

班　　級	海豚班	幼兒年齡	4-5 歲	教　學　者	
週　　次	第 3 週	活動日期	月　日	活動時間	1 小時
活動名稱	與賴馬有約	KDIs	B. 人際關係與情緒發展 12.建立關係：幼兒與其他幼兒和成人建立關係。		
		COR-A	社會和情緒發展領－ E. 與成人建立社交關係		
材料	主材料	鈴鼓、音樂 CD、音響、賴馬相關繪本、活動海報			
	副材料	手機			

一、想法來源

　　經上次拜訪完賴馬叔叔後，幼兒紛紛表示想要再見到賴馬叔叔，跟賴馬叔叔玩遊戲及分享自己在學校的事情，於是邀請賴馬叔叔來到本園，以參觀教室、音樂遊戲與簽書會的方式來與幼兒進行互動。

二、教學過程

　　開始：1.教師布置情境，準備與賴馬叔叔互動的材料。

　　　　　2.歡迎賴馬叔叔，進行打招呼問候。

　　中間：1.賴馬叔叔參觀教室，加入幼兒的遊戲。

　　　　　2.幼兒介紹賴馬繪本館路線圖。

　　　　　3.與賴馬叔叔一起玩音樂遊戲。

　　　　　4.小小簽書會與大合照。

　　結束：收拾後請幼兒回顧當日參與活動的過程、感受及想法。

圖 5-20　熱情洋溢的簽書會

三、延伸活動

　　師生合作完成經驗海報。

（二）縣長公館

往東北方向走，會見到一座具有濃濃日式風格的建築——縣長公館。縣長公館在新任縣長上任時舉辦音樂分享會，並對外開放讓民眾能一飽耳福，本園幼兒應邀參與開幕演出，演出內容經與幼兒討論後，決定以班級幼兒自創的繪本故事中出現的海洋生物角色，並結合本園的特色活動——Life 音樂，透過操作手搖鈴以及搭配曲目〈多瑙河的漣漪〉進行演奏表演。

多多瑙幼兒園　學年度　下學期　團體時間計畫表

班　　級	鯨魚班	幼兒年齡	5-6 歲	教 學 者	
週　　次	第 17 週	活動日期	月　日	活動時間	半天
活動名稱	縣 長 公 館 OPEN-MIC 音樂分享會	KDIs	F. 創造性藝術 42. 動作：幼兒透過動作表達和表徵　　 任何他們的觀察、思考、想像和　　 感覺		
		COR-A	創造性藝術領域－ Z. 律動		
材料	主材料	海洋生物表演服裝道具、手搖鈴、木鳥、音樂：〈多瑙河的漣漪〉			
	副材料	手機			

一、想法來源

縣長公館在新任縣長上任時舉辦音樂分享會，並對外開放讓民眾能一飽耳福，本園幼兒應邀參與開幕演出，經與幼兒討論後，決定以班級幼兒自創的繪本故事中出現的海洋生物角色來裝扮，並以手搖鈴搭配曲目〈多瑙河的漣漪〉進行演奏表演的練習，以及與幼兒說明當天的注意事項（禮貌、安全、集合事項等）。

二、教學過程

開始：1. 教師到場準備表演道具

　　　2. 幼兒到縣長公館集合換裝與分配各項樂器。

中間：1. 介紹表演者、表演內容。

2. 邀請縣長上台與幼兒一起互動。

3. 縣長與幼兒進行音樂演奏會〈多瑙河的漣漪〉。

結束：由家長帶領幼兒參加館內茶會活動。

三、延伸活動

將表演道具放置音樂區使用。

圖 5-21　扮演美人魚的縣長一同與幼兒進行演奏

二、節慶與社區資源進行的校外教學活動

叮叮噹叮叮噹～當聖誕鈴聲響起，熟悉的旋律牽動著幼兒期待聖誕節的心情。此次我們特地前往臺東更生教會欣賞有關聖誕節相關的影片《聖誕節的由來》，了解耶穌誕生的過程，以及進行報佳音的活動，讓幼兒感受到聖誕老人的關懷與溫暖。

由於直到現在社會上仍然有許多弱勢族群面臨生活上的困境，因此讓幼兒從小培養發自內心關懷弱勢的情懷，師生共同討論決定用不一樣的方式來迎接聖誕節，那就是進行義賣活動，希望透過此活動為社會盡點微薄之力。在團體時間討論活動內容，例如：義賣的商品、宣傳、表演……並以小組及團體的方式著手進行義賣前的準備。

多多瑙幼兒園　學年度　下學期　團體時間計畫表

班　　級	中大班	幼兒年齡	3-5 歲	教 學 者	
週　　次	第 20 週	活動日期	月　日	活動時間	2 小時
活動名稱	聖誕節溫馨義賣活動	KDIs	H. 社會研究－社區角色：幼兒理解到人們在社區裡有不同的角色和功能		
		COR-A	社會研究領域－ FF. 對自我及他人的認識		

材料	主材料	販售的商品（手工皂、家長提供的義賣商品）
	副材料	大聲公、聖誕帽、宣傳海報、零錢箱、耐熱袋

一、想法來源

延續上次討論義賣當天的活動流程，依孩子的想法進行義賣活動。

二、教學過程

開始：現場準備工作

1. 準備當天造型（戴聖誕帽）。

2. 擺放要販售的商品。

3. 張貼宣傳海報。

中間：1.以叫賣方式吸引人潮。

2.幼兒表演聖誕歌曲、唱歌跳舞吸引家長前來。

3.幼兒家長踴躍參與，共襄盛舉，並且提供物品。

4.幼兒的歌聲與熱力四射的表演吸引鐵路步道的路人捧場。

結束：收拾物品，整理環境。

三、延伸活動

整理義賣結果，告知幼兒善款後續的處理方式。

圖 5-22　獲頒感謝狀

參、幼兒園課程與社區在地化的結合

一、探索社區

來一場生活美感旅行，讓我們帶著孩子去探索 —— 從校園情境開始到社區。幼兒園教保活動課程大綱美感領域提到：「幼兒天生就具

377

備探索與感知美好事物的潛能，這種潛能需要透過豐沛美感經驗的累積，才能逐漸發展。」幼兒們在校園裡尋找毛毛蟲、聞聞花香、到鐵道聆聽鳥叫聲、摸摸馬賽克磚拼貼成的造型鱷魚、到堤防看牛、一起去放風箏……，幼兒透過五感體驗，觀察、探索美的事物，再漸進到周遭的社區，產生與生活周遭環境相連結的情感，同時也記錄幼兒以感官經驗覺察生活美感，並藉由藝術媒介表現獨特的想像創作能力，培養愉悅的藝術與美感經驗（圖 5-23、5-24）。

圖 5-23　走在鄰近學校的鐵路步道上，我們發現了……

圖 5-24　在尚未開通的堤防道路上，我們安全地一起放風箏

二、熱氣球嘉年華

　　在鹿野高台每年暑假舉辦的熱氣球嘉年華活動，全聯福利熊獲頒熱氣球推廣大使，其造型氣球在鹿野高台首度亮相，本園幼兒也應邀參與，與現場來賓一起跳「福利熊主題曲」健康操（圖 5-25）。

　　在幼兒教育中，如何將家庭與社區融入在其中，已然成為民主國家的時代潮流。社會、家庭給予幼兒教育的支持和投入，帶領幼兒適性發展以及創造更好的教育願景，在高瞻的教學團隊中，能與家長建立起支持的氛圍，和家長分享掌控權、建立密切的關係，了解家庭對幼兒教育的重要影響以及主動學習的支持要素，並妥善利用社區資源，在同一社區中，讓幼兒有機會在宗教禮拜、文化景點、街道、商店等，以貼近生活的方式，開啟一系列的探究歷程，讓幼兒以自

然正向的態度實踐在地文化的傳承與認同，從中也培養幼兒的社交知識、社交技能及理解能力。

圖 5-25　本園幼兒一同熱情參與活動

 第三節　豫則立

前兩節展現了園所透過各項活動，讓已具備主動學習能力的幼兒帶領家長實際執行「計畫－工作－回顧」的過程。當家長從中理解、感受到其重要性，以及對幼兒發展有所幫助後，他們就更願意配合與協助，甚至將其融入至家庭教育中。以下的文章作者為臺東縣新生國中教師——黃華梨，也是高瞻幼兒園的家長，分享的內容為家中兩個寶貝在家中進行計畫－工作－回顧的過程。

「媽咪，今天我們的大掃除計畫是什麼呢？」暄妹邊吃早餐邊詢問我；一旁品嚐著美味可口玉米餅的琦姐，在細嚼慢嚥後，從容不迫地回應說：「昨天我們已經整理好二樓的臥室，把衣服都整理好放進自己的衣櫃，擦拭好臥室內的所有高低衣櫃，今天我們可要進攻二樓的浴室囉！」我一口咬下鹹香燒肉搭配清脆小黃瓜的美味三明治，身

379

體感受著大自然賜與的滿滿能量，中氣十足地回答孩子們：「沒錯！沒錯！今天的戰場在浴室，等會吃完早餐，我們就要向二樓進攻了。妳們想攻打的對象是誰呢？」「我個子較高，我來挑戰鏡子、洗手台及四面牆壁。」琦姐一馬當先回應；「那我來清洗放沐浴乳及杓子的三層置物架，架子放在地上比較低，我可以坐在小凳子上，好好清洗。」暄妹接著回答。「很好！老是私下藏匿汙垢反抗軍的地板，消滅不易，難度很高，就交給媽咪吧！我已補充超級清潔彈藥，一定能澈底消滅它們。」我回應她們。看著姊妹倆熱烈討論與計畫的畫面，我心中回憶起過去就讀高瞻幼兒園的她們……

　　琦姐與暄妹從小在高瞻良好的幼兒教育環境長大，在幼兒園接觸高瞻教學模式，透過計畫－工作－回顧，認為每個孩子都具有學習潛力，因此特別著重於主動學習方式。記得暄妹念大班時，有一天我到高瞻要接她回家，就看著暄妹臉上寫滿興奮，蹦蹦跳跳地飛奔向我，迫不及待地跟我說：「媽咪！媽咪！我們今年的聖誕會要舉辦彩虹聖誕歡樂會耶！在幼兒園，老師和我們一起討論、計畫，我們選定了『橘』作為班級顏色喔！」她一回到家，邀我一起翻箱倒櫃尋找「橘」實物：我們找到一條晶亮橘與紅磚橘交織的柔軟圍巾從頭上披下作為頭飾，一件以白色為底，上面以布滿橘色可愛小花裝飾，胸口前還打著一條絲綢光澤的橘色緞帶的長袖洋裝，加上公主風必備的一條白珍珠項鍊、一頂鑲滿珠寶頭冠作為配件，她興高采烈地在長鏡前轉了一圈說：「媽咪，妳看，我是橘色長髮公主喔！我要去參加聖誕彩虹趴踢了！」透過「計畫－工作－回顧」的高瞻教育理念及實際動手操作，那一的次彩虹聖誕歡樂會，繽紛了暄妹的幼兒時光。

　　琦姐帶著計畫－工作－回顧的幼兒學習模式，銜接著小學六年期中期末讀書計畫。印象最深刻的今年二月寒假末開學初，因為新冠病毒疫情的影響，教育部宣布延後兩週開學。身為母親及教育工作者的我，陪伴女兒在家自學，我們把「計畫－工作－回顧」發揮得淋漓盡致。我們先一起討論這兩週的讀書與生活學習計畫大目

標，再細部規劃每日各段時間的細部課程表，內容涵蓋複習舊知識，預習新課程，煮飯打掃等生活能力及維持身體健康的各種運動等等。除了主要學習內容外，下午最後一節課為自主學習時間，琦姐可以自己決定想要的學習內容。最重要的，在一日的課程結束前，我總會滿帶「回顧」意識地問她：「今天，妳學到什麼？最有成就感的是什麼？為什麼？可以改進的是什麼？如何改進？」琦姐在深思後，總能一一詳加檢視當日學習情形，並給予自己回饋。透過「計畫－工作－回顧」的高瞻教育精神，充實了我們為期兩週的自主學習時光。

我一邊刷著地板，一邊回憶著過去的琦姐與暄妹幼兒時光，不知不覺已經過了一個半鐘頭……「媽咪！媽咪！」耳朵傳來琦姐傳來捷報：「報告媽咪總司令，您來看看我的戰果：鏡台上牙膏泡沫已經清除，洗手台上淡黃色的水漬，我用洗碗精及菜瓜布也輕易地清除了，牆壁上磁磚與磁磚的接縫藏匿有黃黑色黴菌，難度比較高，幸好有媽咪的清潔彈藥援助，已經殺去大半。您看！四面牆壁亮晶晶呢！」「媽咪！媽咪！我也很厲害喔！那些黃黑色黴菌最喜歡躲在三層架的背面，我刷了一次沒成功，我不死心，不管是洗碗精還是超級清潔彈藥，我都拿來試一試，終於擊垮黴菌大軍，我把它們通通趕出我們家了！媽咪！您看，粉紅色的三層架終於恢復它粉嫩色彩了！」暄妹滿滿成就感地回答。

《禮記・中庸》說：「凡事豫則立，不豫則廢。」「豫」字的意思是指事先做好計畫或準備，這句話的意思是不論做什麼事，事先有準備，就能得到成功，否則容易導致失敗。高瞻教育理念，不僅是事先做好計畫，執行後還要詳加檢討，作為下次改進的基礎，這樣的教育理念充滿「行動研究」精神。

高瞻教育理念 ——「計畫－工作－回顧」，落實在我們的學習、落實在我們的生活，它是我們每日生活的日常。

　　高瞻課程的精髓「計畫－工作－回顧」是一系列完整的學習過程，目的是培養幼兒透過思考後表達出自己的「計畫」，在「工作」時間以個人或與他人合作的方式專注執行，並於「回顧」時間進行省思後做出修正。「小組時間」是教師透過每日的觀察紀錄，發現幼兒遇到的問題，或是介紹新教材教具……，教師將依據不同情況設計活動。「團體時間」則比較偏向教師的想法，像是說故事、討論、表演、體能、音樂……。因此，不難從中得知「計畫－工作－回顧」是幼兒經由自發性去選擇想要進行的活動，而非成人要他操作的，並根據幼兒主動發展後調整後續變化，這正是高瞻課程和其他課程有所不同的地方。

　　高瞻課程原始概念是沒有主題發展，本園為了符合在地化，與時俱進地融合幼兒的生活經驗。我們加入了不同的「繪本主題」，加強與鞏固幼兒學習的興趣，但繪本主題和高瞻課程孰重孰輕，比例的拿捏著實讓我們團隊磨合了一段時間，隨著時間與研討的累進，才協調了兩者互通且合併加分的教育架構圖。

　　本園教師透過經常性的教學實驗、不間斷的教育訓練和激勵性的讀書會，皆有助於提升教師對高瞻教學模式的專業知識，再加上行政人員的支持、班群間的合作討論和班級兩位教師的默契協同，都讓教師們更熟悉高瞻教學的理念，並且願意持續精進，邁向專業成長之路。

　　而高瞻課程的實施對不同年齡層也有不同的教學策略與目標：在幼小班，著重於認識學習環境、教材教具的認知、生活自理能力的學習方法與提升幼兒口語表達能力，透過實際具體的物品，在教師的引導下漸進式地進行探索與操作；在大中班，隨著年齡的增長，教師則以開放式的支持，培養幼兒思考、創造力、合作性與解決問題的能力，並學會對他們自己的行為負責。而支撐課程內容體系的高瞻關鍵發展指標（8 個領域，58 項指標），涵蓋年齡層為 2 至 6 歲，讓教師自我檢視在活動設計部分是否只偏重在某些領域，須做調整。高瞻課程還提供了有效的評估工具──HighScope 幼兒觀察紀錄（8 項領域，

34 項評量指標），教師可以透過每日的觀察紀錄對照評量指標，了解幼兒尚未達到或是超越該年齡層應有的表現，並針對幼兒的個別化來進行調整。因此高瞻課程的「關鍵發展指標」、「HighScope 幼兒觀察紀錄」能協助教師有系統的規劃課程及看見幼兒能力表現。以上的論述在本書第三章裡所提供的第三節課程概述裡的「評量」，以及第四章高瞻課程的實踐都已具體地呈現在讀者面前。

　　目前臺灣學前教育環境百花齊放，各教學模式各有自身驚艷的地方，可惜的是，大多只單純著重在學前階段實施，無法延伸與銜接至國小甚至更高的學習階段。高瞻教學模式實施多年，從園所延續到家庭，成效良好。在國外也有研究顯示，曾接受高瞻教學的學生在主動學習、人際關係與肢體動作的發展，甚至於整體發展都高於一般學生。作為學前階段的工作者，期盼在未來十二年國教也能看到高瞻教學模式的普及實施，讓孩子都能發展出主動學習、獨立自主、具有責任感並充滿好奇心與想像力，而這些良好的學習態度與品格也將成為他們日後正向成長的養分。

　　高瞻教學像溫暖的陽光提供主動學習的環境，在教學團隊充足的準備下，幼兒像是從土壤鑽出的小豆苗，隨著學習環境與教師的支持展開探索，教師像辛勤的農夫時時照料、細心觀察並記錄幼兒的發展，加上家庭參與與社區合作的支持下，持續地滋養著幼兒每一階段的學習，幼兒一天一天的茁壯，最後結出豐碩的成果，有如飽滿的豆莢（圖 5-26）。

　　回顧我們出版此書的歷程，何嘗不像是在高瞻環境成長的幼兒呢？決定出書後，在預備期集結教師、主任、園長、指導教授組成出書團隊，鎖定工作目標，在探索期研讀書籍資料增進先備經驗、討論規劃，接著在聚焦發展期團隊分工合作、蒐集資料，與園長、指導教授在緊密的討論、調整與修正下，逐步將資料進行整合。在過程中我們面臨種種考驗，一路走來實屬不易，但到了統整期。看見這本書的雛型越來越成熟，也看見團隊的成長，除了對於高瞻課程模式的理論與實踐更加了解，更成功走向創新的道路。我們懷著感激的心，謝謝

一路堅持、努力不懈的夥伴們。在細細品味此書後，您將能夠更了解高瞻教學如何實現以人為本，啟發幼兒主動學習，緊密的牽動家庭、學校與社區的關係，並將學習的經驗內化到幼兒內心深處，變成支持的力量，伴隨幼兒成長。僅將此書，獻給熱愛幼教的您。

圖 5-26　高瞻主動學習圖

 參考書目

一、中文部分

江春嬌（2017）。高瞻課程模式對幼兒自我效能之影響【未出版之碩士論文】。樹德科技大學兒童與家庭服務系。

吳玉琦、邱寶玲（2013）。童書森林愛在閱讀：幼兒園繪本教學資源手冊‧數學篇。桃園縣政府。

吳玉琦、邱寶玲（2014）。童書森林愛在閱讀：幼兒園繪本教學資源手冊‧自然科學篇。桃園縣政府。

李宗文、楊淑朱（1998）。High/Scope 課程之幼兒觀察紀錄評量方法的實行初探。嘉義師範學院國際幼兒教育研討會論文集，293-341，嘉義市。

李宗文、吳茉莉（2003）。幼兒園美語教學加入高瞻課程之行動研究。東師學報 2002 年行動研究專刊：教育行動研究與教學實踐，1-30。臺北市：心理。

李宗文（1995）。High/Scope 基金會及教師訓練課程之介紹。國教之聲，**29**(1)，15-17

李宗文（1996）。布置一個幼兒主動學習空間──High/Scope 課程的室內環境規劃要點。新幼教，**6**，28-33。

林佩蓉（2020）。幼兒園課程與教學品質評估表──2020 版。教育部。

林翠湄譯（2003）。理想的教學點子 I ──以重要經驗為中心設計日常計畫。臺北：心理。

柯澍馨、林佩蓉等譯（2016）。高瞻幼兒教育──幼教課程教學實務。臺北：華騰。

徐小龍（2001）。Hish/Scope 學前課程模式近二十年的發展。學前教育研究，**204**(04)，73-75。

郭李宗文（2005）。美國高瞻課程在臺灣實施過程的回顧。載於吳鳳技術學院全球化與本土化──臺灣幼兒教保課程模式在地化建構學術研討會論文集，121-131。

郭李宗文（2013）。高瞻課程與原住民地方本位文化活動對幼兒語文和數學
　　能力之影響。**教育資料與研究，111**，121-154。

郭李宗文（2016）。**幼教課程模式**。臺北：華騰。

郭李宗文（2019）。高瞻教學學前課程。載於陳淑琦等（合著），**幼教課程
　　模式（第四版）**，頁 4-1 ～ 4-42。臺北：華騰。

倪用直、楊世華、柯澍馨、鄭芳珠、吳凱琳、佩蓉譯（2004）。Hohmann, M.,
　　& Weikart, D. P. 著。**高瞻幼兒教育**。臺北市：華騰。

唐富美等人（2019）。**看見四季——玩藝術、品美學，動手解決問題**。臺北：
　　親子天下。

教育部（2015）。**幼兒園教保活動課程——課程發展參考實例（上）**。臺北：
　　教育部。

教育部（2015）。**幼兒園教保活動課程——課程發展參考實例（下）**。臺北：
　　教育部。

教育部（2017）。**幼兒園教保活動課程大綱**。臺北：教育部。

教育部（2006）。**繪我童年‧閱讀起飛：幼稚園繪本教學資源手冊**。臺北：
　　教育部。

張慈凌（2018）。**幼兒園學習區進行高瞻課程中計畫－工作－回顧與幼兒語
　　言能力之行動研究**【未出版之碩士論文】。國立臺東大學幼兒教育學系。

黃惠芳（2015）。**幼兒園園長推動幼兒園進行學習區之計畫－工作－回顧歷
　　程之行動研究**。國立嘉義大學幼兒教育學系。嘉義市。

楊世華譯（2000）。**理想的教學點子 II——以幼兒興趣為中心作計畫**。臺北：
　　心理。

楊世華譯（2003）。**理想的教學點子 IV——家長工作坊的精要資源**。臺北：
　　心理。

楊淑朱、翁慧雯譯（2009）。**理想的教學點子 V —— 充分利用計畫－工作－
　　回顧**。臺北：心理。

楊淑朱（1995）。美國 Hish/Scope 高瞻學齡前教育課程在臺灣地區的實驗
　　探討——一個幼稚園的實施經驗。**幼兒教育年刊，8**，1-20。

楊衛衛、蔣雅俊（2005）。認知課程模式之 High/Scope 課程。**早期教育（教**

師版），**2005**(8)，22-23。

鄭秀蓉（2003）。High/Scope 課程模式：實踐部分。簡楚瑛主編（2003）。**幼教課程模式：理論取向與實務經驗**，486-518。臺北：心理。

甄曉蘭（1995）。合作行動研究——進行教育研究的另一種方式。**嘉義師院學報，9**，297-318。

臧瑩卓（2009）。**嬰幼兒學習環境——理論與實務**。新北：群英。

蔡慶賢譯（2001）。**理想的教學點子 III——一百個小組活動經驗**。臺北：心理。

蔡清田（2000）。**教育行動研究**。臺北：五南。

盧美貴、黃月美、黃秋華（2021）。**幼兒園課程設計**。臺北：五南。

霍力岩、郭珺譯（2012）。Epstein, A. S. 著。**學前教育中的主動學習精要：認識高寬課程模式**。北京：教育科學。

謝佩芳（2009）。**園方推動幼兒學習檔案歷程之回溯研究：以一所實施高瞻課程的幼稚園為例**【未出版之碩士論文】。國立臺東大學幼兒教育學系。

簡楚瑛（2016）。**幼兒教育課程模式（第四版）**。臺北：心理。

蘇珊（2017）。**音樂可以這樣玩**。臺北：信誼。

二、英文部分

Bereiter, C., & Engelmann, S. (1966). *Teaching the disadvantaged child in the preschool*. Englewood Cliffs, NJ: Prentice-Hall.

Bodrova, E., & Leong, D. J. (2007). *Tools of the mind: The Vygotskian approach to early childhood education* (2nd.). New York, NY: Prentice Hall.

Curry, N. E., & Johnson, C. N. (1990). *Beyond self-esteem: Developing a genuine sense of human value*. Washington, DC: Notional Association for the Education of Young Children.

Epstein, A. S. (2012a). *Approaches to Learning*. Ypsilanti, MI: HighScope Press.

Epstein, A. S. (2012b). *Social and emotional development*. Ypsilanti, MI: HighScope Press.

Epstein, A. S. (2012c). *Physical development and health*. Ypsilanti, MI: HighScope Press.

Epstein, A. S. (2012d). *Language, literacy, and communication*. Ypsilanti, MI: HighScope Press.

Epstein, A. S. (2012e). *Mathematics*. Ypsilanti, MI: HighScope Press.

Epstein, A. S. (2012f). *Creative arts*. Ypsilanti, MI: HighScope Press.

Epstein, A. S. (2012g). *Science and technology*. Ypsilanti, MI: HighScope Press.

Epstein, A. S. (2012h). *Social study*. Ypsilanti, MI: HighScope Press.

Epstein, A. S., & Hohmann, M. (2012). *The HighScope preschool curriculum*. Ypsilanti, Michigan: HighScope Press.

Epstein, A. S., & Marshall, B. (2014). *Introducing the New COR Advantage*. HighScope Press.

Epstein, A. S. (2012a-h). *Approaches to Learning; Social and emotional development; Physical development and health; Language, literacy, and communication; Mathematics; Creative arts; Science and technology; Social study,* HighScope Press.

Epstein, A. S. (2014). *Translated from the intentional teachers: Choosing the best strategies for young children's learning*. National Association for the Education of Young Children: Washington D. C.

Epstein, A. S., & Hohmann, M. (2012). *The HighScope preschool curriculum*. Ypsilanti, Michigan: HighScope Press.

Frede, E., Barnett, W. S. (1992). Developmentally appropriate public school preschool: A study of implementation of the High/Scope curriculum and its effects on disadvantaged children'skills at first grade. *Early Childhood Research Quarterly, 7*(4), 483-99.

Filcheck, H. A., McNeil, C. B., Greco, L. A., & Bernard, R. S. (2004). Using a whole-class token economy and coaching of teacher skills in a preschool classroom to manage disruptive behavior. *Psychology in the Schools, 41*(3).

Graves, M. (1989). *The teacher's idea book: Daily planning around the key experiences*. Ypsilanti, MI: High ScopePress.

Gainsley, S., & Hoelscher, J. (2010). *Activities for home visits partnering with preschool families*. HighScope Press.

Gainsley, S. (2014), *Bringing active learning home workshops for Preschool parent meeting.* HighScope Press.

Head Start FACES (2000). *A whole child perspective on program performance—Fourth progress report*. Prepared for the Administration for Children and Families, U.S. Department of Health and Human Services (DHHS) under contract HHS-105-96-1912, Head Start Quality Research Consortium's Performance Measures Center. Retrieved July 11, 2004.

HighScope Educational Research Foundation (2010). Our history. *https://highscope.org/who-we-are/our-history/*MI: HighScope Press.

HighScope Educational Research Foundation (1994). *Trainer material: Active learning*. Ypsilanti, MI: The HighScope Educational Research Foundation.

HighScope Educational Research Foundation (2003). *Preschool Program Quality Assessment* (2nd.). Ypsilanti, MI: HighScope Press.

HighScope Educational Research Foundation (2014). *COR Advantage kit* (2nd.). Ypsilanti, MI: HighScope Press.

HighScope Educational Research Foundation (2019). *HighScope's Child Observation Record — COR Advantage Aligned With HighScope's Key Developmental Indicators (KDIs)*. from https://highscope.org/wp-content/uploads/2018/03/COR-Advantage-to-KDIs_March-2018-SS.pdf

Hohmann, M., & Weikart, D. P. (1995). *Educating young children: Active learning practices for preschool and child care programs* (1st ed.). Ypsilanti, MI: HighScope Press.

Hohmann, M. (1979). *Young children in action: A manual for preschool educators*. Ypsilanti, MI: HighScope Press.

Kohn, A. (2001). Five reasons to stop saying "Good job." *Young Children, 56*(5), 24-28.

Luster, T., & McAdoo, H. P. (1995). Factors related to self-esteem among African American youths: A secondary analysis. *Journal of Research on Adolescence, 5*, 451-467.

Rojas-Drummond, S., Mercer, N., & Dabrowski, E. (2001). Collaboration, scaffolding and the promotion of problem solving strategies in Mexican preschoolers. *European Journal of Psychology of Education, 16*(2), 179-196.

Rothbart, M. K., Sheese, B. E., & Posner, M. (2007). Executive function and effortful control: Linking temperament, brain networks, and genes. *Child Development Perspectives, 1*(1), 2-7.

Satir, V. (1988). *The New Peoplemaking*. Mountain View, CA: Science and Behavior Books.

Schweinhart, L. J. (1991). *Validity of the High/Scope preschool education model*. http://www.highscope.org/file/Research/high_scope_curriculum/preschool_validity.pdf

Schweinhart, L. J. (1985). *The Preschool Challenge*. High/Scope Early Childhood Policy Paper, No.4. Ypsilanti, MI: High/Scope Educational Research Foundation.

Schweinhart, L. J., Weikart, D. P., Larner, M. B. (1986). Consequences of the three preschool curriculum models through age 15. *Early Childhood Research Quarterly, 1*, 15-45.

Schweinhart, L. J., Barnes, H. V., & Weikart, D. P. (1993). *Significant benefits: The HighScope Perry Preschool Study through age 27*. Ypsilanti,

MI: HighScope Press. 204(04)73-75.

Schweinhart, L. J., & Weikart, D. P. (1997). *Lasting differences: The High-Scope Preschool Curriculum Comparison study through age 23*. Ypsilanti, MI: HighScope Press.

Schweinhart, L. J., Montie, J., Xiang, Z., Barnett, W. S., Belfield, C. R., & Nores, M. (2005). *Lifetime effects: The HighScope Perry Preschool Study through age 40*. Ypsilanti, MI: HighScope Press.

Sears, P. S., & Dowley, E. M. (1963). Research on teaching in the nursery school. In N. L. Gage (Ed.), *Handbook of research on teaching*. Chicago: Rand McNally.

Stellar, A. (2002). Effective dropout prevention strategies developed by the High/Scope Educational Research Foundation. *Journal of At-Risk Issues, 8*(1), 1-4.

Sylva, K. (1992). Conversations in the mursery: How they contribute to aspirations and plans. *Language and Education, 6*(2), 141-148.

The Forum for Youth Investment (2021). *David P. Weikart center for youth program quality*. https://forumfyi.org/weikartcenter/

Urie Bronfenbrenner (1979). *Ecology of human development: Experiments by nature and design*. Harvard Univ Press.

Veen, A., Roeleveld, J., & Leseman, P. (2000). *Evaluatie van kaleidoscoop en piramide eindrapportage*. SCO Kohnstaff Instituut, Universiteit van Amsterdam.

Wiltshire, M. (2019). *Understanding the HighScope approach: Early years education in practice* (2nd.). New York, NY: Routledge.

Zill, N., Resnick, G., Kim, K., O'Donnell, K., Sorongon, A. (2003, May). *Head Start FACES (2000): A whole-child perspective on program performance: Fourth progress report* (Contract No. HHS-105-96-1912). Administration for Children and Families, US Department of Health and Human Services, Washington, DC.

國家圖書館出版品預行編目資料

高瞻課程：理論與實踐／郭李宗文, 吳茉莉合
著.--初版.--臺北市：五南圖書出版股份有限
公司, 2022.10
　　面；　　公分
ISBN 978-626-343-296-3(平裝)
1.CST: 幼兒教育　2.CST: 學前教育
3.CST: 課程研究　4.CST: 教學設計
523.2　　　　　　　　111013702

1I5A

高瞻課程──理論與實踐

總 主 編 ─ 盧美貴

主　　 編 ─ 郭李宗文

作　 者 ─ 郭李宗文　吳茉莉

發 行 人 ─ 楊榮川

總 經 理 ─ 楊士清

總 編 輯 ─ 楊秀麗

副總編輯 ─ 黃文瓊

責任編輯 ─ 黃淑真　李敏華

封面設計 ─ 姚孝慈

出 版 者 ─ 五南圖書出版股份有限公司

地　　 址：106臺北市大安區和平東路二段339號4樓

電　　 話：(02)2705-5066　　傳　　真：(02)2706-6100

網　　 址：https://www.wunan.com.tw

電子郵件：wunan@wunan.com.tw

劃撥帳號：01068953

戶　　 名：五南圖書出版股份有限公司

法律顧問　林勝安律師事務所　林勝安律師

出版日期　2022年10月初版一刷

定　　 價　新臺幣530元

經典永恆·名著常在

五十週年的獻禮——經典名著文庫

五南，五十年了，半個世紀，人生旅程的一大半，走過來了。

思索著，邁向百年的未來歷程，能為知識界、文化學術界作些什麼？

在速食文化的生態下，有什麼值得讓人雋永品味的？

歷代經典·當今名著，經過時間的洗禮，千錘百鍊，流傳至今，光芒耀人；

不僅使我們能領悟前人的智慧，同時也增深加廣我們思考的深度與視野。

我們決心投入巨資，有計畫的系統梳選，成立「經典名著文庫」，

希望收入古今中外思想性的、充滿睿智與獨見的經典、名著。

這是一項理想性的、永續性的巨大出版工程。

不在意讀者的眾寡，只考慮它的學術價值，力求完整展現先哲思想的軌跡；

為知識界開啟一片智慧之窗，營造一座百花綻放的世界文明公園，

任君遨遊、取菁吸蜜、嘉惠學子！